民国时期的中美汉学交流

吴原元 著

图书在版编目（CIP）数据

民国时期的中美汉学交流 / 吴原元著. — 北京：商务印书馆，2023
ISBN 978-7-100-22305-8

Ⅰ.①民… Ⅱ.①吴… Ⅲ.①汉学－文化交流－研究－中国、美国－民国 Ⅳ.①K207.8

中国国家版本馆CIP数据核字（2023）第062324号

权利保留，侵权必究。

民国时期的中美汉学交流
吴原元 著

商 务 印 书 馆 出 版
（北京王府井大街36号 邮政编码 100710）
商 务 印 书 馆 发 行
三河市尚艺印装有限公司印刷
ISBN 978－7－100－22305－8

2023 年 11 月第 1 版　　　开本 640×960　1/16
2023 年 11 月第 1 次印刷　　印张 17 1/2
定价：88.00 元

目 录

序　言 1
前言：百年来中国学人的域外汉学观及其研究进路 6

第一章　民国学人留学美国期间的汉学研究及影响 38
　一、著文批驳西方对中国的曲解与偏见 38
　二、撰著以中国问题为主题的博士论文 43
　三、积极致力于助推美国汉学研究发展 60

第二章　民国时期美国来华留学生及其汉学研究 69
　一、美国来华留学生与民国学人的交游 70
　二、美国留学生在华期间的汉学研究 76
　三、民国学人对美国来华留学生的帮助 80

第三章　民国时期中美学人的汉学研究合作 91
　一、民国时期中美学人汉学研究合作之概况 92
　二、民国时期中美汉学研究合作中的中国学人 100
　三、民国时期中美学人汉学研究合作之环境 106

第四章 民国史家著述在美国汉学界的回响及其启示 112
    一、美国汉学家引用民国史家著述之概况 113
    二、美国汉学家引用民国史家著述之特点 120
    三、余论：中国学人日渐丧失汉学话语权 127

第五章 民国时期美国汉学著作在中美学界的不同回响 132
    一、民国学人视域中的美国汉学著作 132
    二、美国学界对本国汉学著作的评议 146
    三、中美学术界存在不同评价的原因 153

第六章 民国学人的域外汉学著作阅读史及其特点 160
    一、民国学人所阅域外汉学著述之概况 160
    二、民国学人阅读域外汉学著述之特点 166
    三、余论：日记中的民国学人域外汉学观 171

第七章 民国学人对域外中国文明外源说的回应及其原因 178
    一、中国文明之"西来说"在晚清民国知识界的回响 179
    二、中国文明之新西来说在民国知识界的回响 187
    三、中国文明之"渗入说"在民国知识界的回响 196
    四、余论：文化认同危机下的回响及启示 205

第八章 美国兴起中国共产党研究的发生学及其启示 212
    一、来华经历：开启中共研究的策动源 213
    二、文化心理：历史中国想象的破与惑 218
    三、学术潮流：治中国学为用渐成主潮 223
    四、冷战需要：评估中国之发展与趋向 228

结　语　民国时期中美汉学交流之特点与历史启示...................234
附录一　美国汉学著述在中国之目录...................244
附录二　民国学人著述在美国之目录...................260
后　记...................268

序　言

　　吴原元的这本《民国时期的中美汉学交流》，我细细读了一周，感触很深，是一本下了功夫、有重要学术价值的学术著作。关于民国期间中国学术界与西方汉学界的交流，桑兵的《国学与汉学：近代中外学界交往录》、李孝迁的《域外汉学与中国现代史学》这两本书已经对民国学人与域外汉学家的交流、域外汉学著作在中国史学界的流传及其影响做了很好的研究。吴原元的这部著作，则从以下三个方面就民国学人与美国汉学家之间的学术互动进行了全面研究，详尽展现出了民国学术与美国汉学之间互动与交错纠缠的面相：

　　第一，此书深入揭示了中国近代学术与海外汉学的互动。海外汉学作为域外的学问进入中国学术本身的进程之中，最早应从来华耶稣会士所推动的西学东渐与明清之际的文化变迁算起，但西方汉学对中国学术发展产生重大影响的是在近代。因为那时的中国学术正处在从传统经学研究模式向现代学术模式的剧烈转变之中，西方汉学的进入直接影响了中国近代学术的建立。最明显就是"四裔之学"和语言学，如葛兆光所说："关注四裔历史，重视社会科学的方法，极力将语言学与历史学联结，并试图与国际学术界讨论同样的话题，这一'新'风气、'新'方法，挟'科学'之名义，借'西学'之影响，开始在中国学界普及，中国与东洋西洋的历史研究似乎有了一个普遍适用的理论和方法。"这个互动的历史经历了中国学人从对域外汉学的轻蔑到赞同，从协作到对话的曲折历史过程，从梁启超对日本中国学所下的"皆卤莽灭裂，不值一盼"的结论，到胡适在《国学季刊》的发刊词中所呼吁的"我们现在治国学，必须要打破闭关孤立的态度，要存比较研究的虚心。其一，方法上，西洋学者研究古学的方法早已影响日本的学术界了，而我们还在冥行索涂的时期。我们此时正应该虚心采用他们的科学的方法，补救我们没有条理系统的习惯。其二，材料上，欧美、日本学术界有无数的成绩可以供我们参考比较，可以给我们开无数新法门，可以给我们添无数借鉴的镜子。学术的大仇敌是孤陋寡闻，孤陋寡闻的唯一良药是博采参考比较的材料"。这本书对近代中国学术与美国汉学之间"纠缠"的历史做了十分详细地介绍，展现出近代中国学术开始在世界范围之内展开的真实历程。这样的研究告诉我们，域外中国学（汉学）尽管它是一种外国人的学问，是西方东方学的一个分支，但它又完全不同于如外国历史研究那样属于"外学"，因为这门学问的内容是关于中国文化的学问，这样它必然这样或者那样与中国本土的学术研究纠缠在一起，民国期间的国学发展与西方汉学的互动清楚地表现出了这一特点。就此而言，域外中国学（汉学）又是"内学"，即中国本土学问的一部分，它构成了我们近代以来知识史和文化史进展的一部分，已经内在于我们自身的学术发展之中。《民国时期的中美汉学交流》的研究，清楚地梳理出了近代中国学术与域外汉学的互动和纠缠。由此，我们可以说，中国近代学术史是与域外汉学（中国学）交错发展的历史。

特别是在有关中国早期留美学人对美国中国学的建立与发展所做出的贡献、他们与域外汉学的对话及其对域外汉学所作的研究与批评等方面，这本著作提供了十分珍贵的历史材料，这是以往研究中所没有注意到的。以往的研究主要侧重在西方汉学对近代中国学术的影响方面，鲜有就中国学人对西方汉学的帮助、对话和批评展开研究。例如，王伊同认为费正清成功的背后有着中国学者的帮助，他治清史"典章仰诸邓嗣禹，督抚科道胥吏公廨之制，拱手瞿同祖，清史目录，则唯刘广京是赖……吁嘻，费君岂儒宗哉，盗名欺世已耳！"德效骞所译《汉书》是当时美国中国学的代表性成果，王伊同用了近四十页篇幅指其翻译"或出入原惜，且译工未细，或伤文气"，并批评"其注释之部，多所剽夺，以为发明，尤失史家公正之态度"。胡适、雷海宗、何炳棣、杨联陞、夏鼐等人，对美国汉学家著作的批评同样毫不留情。有关民国学人在民族文化学术的自立与现代学术转型上的自信及纠葛，书中做了很好地研究。

第二，在学术互动中揭示出西方汉学家对民国学人的学术态度。这部书不仅仅在中国学人对美国汉学的接受与反应上做了重大的开拓，在美国汉学家对待中国学术的态度方面也做了深入研究，这在以往的研究中很少能读到这些内容，这也是本书对汉学史研究的重要推进。不少汉学家的能力不能高估，书中用这些汉学家自己的话来说明这一点。例如，拉铁摩尔即曾这样坦承道："我虽然会说中国话，却不能自由阅读。我所读过的，有许多还不能完全理解。尽管我脑子里装满了民间故事和传说，但不知道这些充满历史事件的中国传说究竟有没有正史的根据。"费正清的汉语能力也并不高，只是在一般口语上可以交谈，"但还远远没有达到能理解某一专业术语"。这些汉学家对帮助他们成长的中国学人是感激的，但在实际的学术研究中却并未对中国学术给予应有尊重。拉铁摩尔说得很明白，他认为西方学者所应关注的是"中国文献研究学者，而不是中国的理论家"。美国汉学家心目中值得他们尊重的首先还是伯希和、沙畹这些欧洲的大牌汉学家，他们著作中的那种"东方主义"倾向还是很明显的。这些史料的收集和整理向我们展示了美国汉学研究中的另一种文化立场，使我们对美国汉学研究有一个更为真实的认识。

第三，以坚实的历史研究展现了民国学术与美国汉学的互动。域外中国学（汉学）研究作为一个跨学科、跨文化、跨语言的研究领域，如何展开研究一直是近四十年学术界所致力探索的问题，这部书在这方面也有突出的贡献。学术史研究方法是展开域外中国学（汉学）的基本方法，但如何运用学术史的方法仍在探索。这部著作在展现民国学人与美国汉学的互动研究上，采取了从学术引用、学术书评、时人日记等三个维度展开实证性研究。在美国汉学家对中国学人的学术引用上，作者选了八本美国汉学家的著作：孙念礼（Nancy Lee Swann, 1881—1966）的《班昭传》、富路德（L. C. Goodrich, 1894—1986）的《乾隆禁书考》、卜德（Derk Bodde, 1909—2003）的《李斯传》、贾德纳（Charles S. Gardner, 1900—1966）的《中国旧史学》、拉铁摩尔（Owen Lattimore, 1900—1989）的《中国的亚洲内陆边疆》、宾板桥（Woodbridge Bingham, 1901—1986）的《唐代的建立》、韦慕庭（C. Martin Wilbur, 1907—1997）的《前汉奴隶制度》、顾立雅（H. G. Creel, 1905—1994）的《孔子其人及神话》，对其逐一展开研究以说明中国学术对美国汉学的影响。与此同时，作者将这八本书放在中国和美国两个学术视域进行考察，考察美国汉学家和中国学者对这八本书的书评，以揭示这些汉学著作在不同学术领域的影响和反映，展现出汉学著作的多元性。以往在研究汉学对中国学术的影响时，只是基于部分史料展开论述，缺乏整体性。吴原元则选取胡适、吴宓、顾颉刚、金毓黻、钱玄同、朱希祖、容庚、邓之诚、夏鼐、郑天挺等十位学人的日记为样本，逐一对其展开研究，从整体上反映民国著名学人对域外汉学的态度。这种基于文献统计的史学方法，显示了作者用力之深，从而使这本书在学术上十分有特点。

通过以上三种研究，这本著作从整体上展现了民国学人与美国汉学的互动。作者得出的结论是："在民国学人与美国汉学家的学术合作中，无论是问题意识、学术观点还是框架结构之构思设计，皆出自美国汉学家之手，民国学人所负责的多是史料之搜寻、翻译与解读；美国汉学家在其撰著的汉学著述中，虽对民国学人之著述有所引述，但亦多有商榷或微词，甚或相当严厉之批评。在学术交流最为重要的学术思想或方法方面，民国学人对美国汉学的影响甚微。"这个结论写明了民国期间中国学人与美国汉学家的真实关系，对于我们理解美国的中国研究具有十分重要的意义。通过这种研究方法，可以看出作者为此书写作所下的功夫，这也是这本书取得超越前人研究，在研究结论上独树一格的原因所在。

域外中国学（汉学）研究已经成为中国当代学术发展的重要领域，改革开放以来翻译的海外中国学（汉学）的著作有八千多部，研究海外中国学（汉学）的著作有 3000 多部。在亚洲研究中国、在世界研究中国已经成为当代学术界共识。今日之中国学人，已经没有了民国时期因国家之败落所产生的那种焦虑感。然而，由于当下中国学术正处在走出百年来追随西学学术体系以重建中国学术体系为目标的新时代，如何吸收域外中国学（汉学）在今天已然是一个重大的问题。对西方汉学进行批评式吸收与交流，今天的中国学术界做的未必有民国学人做得好，只要细读这本书就可以看清这一点。华裔历史学家谭中所说的"研究中国的竟然不看中国人写的书，却去看美国人写的书"，仍是中国当下学术界的普遍现状，在这个意义上陈寅恪在诗中所说的"群趋东邻受国史，神州士夫羞欲死"至今仍有意义。吴原元在书中认为"时至今日，中国学人在汉学研究的国际场域中依然缺乏应有的话语权"的结论，是直面当下学术发展现状的一个重要结论，值得学界深思。

张西平

2023 年 2 月 13 日写于海南兴隆

前言：百年来中国学人的域外汉学观及其研究进路

自清末民初以来，伴随着域外汉学渐成一专门学问及其东渐，中国学人即开始关注域外汉学，并对其译介和评议。在中国学人看来，对域外汉学进行评论，是中国学人的职责所在。正如梁容若所说："研究中国历史文化的学术，如果脱离中国人的阅读批评，自成一个世界，实在是最畸形的事！对于我们也是很可耻的事！以历史为生命的中华民族，是不应该懒惰到有如此'雅量'的。"[①]自此，域外汉学批评成为20世纪中国学术图谱的重要组成部分。[②]然而，学界有关20世纪中国学人的域外汉学批评之研究，虽不可说付之阙如，并未引起学界足够重视却是事实。[③]中国学人对域外汉学的批评，无论是对域外汉学史研究还是中国现代史学研究而

[①] 梁容若：《中日文化交流史论》，商务印书馆1985年版，第85页。

[②] 瞿林东曾专文指出，史论指评论史事、人物、历史现象，而史评为评论史家、史书、史学现象。为便于理解，他将史评称之为史学批评，意在强调史评的重要性（参见瞿林东：《谈中国古代的史论和史评》，《东岳论丛》2008年第4期）。借用瞿林东先生之观点，本文的"域外汉学批评"主要是指中国学人对域外汉学家、域外汉学论著及域外汉学现象的评论之意。

[③] 笔者仅见桑兵曾从中外学人交往的角度，梳理了晚清民国时期中外学者如何以中学为尺度来进行学术交流（《国学与汉学：近代中外学界交往录》，浙江人民出版社1999年版）；李孝迁从域外汉学著作在中国史学界的流传情形，探讨了域外汉学对中国近现代史学的影响（《域外汉学与中国现代史学》，上海古籍出版社2014年版）。二位学人间或涉及中国学人的域外汉学批评，但并未作系统性讨论。

言，都是不可或缺的。如果不了解近代以来中国学人对域外汉学的批评及批评本身的时代变迁，我们既无法确知中国近代学术发展的内在面相，亦不能为建设富有中国特色的马克思主义史学体系提供有益的镜鉴。

一、清末民初：基于学术自信的轻蔑与褒奖

早在清末民初之际，中国学人即与域外汉学家有着较为频密的互动交流，并对域外汉学有所关注。梁启超流亡日本后，稍学日文，即"广收日本书而读之"，其所读不仅为日本翻译的政治、经济、哲学、社会学等书，亦有日本学者按照西学新法撰写的中国文史论著。其写于1902年的《东籍月旦》，即列举评点了桑原骘藏、儿岛献吉郎、市村瓒次郎、藤田丰八、那珂通世、田中萃一郎、木寺柳次郎、泷川龟太郎、田口卯吉、白河次郎、中西牛郎等人关于东洋史和中国史的著作，几乎囊括了当时日本学术界在这一领域的重要著述。王国维于1911年随罗振玉流寓日本京都，在其旅日的近五年间，与日本汉学家有着密切的联系。罗振玉曾言："公（王国维）居海东，既尽弃所学乃寝馈于往岁予所赠诸家书，……复与海内外学者移书论学，国内则沈乙庵尚书、柯蓼园学士，欧洲则沙畹及伯希和（Paul Pelliot，1878—1945）博士，海东则内藤湖南、狩野子温、藤田剑峰诸博士，及东西两京大学诸教授。每著一书，必就予商体例，衡得失。如是者数年，所造益深醇。"① 归国后的王国维仍时常保持与日本学者的联系。内藤湖南多次访华，必先告知王氏行程；富冈谦藏等人到沪游学也多得王氏的帮助；铃木虎雄游学于上海时甚至住留王家。② 负笈欧美的中国学人中亦有不少人颇留心于异域对中国历史文化的研究。譬如，胡适在美国留学时，在读芮恩施（Paul Samuel

---

① 《罗雪堂先生全集》（续编一），台北文华出版公司1969年版，第362—363页。
② 房鑫亮编校：《王国维书信日记》，浙江教育出版社2015年版，第472、486、573、642等页。

Reinsch, 1869—1923)的《远东的思想与政治趋向》一书时，发现其中"人名年月稍有讹误"，便为作一校勘表寄之著者；1914年8月2日，偶读英国《皇家亚洲学会报》，发现大英博物馆东方图书部的英国汉学家翟林奈（Lionel Giles, 1875—1958)《敦煌录译释》一文的释译"乃讹谬无数"，即摘其谬误，作一校勘记寄去。① 即便是居于国内的中国学人，亦与域外汉学家有着联系与往来。据许全胜的《沈曾植年谱长编》，沈曾植曾将其所著《蒙古源流事证》《吐蕃会盟碑》《西夏感通塔碑》等赠予内藤湖南，并收到内藤湖南所赠的《东国通鉴》一部，还曾赴张元济招宴法国汉学家伯希和的晚宴，"乙庵与客谈契丹、蒙古、畏兀儿国书及末尼、婆罗门诸教源流，滔滔不绝，坐中亦无可搀言"②。文廷式在赠内藤湖南《元朝秘史》抄本时，曾题识略云："日本内藤炳卿，熟精我邦经史，却特一代，犹所留意，余故特抄此册奉寄，愿与那珂通世君详稽发明，转以益我，不胜幸甚。"③

彼时的中国学人对域外汉学多不以为然，甚或进行尖锐地批评。1910年，章太炎在给罗振玉的书信中即对日本汉学这样批评道："东方诸散儒，自物茂卿以下，亦率末学肤受，取证杂书，大好言《易》，而不道礼宪，日本人治汉土学术者，多本宋、明，不知隋唐以上。然宋人治礼者亦尚多，日本则无其人。盖浮夸传会，是其素性，言礼则无所用此也。其学固已疏矣。……然今东方人治汉学，又愈不如曩昔，长老腐朽充博士者，如重野安绎、三岛毅、星野恒辈。其文辞稍中程，闻见固陋，殆不知康成、子慎。诸少年学士，号为疏通，稍知宁人以来朴学。然大率随时钞疏，不能明大分，得伦类。及其好傅会，任胸臆，文以巫说，盖

---

① 曹伯言整理：《胡适日记全集》第1册，台北联经出版事业股份有限公司2004年版，第206—207、431—432页。
② 许全胜：《沈曾植年谱长编》，中华书局2007年版，第57、266、277—278、303、426页。
③ 同上书，第266页。

先后进所同。"① 同年，章氏又在另一文批评域外汉学："近来外人也渐渐明白了，德国人又专爱考究东方学问，也把经典史书略略翻去，但是翻书的人，能把训诂文义真正明白吗？那个口迷的中国人，又能够把训诂文义真正明白吗？你看日本人读中国书，约略已有一千多年，究竟训诂文义不能明白，他们所称为大儒，这边看他的话，还是许多可笑。……日本人治中国学问，这样长久，成效不过如此，何况欧洲人，只费短浅的光阴，怎么能够了解？"② 章氏对域外汉学的批评或许过于严苛，但其他中国学人亦对域外汉学存在程度不一的轻蔑之态度。钱玄同在1909年的日记中记述日本学者解释古汉字"谬有极可笑者"，并质疑"今之西学果可恃乎？"在他看来："日本自唐以来沐浴中国文化者千年而犹然，况其治西学止三四十年以来乎？其不足信固也。"③ 胡适在1916年的日记中亦写道："西人之治汉学者，名 Sinologist or Sinologue，其用功甚苦，而成效殊微。"④ 1902年，梁启超在评述日人所著中国史时，虽也指出其注意民间和不避讳等优点，但总体认为或体例过旧，或内容太略，"以中国人著中国史，常苦于学识之局而不达；以外国人著中国史，又苦于事实之略而不具。要之，此事终非可以望诸他山也"⑤。1920年代初，梁启超仍如是言道："日本以欧化治东学，亦颇有所启发，然其业未成。其坊门之《东洋史》《支那史》等书累累充架，率皆卤莽灭裂，不值一盼。"⑥ 在中国学人看来，中国学问精深奥妙，欧美乃至日本汉学家恐难达到如中国学人那样的化境，所谓"桐阳子苦读四十年，始略窥墨学门径"。其原因，即陈寅恪所说"育于环境，本于遗传"。留法的李思纯即言："法之

---

① 《章太炎全集·书信集》（上），上海人民出版社2017年版，第380—382页。
② 章太炎：《教育的根本要从自国自心发出来》，《教育今语杂志》1910年第3期，第14—15页。
③ 杨天石主编：《钱玄同日记（整理本）》上册，北京大学出版社2014年版，第194页。
④ 曹伯言整理：《胡适日记全集》第2册，台北联经出版事业股份有限公司2004年版，第290页。
⑤ 梁启超：《东籍月旦》，《饮冰室合集》第1册，中华书局1989年版，第90—101页。
⑥ 梁启超：《中国历史研究法》，上海古籍出版社1998年版，第60页。

治中国学者，其攻中国之事物凡两途，其一探讨古物，而为古物学之搜求，其一探讨政制礼俗，而为社会学之搜求，然绝未闻有专咀嚼唐诗宋词以求其神昧者。此无他，彼非鄙唐诗宋词为不足道，彼实深知文学为物，有赖于民族之环境遗传者至深，非可一蹴而几也。"①

在关注"四裔"之学的中国学人看来，域外学人在"半汉"之学方面不乏值得肯定之处。1909 年，罗振玉就对年仅 31 岁的伯希和之博学与才华感到惊异和敬佩，称其"博通东方学术，尔雅有鉴裁，吾侪之畏友也"②。任教于武昌两湖书院的陈毅，奉湖广总督张之洞之命于 1899 年至 1900 年赴日考查。考查期间，他曾拜访那珂通世，与之会谈数次，推许那珂"识达古今，学贯东西，穷乙部阃奥，启后学之颛蒙，洵推当代泰斗"。归国后，他在谒见沈曾植时，备述那珂学行，"俱不胜钦仰，以不获识面为憾"。③ 王国维在读到藤田丰八的《中国古代对棉花棉布之知识》一文时，称其"甚为赅博精密"，感叹："近来日人对中国学问勇猛精进，实非昔比，我辈对许多材料不能利用，甚为憾事。"④ 他亦在致藤田丰八的信中对箭内博士的《鞑靼考》大加赞赏："得读箭内博士之文，考证精密，钦佩不已。其尤可喜者，多年未决之乩军问题，因此机会殆得解释之希望。"⑤

然而，值得注意的是，这些中国学人对域外汉学家的"半汉之学"的肯定褒奖，非盲目之推崇，实基于对自身学术的自信。以王国维为例，他曾于 1915 年初撰有《洛诰解》一文刊于《国学丛刊》，日本汉学家林泰辅读到后对其持有批评，认为王国维据甲骨文解释"王宾杀禋"之说有偏差。王曾先后作两函以回应林泰辅之质疑，他在信中列举事实反驳林氏之批评，最后云："吾侪当以事实，不当以后世之理论决事实。此又

---

① 李思纯：《与友论新诗书》，《学衡》1923 年第 19 期，第 5 页。
② 罗振玉：《莫高窟石室秘录》，《东方杂志》1909 年第 6 卷第 12 期，第 87 页。
③ 桑兵：《国学与汉学：近代中外学界交往录》，浙江人民出版社 1999 年版，第 202 页。
④ 房鑫亮编校：《王国维书信日记》，浙江教育出版社 2015 年版，第 454 页。
⑤ 同上书，第 730 页。

今日为学者之所当然也，故敢再布其区区，惟是正而详辨之。"①曾到中国留学，并与王国维有着频繁往来的日本汉学家铃木虎雄在追忆王国维时亦如是指出："当时他告诉我他正从事音韵学研究，对史学也颇留意。在与王君的谈话中我发现，他甚少推许别人，但对在上海的学者，他极推赏沈子培曾植先生，称其学识博大高明。"②为王国维所推崇的沈曾植曾就其所从事的"四裔"之学这样言道："鄙人昔所研习，自以地学为多，创之在欧士以前，出之乃远出欧士以后，在昔新发明，在今或已为通行说。"③要知，四裔之学本域外汉学家所擅长之领域，正如有学者所说："中国学人经籍之训练本精，故治纯粹中国之问题易于制胜，而谈及所谓四裔，每以无比较材料而隔膜。"与之相反，"外国学人能使用西方的比较材料，故善谈中国之四裔"。④即便如此，这并不意味着在四裔问题上中国学人的研究就落后于西洋东洋学人。早在清末之际，中国学人就已开始关注四裔之问题。顾颉刚在总结回顾中国史学发展时就指出，民国成立之前的史学界，"学者们依然走着过去的大路，继续前此学者的工作"，但"那时的史学界，还有三种新的趋势，就是一、金石学的考索；二、元史和西北边疆史地的研究；三、今文经学的复兴"。⑤金楷理（Carl Traugott Kreyer，1839—1914）及日本学界的内藤湖南、那珂通世等知名汉学家都对沈曾植的《圣武亲征录校证》和《蒙古源流考》关注有加，难怪他和罗振玉都敢于说"欧人东方学业尚在幼稚时代"。此时中国学人在四裔问题方面的研究正如葛兆光所说："当时的中国学者和外国学者还是在同一起跑线上，似乎同样列于'世界学术之新潮流'的前头。"⑥

饶有意思的是，彼时的日本汉学界虽醉心于欧化，并欲与欧洲汉学

---

① 《王国维全集》（第15卷），浙江教育出版社2010年版，第80—81页。
② 陈平原、王枫编：《追忆王国维》，生活·读书·新知三联书店2009年版，第304页。
③ 许全胜：《沈曾植年谱长编》，中华书局2007年版，第401页。
④ 杨堃：《葛兰言研究导论》，杨堃：《社会学与民俗学》，四川民族出版社1997年版，第111页。
⑤ 顾颉刚：《当代中国史学》，上海古籍出版社2002年版，第2—3页。
⑥ 葛兆光：《主持人的话》，《复旦学报》2009年第2期，第9页。

相竞争①，但对于中国学人的批评仍非常在意。例如，章太炎在《国故论衡》中认为日本学者"比于邮人过书，门者传教"，对目录校勘之学颇有研究的日本学者长井衍对于这一批评大为不满，云："清国梁启超亦剽窃日本人语，少年啧啧称之，何以讥日本学者邪？"②如前所述，梁启超在《中国历史研究法》中曾批评日本汉学"皆卤莽灭裂，不值一盼"。桑原骘藏回应称："固然，回顾这二十余年的我国学界之迟迟不进，不能不自怩怩惭愧；但总也不至于挨了梁氏这一顿痛骂那么不行吧。梁氏实在并不知道最近的我国学界是怎样的情形：像《东洋学报》《史学杂志》《史林》这些书，他一定是未曾过目的。如果是这样昧于我国学界之实情的梁氏；那么，他的痛骂，是一点也不足挂齿的啊！"③内藤湖南则更为尖刻地回应道："梁启超，不知其意而妄作者。"④

二、1920年代后：基于与之角胜的取法和纠谬

1920年代以来，域外汉学取得飞速发展，成果丰硕，正如当时学人所慨叹的那样："近数十年，欧洲人所谓东方学，日本人所谓支那学，研究甚力，进步甚速，对于专题研究，往往突过吾国硕学。"⑤面对已呈"登堂入室"之势的域外汉学，中国学人予以了更为密切的关注。当时的学

---

① 内藤湖南在获沈曾植赠予的《西夏感通塔碑》后，即这样感慨道，"去年相见于燕京，畅谈两日，甚有得益。举所藏《吐蕃会盟碑》、西夏字《咸（感）通塔碑》见赠。敝邦无能读西夏字者，闻法人沙万能读之，泰西学者之精苦刻励，真令人愧死"。具体参见许全胜：《沈曾植年谱长编》，中华书局2007年版，第277—278页。
② 《与钱玄同书》，《章太炎全集·书信集》（上），上海人民出版社2017年版，第209—210页。
③ 〔日〕桑原骘藏著，天行译：《读梁启超〈中国历史研究法〉》，《现代评论》1925年第2卷第49、50期。
④ 〔日〕内藤湖南：《中国史学史》，东京弘文堂1949年版，第583页。
⑤ 陆懋德：《筹办历史系计划书》，《清华周刊》1926年第25卷第16期，第2页。

术刊物，就专辟栏目予以报道和介绍。燕京大学历史系创办的《史学消息》，即设有西洋汉学论文举要、日本支那学论文举要、各国关于汉学的新刊书目等专栏；《北平图书馆馆刊》几乎每期都有关于汉学家、汉学著作、东方学刊物或汉学书籍入藏的汉学资讯；《图书季刊》从1939年第1卷第3期至1941年第3卷第1、2合刊共7期，特设附录"专介绍西人关于汉学之著述"，每期介绍汉学著作少则十种，多则十九种。《禹贡》《食货》《燕京学报》《清华学报》等其他刊物亦都刊有介绍域外汉学论著的书评或译文。尤为值得一提的是，不仅域外知名汉学家的论著常被译刊，稍有影响的美国汉学新著甫一出版后即有中国学人撰著书评进行引介和评述。①

此时的中国主流学界，一改此前对域外汉学不以为然之态度，强调应向域外汉学取法。曾批评日本汉学家著述"皆卤莽灭裂，不值一盼"的梁启超，改变了对日本汉学的轻视。1920年代，他再版《中国历史研究法》时即删除了对日本学术界的偏颇指摘；同年9月，他作《大乘起信论考证》时，从《宗粹》《佛书研究》《宗教界》《佛教学》《哲学杂志》等刊物及专书上"搜而遍读"松本文三朗、望月信亨、村上专精、常盘大定、羽溪了谛等人的著述，凡数十万言，并以这一佛学界的空前大发明"乃让诸彼都人士，是知治学须方法，不然则熟视无睹"，并"深觉此种方法若能应用之以整理全藏，则其中可以新发见之殖民地盖不知凡几"。②对日本汉学和西洋汉学持轻视态度的钱玄同，此时认为"域外智识愈丰富者，其对于本国学问之观察亦愈见精美"，故"欲倡明本国学术"，应"旁搜博采域外之智识，与本国学术相发明"。③批评西人治汉学"成效殊微"的胡适，1925年在华北协和华语学校发表题为《当代的

---

① 参见吴原元的《民国学者视域中的美国汉学研究》，《华南农业大学学报（社会科学版）》2014年第3期。

② 梁启超：《大乘起信论考证序》，《饮冰室合集》第7册，中华书局1989年版，第35—38页。

③ 杨天石主编：《钱玄同日记（整理本）》上册，北京大学出版社2014年版，第303页。

汉学研究》的演讲，他在演讲中亦认为西方汉学在拓展研究范围、系统的材料建构及引入新材料进行比较研究等方面取得不俗的成就。他提醒人们，在现今的汉学研究中，人们常常以为只有中国人在中国文化领域的研究可能真正富有价值，其实令人惊奇的是西方学者不管在材料方面，还是在工作方法上都已做出了贡献。①

事实上，有越来越多的中国学人抱有与胡适、梁启超相类似之观点。黄孝可即认为，对于日本汉学不可以"卤莽灭裂而斥之"，"日本以欧化治东学，已骎骎进展，对于中国史上诸问题，锐意探讨，尤注重于文化与经济，大有'他人入室'之势。吾人应有所警悟，对于日本所谓'支那学'，当详加考察，未可概以卤莽灭裂而斥之"。②在冯承钧看来，今日言考据西域南海史地，"不能不检法文、日文之著作"，应"广采东西考订学家研究之成绩，否则终不免管窥蠡测之病"。③杨堃同样认为："我们在现今来治中国史，若不先知道西洋汉学界与日本支那学界的动向，那是不能及格的。"④梁园东亦主张，研究中国史，"实非多读近世东西洋史家之著述，默测其探讨叙述之方法，以应用于中国书中不可"⑤。《浙大学生》则在"复刊辞"中直率地提出："今瀛海如户庭，故虽治中国学术，亦非仅能读中国书为足矣。……居今日而治中国学术，苟未能读西洋书，恐终难有卓异之成就。"⑥取法域外汉学，似已成为这一时代中国学人的普遍共识。

在中国学人看来，域外汉学所值得取法者在于科学的方法和史料的扩展。譬如，陈定民即认为高本汉（Bernhard Karlgren，1889—1978）能

---

① 《胡适全集·英文著述二》第36册，安徽教育出版社2003年版，第53—54页。
② 黄孝可：《1929年日本史学界对于中国研究之论文一瞥》，《燕京学报》1930年第8期，第212页。
③ 冯承钧：《评〈中西交通史料汇编〉》，《大公报·文学副刊》1930年10月13日。
④ 张好礼（杨堃）：《中国新史学运动中的社会学派》，《读书青年》1945年第2卷第4期，2月25日，第13页。
⑤ 梁园东：《兀良哈及鞑靼考》，《人文月刊》1934年第5卷第3期，4月15日，第2页。
⑥ "复刊辞"，参见《浙大学生》1941年第1期，第1页。

取得引人注目的成绩,其原因是"他有客观的科学方法以及脱离中国旧有的陈见"①。中国学人认为伯希和对于研究中国音韵学的启示,"最重要的就在他能推广了取材的范围",因为对于中国古代的读音,他主张"把《康熙字典》的韵表,现代方言的读音所指示的,外国字在汉语的对音,以及汉字在摩尼文、畏兀儿文、蒙文和巴思巴文中的对音,同时综合的讨论"②。在梁启超看来,域外汉学之所以发达,"盖彼辈能应用科学方法以治史,善搜集史料而善驾驭之,故新发明往往而有也"③。少年中国学会的曾琦在给友人彭云生信中说:"日人之治汉学者,其见解之精确超妙,多非吾国老师宿儒所及。"考其所由,"皆缘彼邦汉学家,类能通西文,解科学也"。④1930 年代留学英国的夏鼐认为:"西洋学者研究中国的东西,并未见如何高明,惟以其较富实验精神及文字方面之便利,有时所得较富。"⑤

"西人方法之精密,可供吾人仿效,西人治汉学之成绩,可供吾人参考",成为学界共识。1923 年,胡适在《国学季刊》的发刊词中即呼吁,今后研究国学应当"博采参考比较的材料",认为域外汉学对中国学人颇具参考价值,"我们现在治国学,必须要打破闭关孤立的态度,要存比较研究的虚心。第一,方法上,西洋学者研究古学的方法早已影响日本的学术界了,而我们还在冥行索涂的时期。我们此时正应该虚心采用他们的科学的方法,补救我们没有条理系统的习惯。第二,材料上,欧美、日本学术界有无数的成绩可以供我们参考比较,可以给我们开无数新法门,可以给我们添无数借鉴的镜子。学术的大仇敌是孤陋寡闻,孤陋寡

---

① 陈定民:《读高本汉之中国语与中国文》,《中法大学月刊》1932 年第 1 卷第 5 期,第 125 页。

② 罗莘田:《伯希和对于中国音韵学研究的启示》,《中山文化季刊》1943 年第 1 卷第 2 期,第 295 页。

③ 梁启超:《梁启超史学论著四种》,岳麓书社 1985 年版,第 164—165 页。

④ "会员通讯",《少年中国》1920 年第 2 卷第 5 期,第 63 页。

⑤ 夏鼐:《夏鼐日记》卷一,华东师范大学出版社 2009 年版,第 380 页。

闻的唯一良药是博采参考比较的材料"①。1925年，吴宓在《清华开办研究院之旨趣及经过》中言道："研究之道，尤注重正确精密之方法（即时代所谓科学方法），并取材于欧美学者研究东方语言及中国文化之成绩。"②《史学消息》在《本刊下年度编辑计划》中明确提出："外人之致力汉学，为期虽短，而进步惊人。即如欧美汉学家能以科学方法处理史料，其研究之精细，立论之精辟，多为国人所不及；又如日本学者之研究中国学术，其精密处虽不如西人，然取材之赅博，刻苦不苟之精神，殊足供国人所借镜。"③陆侃如则直率地主张："论到研究汉学，欧洲人所用的研究法比我们彻底，而得风气之先，我们现在做学问，应该采取他们所用的科学方法。"④

　　中国学人倡导取法域外汉学，一方面自然是由于域外汉学所取得的成绩使然，另一方面则是试图接续西方潮流与域外汉学抗衡。黄现璠回忆说，其赴日留学前，其师陈垣、邓之诚一再叮嘱他到日本后选攻满蒙史，尽可能多收集一些满蒙史资料，以便今后中国学人齐心协力将世界汉学中心从西京（京都）搬回中国来。⑤1935年，傅斯年在《大公报》刊文介绍法国著名汉学家伯希和之成就后，公开向学界倡导，"国人如愿此后文史学之光大，固应存战胜外国人之心，而努力赴之，亦应借镜于西方汉学之特长，此非自贬，实自广也"⑥。在彼时的中国学人看来，欲与欧美、日本较量，唯有向其取法，并尾随他们的历史论述，如此才能在同一平台上一较高低。取法域外汉学，接续西潮以抗衡域外汉学，已然成为1920年代后中国史学界之潮流，正如葛兆光所说："关注四裔历史，

---

① 胡适：《国学季刊·发刊词》，《国学季刊》1923年第1卷第1号，第1页。
② 吴宓：《清华开办研究院之旨趣及经过》，《清华周刊》1925年第351期第24卷第2号，第1页，收入《清华大学史料选编》第一卷，清华大学出版社1991年版，第374页。
③ 《本刊下年度编辑计划》，《史学消息》1937年第1卷第8期，第74页。
④ 陆侃如：《欧洲"支那学"家》，《河北省立女师学院周刊》1937年第244期，第3页。
⑤ 黄现璠遗稿：《日本汉化史稿·自序》（未刊），转引自李孝迁：《域外汉学与中国现代史学》，上海古籍出版社2014年版，第23页。
⑥ 傅斯年：《论伯希和教授》，《大公报》1935年2月21日，第4版。

重视社会科学的方法，极力将语言学与历史学联结，并试图与国际学术界讨论同样的话题，这一'新'风气、'新'方法，挟'科学'之名义，借'西学'之影响，开始在中国学界普及，中国与东洋西洋的历史研究似乎有了一个普遍适用的理论和方法。"①

与此同时，中国学人常以相当之篇幅指摘域外汉学著述在诸如史料的甄选或解读等方面存在的缺失。对于葛兰言（Marcel Granet，1884—1946）的《中国古代文明史》，丁文江在书评中就其"误读谬解中国文献，指摘得体无完肤"②。卡特（Thomas Francis Carter，1882—1925）的《中国印刷术之发明及其西传》，邓嗣禹认为其"尤深刻于余心者，厥为结构之系统化与论断之谨严"，然其书评主要讨论的则是该书所存在的三可议、四缺点与若干错误，尤其是材料方面存在出处不明、搜罗不备等缺陷。③马伯乐（Henri Maspero，1883—1945）的《中国上古史》，齐思和肯定其"不囿成说"，在古代传说信仰之解释、典章制度之考证上"每有精义"，但亦详述是书在材料上存在"应列入而未列；不应列入而反列；考证不精；事实谬误"④等四类可议之处。德效骞（Homer H. Dubs，1892—1969）所译《汉书》，王伊同认为"其功不朽"，然却用近四十页篇幅指其翻译"或出入原恉，且译工未细，或伤文气"，并批评"其注释之部，多所剽夺，以为发明，尤失史家公正之态度"。⑤

---

① 葛兆光：《新史学之后：1929年的中国历史学界》，《历史研究》2003年第1期，第89页。

② 桑兵：《国学与汉学——近代中外学界交往录》，浙江人民出版社1999年版，第14页。丁文江对于葛兰言的批评，为傅斯年所称道，"论学如他评葛兰言的文，都是很有精彩的"（胡适等：《丁文江这个人》，中华书局2014年版，第18页）；夏鼐阅丁文江书评后认为，"骂得痛快"（《夏鼐日记》卷二，华东师范大学出版社2009年版，第91页）。

③ 邓嗣禹：《中国印刷术之发明及其西传》，《图书评论》1934年第2卷第11期，华东师范大学出版社2009年版，第35—36页。

④ 齐思和：《评马斯波罗中国上古史》，《史学年报》1935年第2卷第2期，第277—287页。

⑤ 王伊同：《德氏前汉书译注订正》，《史学年报》1938年第2卷第5期，第475—519页。

中国学人详述此类错讹，一方面确因域外汉学家著述中存有误读，对其进行指摘当是学术评论所应有之义；另一方面，中国学人亦借此说明离开中国学人的研究成就，域外之人终究是无法真正探知中国学问之真义。正如傅斯年所说："西洋人治中国史，最注意的是汉籍中的中外关系，经几部经典的旅行记，其所发明者也多在这些'半汉'的事情上。"至于"全汉"，域外汉学则没有什么发言权，"西洋人研究中国或牵连中国的事物，本来没有很多的成绩，因为他们读中国书不能亲切，认中国事实不能严辨，所以关于一切文字审求、文籍考订、史事辨别等等，在他们永远一筹莫展"。① 在中国积贫积弱，且备受外来欺凌的时代，学术不仅是一种知识技艺，还寄托着民族精神。孟宪承在讲演中言道："一个民族的精神寄托在什么上面？一个民族的生存又是靠什么？当然，一个民族的精神寄托在它的文化上，一个民族的生存要靠它的学术来孕育，就是说，一个民族的生存是要建筑在它的学术上面。"② 正因为如此，在其他方面无力与外国相抗衡时，学术即被视为希望所在。1932年，孙楷第曾函告陈垣："窃谓吾国今日生产落后，百业凋零，科学建设，方之异国，殆无足言；若乃一线未斩唯在学术。"③ 源自于此，中国学人在向域外汉学取法之同时，亦通过纠谬之方式与域外汉学角胜，捍卫自身的学术尊严。

然而，当中国学人追随域外汉学潮流，进入域外汉学的"论述"，并欲与其争高低时，即已陷入一种两难的窘境，如桑兵所说："在正统崩坏，中体动摇之下，中国学人陷入文化夹心状态。"④ 一方面传统中国历史学资料和方法的合理性受到极大挑战，其价值也要依赖西方"科学的历史学"的证明；另一方面，来自西方现代的"科学方法"和"普遍真理"，瓦解着民族历史的根柢和自信。正因为如此，在罗志田所说的"东

---

① 欧阳哲生主编：《傅斯年全集》（第3卷），湖南教育出版社2003年版，第6、235页。
② 孟宪承讲，虞斌麟记：《欧洲之汉学》，《国学界》创刊号，1937年5月15日，第8页。
③ 陈智超编注：《陈垣来往书信集》，生活·读书·新知三联书店2010年版，第409页。
④ 桑兵：《国学与汉学：近代中外学界交往录》，浙江人民出版社1999年版，第28页。

西学战"之中①，中国学人所感受到的，只能是沮丧。1910年，章太炎在致罗振玉的信函中将日本汉学界的长老新进一一点名骂倒；到20世纪30年代，面对日人"贵国人研究古籍，亦必须来此留学矣"之狂言，中国国内"足以抗衡日本学者，或且驾而上之者，唯有王国维及郭沫若之于甲骨，陈寅恪、陈垣之于中亚语言、历史，胡适、冯友兰之于哲学史，傅增湘之于目录，杨树达、奚桐之于释注，数人而已"②。究其原因，即如狩野直喜所说："当今中国，因受西洋学问的影响而在中国学中提出新见解的学者绝非少数，可是这种新涌现的学者往往在中国学基础的经学方面根柢不坚，学殖不厚，而传统的学者虽说知识渊博，因为不通最新的学术方法，在精巧的表达方面往往无法让世界学者接受。"③在舍己从人之中，中国学人日益失去学术自主性和话语权，由此焦虑、羞愧成为那个时代中国学人的普遍意识。④

三、1949年之后：基于价值主体性的批判与肯定

1949年中华人民共和国的成立并不仅仅是一种政权的更迭，而是从经济基础、社会结构到上层建筑深刻而全面的巨变。一种全面的社会变动，必然要求一种全新的意识形态与之相应。早在1949年中华人民共和国成立前夕，"中国新史学研究会筹备会"制定颁行的暂行简章就明确指出，学会宗旨是"学习并运用历史唯物主义的观点和方法，批判各种旧

---

① 罗志田：《新的崇拜：西潮冲击下近代中国思想权势的转移》（上下），《中华文史论丛》第60、61辑（1999年、2000年）。

② 张季同（张岱年）：《评〈先秦经籍考〉》，《大公报·文学副刊》1931年第188期8月17日。

③ 陈平原、王风编：《追忆王国维》，生活·读书·新知三联书店2009年版，第345页。

④ 有关此时期中国学人面对域外汉学的焦虑与羞愧之情形，可参见李孝迁的《"他者入室"：民国史坛对域外汉学的回应》，《华东师范大学学报（哲学社会科学版）》2012年第6期。

历史观"①。创刊于1949年的《新建设》杂志,在《发刊词》中明言,"新民主主义中国的建设,应该从建立新观点、新思想做起"②。另一方面,伴随着东西方的冷战和对峙,学术研究自然亦难以免除意识形态之侵袭。萨义德(Edward Wadie Said,1935—2003)在其《东方学》一书中认为,东方学是为西方政治服务的学术,是"某些政治力量和政治活动的产物",受"意识形态偏见的支配",有着浓厚的西方意识形态色彩。③裴宜理(Elizabeth J. Perry)亦曾就中美对峙时期美国的当代中国研究直言:"从诞生之日起就怀着一种'刺探敌情'的心态,主要目的是对最新情报进行分析和为决策服务,而不是开展长期的学术研究。"④ 1949年中华人民共和国成立后,受学术和时代环境变化之影响,中国学人开始转向自觉基于价值主体性而对域外汉学展开译介和评述。⑤

彼时的中国学人虽不再像民国时期那样对域外汉学保持密切的关注和互动交流,但亦不像人们所想象的那样"完全中断","几近于空白"。创刊于1958年的《现代外国哲学社会科学文摘》(以下简称《文摘》),其任务即是"介绍现代各资本主义国家的资产阶级唯心论哲学、伪社会科学的现状和趋向,并及时反映当前突出的资本主义和修正主义的反动思潮,为了解和批判资产阶级的伪社会科学和现代修正主义提供材料"⑥。

---

① 《中国新史学研究会暂行简章》,《人民日报》1949年7月2日,第2版。

② 费青:《发刊词》,《新建设》1949年第1卷第1期,第1页。

③ 〔美〕萨义德著,王宇根译:《东方学》,生活·读书·新知三联书店1999年版,第257—259页。

④ 〔美〕裴宜理:《中华人民共和国和美国的中国学研究:50年》,《国外社会科学》2004年第2期,第64页。

⑤ 所谓价值主体性,主要包含有两层含义:(1)一事物是否有价值由主体判定;(2)价值是由主体创造的。此概念所强调的不仅是价值的主体尺度,更强调价值的创造性,即价值是通过发挥主体能动性创造的。具体参见鲁鹏:《价值:主体性的理解》,《苏州大学学报(社会科学版)》2012年第6期。本文借用"价值主体性"系指域外汉学是否具有价值,不仅是由中国学人基于马克思主义立场进行判定,而且中国学人还基于当时的社会现实需要从域外汉学中挖掘出其所需的"价值"。

⑥ 本刊编辑部:《一年的回顾》,《现代外国哲学社会科学文摘》1959年第8期,第1页。

基于这一任务，该刊对西方尤其是美国汉学界的研究动态都有非常及时的介绍。例如，美国政治和社会科学学会会刊于1959年1月出版了题为《现代中国与中国人》的专辑，《文摘》在当年的第7期上即刊发了由定扬摘译的介绍此专辑的文章；英国的《中国季刊》于1962年8月主办了主题为"中国共产党文学"的学术讨论会，《文摘》在1963年第12期上刊文对此次讨论会及论文题目作了介绍；①美国亚洲研究会于1964年3月22日在华盛顿举行的第十六届年会上举办了"中国研究与社会科学关系"的主题讨论会，《文摘》在1965年第5期上专门刊发了耿淡如摘译的《中国研究（汉学）与社会科学关系的讨论》。②不仅如此，《文摘》设有"书刊简讯"栏目，几乎每一期都有西方国家出版的重要汉学研究著作简介。③与此同时，中国学界还有选择性地翻译了一批海外汉学著作。据统计，1950年代至1970年代国内翻译的海外汉学著作超过百部。④

在浓重的意识形态斗争影响下，这一时期的中国学人多将域外汉学视为"仇视中国、侮辱中国的一个境外的文化'孽种'"。⑤周一良即认为，鸦片战争以来，有些西洋汉学家的研究工作是"直接替侵略者和殖民者

---

① 《英〈中国季刊〉举办学术会议讨论我国当代文学》，《现代外国哲学社会科学文摘》1963年第12期，第39页。

② 在该篇摘译文章中，耿淡如主要摘译了施坚雅（G. William Skinner）的《中国研究能为社会科学提供些什么》和弗里德曼（Maurice Freedman）的《社会科学能为中国研究做些什么》两篇论文及崔瑞德（D. Twitchett）的讨论意见。详见耿淡如：《中国研究（汉学）与社会科学关系的讨论》，《现代外国哲学社会科学文摘》1965年第5期。

③ 例如，在《现代外国哲学社会科学文摘》1959—1966年各期的书刊简讯中，曾以摘编的形式对20世纪50、60年代美国汉学界所出版的列文森（Joseph R. Levenson）的《儒教中国及其近代的命运》、芮玛丽（Mary Clabaugh Wright）的《中国保守主义的堡垒——同治中兴》、费维恺（Albert Feuerwerker）的《中国早期工业化》、费正清（John King Fairbank）主编的《中国的思想与制度》、魏特夫（Karl August Wittfogel）的《东方专制主义》、尼维森（David S. Nivison）和芮沃寿（Arthur Frederick Wright）主编的《行动中的儒教》、张馨保的《林则徐与鸦片战争》等汉学著作及时做了简要介绍。

④ 具体可参见吴原元的《试述1950—1970年代海外汉学著作在中国的译介及启示》（《江西师范大学学报（哲学社会科学版）》2010年第5期）。

⑤ 阎纯德：《汉学历史和学术形态》，《列国汉学史书系·序二》，学苑出版社2007年版。

服务"；有的汉学家著作"故意歪曲历史，为西方国家的侵略扩张寻找根据"；即使是"抱着'猎奇'、个人爱好等不同的态度来研究中国文化、研究中国历史的"，虽然采用"所谓的科学方法和考订学"，并就"一些孤立的、狭隘的，常常是不关重要的问题"展开研究，这种研究"不可避免地要对帝国主义侵略中国提供某些可资利用的资料，起着间接为侵略服务的作用"。①韩振华亦认为"帝国主义的汉学，尤其是美帝国主义的汉学……是宣扬了美国的殖民主义、反映了美国的世界主义、歌颂了美国的种族主义；而美国的汉学家，是对中国进行间谍活动的文化特务，是破坏抢劫中国文化艺术的强盗"②。

在这种域外汉学观之观照下，中国学界所致力的是揭露和批评域外汉学中为侵华服务的错误理论和观点。《列强对华外交》一书的译者胡滨在"译后记"中详细列述该书"一些主要的荒谬论点"，如资本主义国家强迫中国开放的条约口岸对中国具有"普遍繁荣的意义"、"英国对中国未怀有瓜分的野心"、美国提出的门户开放政策充当了英国的"经纪人"等。在他看来，"这本书露骨地表现了作者企图为英帝国主义的侵华政策作辩护。这些都是我们应该予以严正地批判和驳斥的"。③纵览此时期所出版域外汉学译著之"译者前言"、"译本前言"、"译者前记"、"译后记"等，无一不见译者对所译著作进行这方面的揭露与批评。即使在海外汉学研究动态资讯的译介中，译者亦多会就此进行说明和批判。例如，耿淡如在摘译拉铁摩尔1955年9月在罗马举行的第十届国际历史科学大会上提交的"历史上的边疆问题"这篇论文时，以"编者按"形式指出，其实质不过是"妄图为现代新殖民主义提供论据"④。

---

① 周一良：《西洋汉学与胡适》，《历史研究》1955年第2期，第7—10页。
② 韩振华：《为扩张主义服务的美国"汉学"》，《厦门大学学报》1956年第1期，第59页。
③ 〔英〕菲利浦·约瑟夫著，胡滨译：《列强对华外交·译后记》，商务印书馆1959年版。
④ 〔美〕拉铁摩尔著，耿淡如摘译：《历史上的边疆问题》，《现代外国哲学社会科学文摘》1965年第1期，第1页。

与此同时，中国学人多从马克思主义史学立场对域外汉学家所采用的实证方法展开批评。邵循正在评述劳费（Berthold Laufer，1874—1935）的《中国伊朗编》时直言："劳费这本书本身只是一种资料性的汇编，他也没有企图在这些资料上提出一套完整的理论"；就考据方法而言，"本书突出的一个缺点是在于过分依靠语言学作为解决问题的工具，古代语言资料的研究是重要的，……问题就在于这几十年欧美最流行的东方学往往满足于一些较零碎的语言材料的研究，甚至缺乏根据的虚构而引申出一个牵涉范围很广的结论。这样的结论实际上不可能是确当的。因此，这部书只可以说是作了文献资料的初步整理工作"。① 对于多桑（1780—1855）的《蒙古史》，陆峻岭批评其有很大的缺点："除了译者在语言内指出有的史料编纂方面的错误和疏漏之外，主要的还是资产阶级历史学者所共有的阶级的和时代的局限性。它只是比较有系统地叙述了一些历史事实，而对于这些历史事实却没有也不可能有科学的分析和正确的评判。"② 吴杰在评论日本学者加藤繁的《中国经济史考证》时亦明确指陈其问题所在："加藤繁的研究方法，主要是资产阶级的实证主义的方法，同时也多少吸取了中国乾嘉时代的考证方法。因此，著者还不能从丰富的史料中，找出经济发展的规律来。而且，在叙述的方式上，有时也不免有烦琐枝蔓，拘泥小节的毛病。"③ 朱杰勤对于德国学者利奇温（Adolf Reichwein，1898—1944）的《十八世纪中国与欧洲文化的接触》持有相类似的批评："全书内容，主要是罗列史料，且缺乏正确的理论分析，特别是对于重农学派一章，几乎完全是资产阶级的客观主义的叙述。"④

---

① 邵循正："中译本序"，〔美〕劳费尔著，林筠因译：《中国伊朗编》，商务印书馆1964年版。

② 陆峻岭："前言"，〔瑞典〕多桑著，冯承钧译：《多桑蒙古史》，中华书局1962年版。

③ 〔日〕加藤繁著，吴杰译：《中国经济史考证·译者前言》，商务印书馆1959年版。

④ 〔德〕利奇温著，朱杰勤译：《十八世纪中国与欧洲文化的接触·译者前记》，商务印书馆1962年版。

在激烈批判的同时，中国学界亦认为"西洋汉学的某些方面也有它值得我们注意和利用的地方"①。在此时的中国学界看来，域外汉学之价值主要有两个方面：一是，为批判资产阶级学术思想和观点提供了素材。邵循正在《中华帝国对外关系史》的"中译本序言"指出，之所以翻译此书一是因为该书的资料"有不小的利用价值"，但"更重要的一个理由"是因为其"一向被中外资产阶级学者奉为圭臬之作"，"应该说在殖民主义理论的作品中，这部书是占着非常重要的地位的，因而也就是反对殖民主义者所应该注意阅读的东西"。②《远东国际关系史》一书中译本的"出版说明"直言不讳地道："马士（Hosea Ballou Morse, 1855—1934）和宓亨利都是所谓'中国问题专家'。他们所写的许多关于中国的著作在西方资产阶级国家中有一定的影响。在西方国家中，至今还有一些人用他们的观点来看待中国和远东。……为了揭露帝国主义的侵略本性，进一步批判殖民主义帝国主义'理论'，并提供一些帝国主义国家侵略我国、朝鲜等国的史实，我们特将其翻译出版，供外事部门、国际关系研究单位和史学界批判参考。"③二是，域外汉学著述能为中国近代史研究的开展提供有价值的史料。比如，有些域外汉学著述提供了西方帝国主义侵华活动的史实。伯尔考维茨（Nathan A. Pelcovits）的《中国通与英国外交部》在叙述自鸦片战争至日俄战争的中英关系史时，"无意中暴露了关于'中国通'在华侵略活动的材料"，这些材料"无异是侵略者自己的供状"，亦"为给我国史学界研究英国侵华史提供了一批补充材料"。④菲利浦·约瑟夫（Philip Joseph）的《列强对华外交》，由于"作者运用了较丰富的西方资本主义国家方面的史料来

---

① 周一良：《西洋汉学与胡适》，《历史研究》1955 年第 2 期，第 13 页。
② 邵循正："中译本序"，见〔美〕马士著，张汇文等译：《中华帝国对外关系史》，生活·读书·新知三联书店 1957 年版。
③ 〔美〕马士、宓亨利著，姚曾廙等译：《远东国际关系史·出版说明》，商务印书馆 1975 年版。
④ 〔英〕伯尔考维茨著，江载华、陈衍合译：《中国通与英国外交部·出版说明》，商务印书馆 1959 年版。

阐述和分析这个时期帝国主义列强对华的外交政策",从而"多少揭露了一些各帝国主义国家侵略中国的凶恶面目以及列强相互间的秘密外交,同时对这个时期帝国主义各国间的矛盾提供了不少材料",因而"这本书对我们来说还是有一定的参考价值的"。[1]与此同时,还有些汉学著述则提供了开展中国近现代史研究所需的档案资料。莱特(Stanley F. Wright)的《中国关税沿革史》主要是根据海关档案,并参考了英国外交部的档案而写成,译者认为"作为一本资料书而论,它还有一定的参考价值"[2]。格林堡(Michael Greenberg)的《鸦片战争前中英通商史》亦是因为作者除了使用东印度公司档案外,"还使用了诸如怡和洋行等大量散商的档案材料以及比较详细地叙述这些初期的殖民主义者的活动",故"对于我们研究早期的中英通商关系是有些用处"。[3]肯德(Percy Horace Kent)的《中国铁路发展史》、里默(C. F. Remer)的《中国对外贸易》等皆因"所列材料相当丰富"或"提供了一些史料和原始档案"而被认为"颇具参考价值"。[4]

由上可见,这一时期的中国学界在对待域外汉学时特别强调"以我为主",体现出鲜明的价值主体性之特点。他们不仅基于确立唯物史观在学术研究领域的主导地位而对域外汉学中的诸种错误历史观及其错误理论、观点和方法展开批判,而且基于中国近代史对新政权意识形态之构建具有极端重要意义,在选译域外汉学著作时多以近代史尤其是以

---

[1] 〔英〕菲利浦·约瑟夫著,胡滨译:《列强对华外交·译后记》,商务印书馆1959年版。

[2] 〔英〕莱特著,姚曾廙译:《中国关税沿革史·中译本序言》,生活·读书·新知三联书店1958年版。

[3] 〔英〕格林堡著,康成译:《鸦片战争前中英通商史·译者前言》,商务印书馆1961年版。

[4] 具体见〔英〕肯德著,李抱宏等译:《中国铁路发展史·译后记》,生活·读书·新知三联书店1958年版;〔美〕西·甫·里默著,卿汝楫译:《中国对外贸易·译者序》,生活·读书·新知三联书店1958年版;〔法〕加恩著,江载华译:《早期中俄关系史·译者前言》,商务印书馆1961年版。

原始史料见长的著作为重心。客观而言，彼时中国学人基于自身的价值主体性对域外汉学所展开的批判具有值得肯定之处。众所周知，由于域外汉学家深受西方中心观之影响，且又夹杂意识形态和文化偏见，故其对中国历史文化尤其是中国近代历史存在不可避免地误读和歪曲。中国学人对域外学人著述中美化侵略或为近代以来西方侵略辩护的诸种荒谬观点所进行的揭露与批判，并不仅仅服务于当时的现实政治需要，事实上是有助于国人树立正确的中国近代史观，并为中国人建构和书写自己的中国近代史解释体系提供有益思考，即使放在今天仍具有不可忽视的现实和学术意义。就中国学人对域外汉学著述中所采用的实证主义史学方法进行批判而言，当然有为确立历史唯物史观之正统和主导地位之目的，但我们亦应看到对实证方法所展开的批判本身具有合理性所在。早在1947年，贺昌群在与夏鼐闲谈时就如是言道："近来一般青年，即习史学者亦在其内，对于当前社会问题，颇为关注，对于史学著作，亦喜读综合性的，对当前社会有关的，故考据文章，如陈垣、胡适等所作者，已非现下思想界之主潮。"① 实证主义史学倡导对史料的批判与考证，强调"无证不信，广参互证，追根求源"，但缺乏综合与贯通，忽视现实社会诉求等；唯物史观史学重视史学与现实的联系，重视经济因素的作用，注重与社会科学的勾连，关注长时段"通史"。伴随着中国革命和建设事业的发展，人们希望扩大研究视野，关注社会现实，从学术研究中寻求中国革命和建设前途的方法及启示。另外，正是因为基于批判之故，当时选译的域外汉学著述或代表了国外某一研究领域的一流水平；或史料丰富且具有价值，其选译之精当、译介之严谨不能不令人叹服。有学者就此曾言："从学术研究的角度看，50年代组织选译的绝大多数著作的确代表了国外有关学术研究的一流水平，选书之精当与译品质量之高至今仍令人钦佩，此皆说明选译者眼光的不凡、学识的深厚与态度的严肃认

---

① 夏鼐：《夏鼐日记》卷四，华东师范大学出版社2009年版，第113页。

真。"① 当然，由于受东西方冷战对峙以及过于强调阶级斗争之影响，将所有学术问题都看作政治问题，忽视了域外汉学除具有意识形态之特点外，还具有知识性一面，并将作为个体学术研究中的意识形态痕迹与为公共的或集体的意识形态服务等同，从而错误地将域外汉学一概视为"为帝国主义服务"，这种"泛政治化"导致对域外汉学存在不可否认的过度批判。

四、改革开放后：基于追赶的译介与学术史探研

20世纪70年代末，伴随着改革开放的开启和中美关系的改善，学术研究开始从意识形态的笼罩下解脱出来。如前所述，基于服务现实之所需，国内学界对域外中国学的了解非常有限。彼时的了解不仅极为有限，且其信息多为碎片式，同时大多还是内部交流，并不向大众公开。由此，国内学术界急切希望了解域外中国学。《国外中国近代史研究》的编者在创刊号中即以"编者的话"为题这样写道："近年来，在中国近代史这个学术领域内，国外的研究工作发展较快"，"一些我们还未涉及的问题，国外也有了较深入的研究"，"国外还不时对我国近代史研究上的某些观点提出不同意见，进行商榷或争论。凡此种种，都需要我们及时了解"。"及时了解"的主要目的就是"改变闭目塞听的状况，活跃学术空气，促进研究工作的发展"。②

基于这样的目的，国内学人对域外中国学的研究，在开启时主要是一种以了解域外中国学为旨趣的"情报型学术"③。彼时的学术界主要是围

---

① 雷颐：《50年来的海外中国近代史研究著作译介》，《近代史研究》1999年第5期，第305—306页。

② "编者的话"，《国外中国近代史研究》第1辑，中国社会科学出版社1980年版，第1页。

③ 严绍璗：《我对国际Sinology的理解和思考》，《国际汉学》第14辑，大象出版社2006年版，第5页。

绕以下几个方面展开工作：

其一，致力于探明动态及基本概况。开风气之先的是孙越生主导下的中国社会科学院情报研究部门。早在1977年4月至6月，为了解国外研究我国的情况，他即编辑出版了3卷以介绍国外有关"中国学"之研究机构、学术队伍、会议、论著、基本概况和动向等为重点的内部资料——《国外中国研究》[①]；为更好地介绍国外中国研究的状况，他于1978年推出《外国研究中国》，该刊的第一辑由已出版的3辑《国外中国研究》合并而成。与此相呼应，北京大学古典文献专业于1977年开始编辑《国外中国古文化研究》，这一刊物的主要内容是刊载译自日文和英文刊物中有关中国古文研究的学术消息。是时，中国社会科学院历史研究所的《中国史通讯》同样注意刊登域外汉学动态和消息。笔者曾以《中国人民大学报刊资料目录索引》和《全国报刊资料目录索引》为蓝本，就海外中国研究动态及概况之论文进行统计，结果显示1970年代末至1980年代末有达240篇之多。

其二，致力于编撰工具书。20世纪70年代末，在孙越生的主导下，中国社会科学院先后编撰出版了《美国的中国学家》（1977）、《国外西藏研究概述》（1979）、《日本的中国学家》（1980）、《美国中国学手册》（1981）、《国外研究中国问题书目索引（1977—1978）》（1981）、《俄苏中国学手册》（1983）、《世界中国学家名录》（1994）等工具书。有感于"国际汉学的发展状况，大家是相当不了解"[②]，李学勤组织编撰了《国际汉学著作提要》一书，这本提要收录了包括世界100余名汉学家的113部著作，提要勾玄，使中文读者对世界各国的汉学名著有一总体把握。类似的还有杨诗浩与韩荣芳编撰的《国外出版中国近现代史书目（1949—1978）》（1980）、冯蒸主编的《近三十年国外"中国学"工具书简介》（1981）等。

[①] 中国科学院哲学社会科学学部情报研究所编：《国外研究中国》第一辑，商务印书馆1977年版。

[②] 李学勤主编：《国际汉学著作提要·序言》，江西教育出版社1996年版。

其三，致力于论著的译介。自1979年起，《中国史研究动态》大体每期都有介绍海外中国研究之论文。笔者曾就《中国史研究动态》在1979年至1990年期间所刊载的域外学者研究中国史之译文进行过统计，在此期间共刊载了170多篇译文。1980年，中国社会科学院近代史所创办了旨在"了解外国研究中国近代史之动态"的《国外中国近代史研究》，从创刊至1995年停刊共刊载文章400多篇，内容以论文译文和专著选译（选译其中有重要意义的文章、节或部分内容）为主。1990年，中共中央党史研究室创办《国外中共党史研究动态》，所刊亦主要是国外学者研究中共党史之论著的译文，至1996年停刊共刊载了近300篇译文。《太平天国史译丛》《简牍研究译丛》《民族译丛》《史学选译》《哲学译丛》等刊物也都刊载了大量域外学者研究中国之论著的译文。笔者粗略统计，至2000年国内刊物所刊载的域外中国研究论著之译文超过两千篇之多。

更为引人注目的是，自1986年青海人民出版社率先推出由李范文主编的"国外中国学研究译丛"以来，众多出版社都相继推出主题不一的各类海外中国研究著作译丛，如中国社会科学出版社的"中国近代史研究译丛"、江苏人民出版社的"海外中国研究丛书"、上海古籍出版社的"海外汉学丛书"、中华书局的"中外关系史名著译丛"、商务印书馆的"海外汉学研究丛书"等。由此，大量域外中国研究著作被引入，仅刘东主编的"海外中国研究丛书"即达200种之多，其他各类译丛所译著作加起来已不下千种。

至1990年代中期以来，学界在资料工具书编撰和著述翻译方面仍有所致力。资料性工具书有安平秋主编的《北美汉学家词典》（2001）、马钊主编的《1971—2006年美国清史论著目录》（2007）、张西平主编的《〈中国丛报〉篇名目录及分类索引》（2008）、朱政惠主编的《美国学者论美国中国学》（2009）、李孝迁编校的《近代中国域外汉学评论萃编》（2014）等。著述翻译方面，除刘东主编的"海外中国研究丛书"等译丛仍在继续外，新的主题译丛相继推出。比如，熊月之主编的"上海史研究译丛"、黄兴涛与杨念群主编的"西方视野里的中国形象丛书"、季进主编的"海外中国现代文学译丛"等。然而，在动态追踪及论文译介方面则远不如此前。笔者曾就国内刊物所刊域外中国学之动态及研究论文之译文进行过粗略调查，除《国际汉学》《中国史研究动态》等刊物有所刊发外，其他刊物虽偶有刊载，但数量极为有限，根据笔者的约略统计不过百十篇左右。

事实上，1990年代中期以来的域外中国学研究之重心已转向学术史探研。1996年，李学勤提出："研究国际汉学，应当采用学术史研究的理论和方法，最重要的是将汉学的递嬗演变放在社会与思想的历史背景中去考察。"① 此后，严绍璗、葛兆光、朱政惠、张西平等先生都基于各自学科强调用学术史方法对海外中国学展开研究。比如，严绍璗先生基于比较文学之视角，强调要关注海外中国学研究的"文化语境"、树立"学术史"观念，重视研究文本的原典性问题。② 葛兆光先生从思想史的进路，认为应将"海外中国学"还原到它自己的语境里去，"把它看成该国的学术史、政治史、思想史的一个部分"。③ 朱政惠先生从史学史研究的进路，认为对海外中国学的研究就是用学术史研究的理论和方法，分析重要中国学家的学术成果，提炼归纳评析他们的历史观点、研究方法、史学思想等。④

在他们的倡导与推动之下，学界开始注重对域外中国学展开学术史的梳理。仅以美国中国学为例，已有研究成果主要集中在以下几个方面：一是，美国中国学发展演变史的梳理，如侯且岸的《当代美国的显学：美国当代中国学研究》（1996）、朱政惠的《美国中国学发展史》（2014）、吴原元的《隔绝对峙时期的美国中国学：1949—1972》（2008）、仇华飞的

---

① 李学勤主编：《国际汉学著作提要·序言》，江西教育出版社1996年版。
② 严绍璗：《对海外中国学研究的反思》，《探索与争鸣》2007年第2期，第33—36页。
③ 葛兆光、盛韵：《海外中国学本质上是"外国学"》，《文汇报》2008年10月5日，第6版。
④ 朱政惠、刘莉：《柳暗花明又一村——关于海外中国学研究与史学研究的对话》，《史学月刊》2013年第4期，第111页。

《美国的中国学研究》(2011)、熊文华的《美国汉学史》(2015)、张扬的《冷战与学术：美国的中国学(1949—1972)》(2019)①；二是，重要中国学家的个案研究，如龚咏梅的《孔飞力中国学研究》(2008)、顾钧的《卫三畏与美国早期汉学》(2009)②、张施娟的《裨治文与早期中美文化交流》(2010)、傅元德的《丁韪良与近代中西文化交流》(2013)、李增田的《鲍大可及其中国研究》(2014)等③；三是，以专题形式对美国中国学某一领域的梳理，如陈君静的《大洋彼岸的回声：美国中国史研究历史考察》(2003)、姜智芹的《美国的中国形象》(2010)、党卫的《美国新清史研究三十年》(2012)、褚艳红的《变动的视角：20世纪60年代以来美国的中国妇女史研究》(2015)等；四是，以学案形式对与美国中国学有重要关联之社会团体、机构及期刊进行探讨，如韩铁的《福特基金会与美国的中国学：1950—1979年》(2004)、薛龙的《哈佛大学费正清中心50年史》(2012)、李晔的《太平洋学会研究》(2016)等；五是，就美国中国学与中国学人及学术间的交流互动进行梳理，如桑兵的《国学与汉学——近代中外学界交往录》(2009)、李孝迁的《域外汉学与中国现代史学》(2014)、顾钧的《美国第一批留学生在北京》(2015)、吴原元的《客居美国的民国史家与美国汉学》(2019)等；六是，梳理中国文化典籍在美国的译介传播，如谭晓丽的《和而不同：安乐哲儒学典籍英

---

① 侯且岸的著作是美国中国学史研究的开山之作，侧重于探讨美国中国研究形态的分化问题，即美国中国研究如何从传统汉学转为现代中国学，并就美国现代中国学的研究取向进行了分析；朱政惠先生的著作就美国中国学二百年来的发展历程进行了系统梳理，阐述了早期中国学向现代中国学演变的内在逻辑，以及当下中国学研究在研究思路与研究方法上的发展态势，清晰呈现了一个丰富立体的美国中国学发展史轨迹；其他著作则从不同视角对美国中国学发展史进行了梳理与解读。

② 有关卫三畏（Samuel W. Williams, 1812—1884）的研究专著，还有孔东焱的《卫三畏与美国汉学研究》(上海辞书出版社2010年版)、黄涛的《美国汉学家卫三畏研究》(学苑出版社2018年版)。

③ 除专著外，另有众多以赖德烈、德效骞、富路德、顾立雅、韦慕庭、卜德、芮沃寿、贾德纳、恒慕义、施坚雅、柯文、珀金斯、傅高义、裴宜理、周锡瑞等重要中国学家进行个案研究的硕士或博士学位论文。

译研究》（2012）、刘丽丽的《美国汉学家海陶玮对陶渊明的研究和接受》（2020）等。

不可否认，改革开放以来我们对域外中国学的研究取得了长足进步。遥想民国时期，仅有莫东寅的《汉学发达史》这样一部以域外中国学史为主题的论著；今天，域外中国学研究已然成为一门学问，甚至是颇受关注与重视的"显学"。然而，在看到巨大成绩之同时，我们不能忽视已有研究所存在的问题与局限。比如，改革开放之初曾对域外中国学研究动态展开了密切追踪，但这一良好做法受学术评价机制等因素的影响而被中断，以致今天我们对域外研究动态缺乏必要而有效的了解。又如，在就重要中国学家进行个案研究时，由于缺乏必要的专业知识与素养，在评价研究对象的中国研究时多有拔高甚至是美化之倾向，无法展开专业性的对话与批评。再如，我们对域外中国学所进行的学术史梳理，不乏佳作精品，但更多的是进行"鸟瞰式"梳理，或是以数"人头式"和"专题式"进行"平面化"的条陈式梳理，以致学界有人将国内的海外中国学研究视为不过是"学术综述"或"学术情报"而已。

五、余论：新时代的海外中国学研究及其进路思考

进入新时代的今天，无论是域外的中国研究还是国内对于海外中国学研究的期望与要求都发生了巨大变化。伴随着中国日益向世界舞台中央迈进，中国已成为世界所无法忽视的巨大存在。更为值得注意的是，面对中国的发展与崛起，任何以人类为中心的思想者，其思想架构如果不能包容和解释中国的经验，其思想学说也就没有说服力。正是在这样的背景之下，世界比以往任何时候都更加关注中国。有学者基于美国埃布斯公司（EBSCO）旗下全球在线书目信息数据库、德国哈拉索维茨（Harrassowitz）公司旗下的奥拓（OTTO）数据库以及美国专业求索（ProQuest）公司旗下的在线采选信息系统（Online Acquisitions and

Selection Information System）这三家欧美最大、最重要的学术图书购书平台所录入的中国研究专著进行的考察显示，2006年至2016年，共有9867种有关中国研究的英文专著在中国以外的国家和地区出版。①

与此同时，基于推进中国声音的全球化表达，增进世界对中国的了解与认同，海外中国学研究得到了前所未有的关注与重视。2016年5月，习近平总书记在全国哲学社会科学工作座谈会上发表重要讲话，"支持和鼓励建立海外中国学术研究中心，……推动海外中国学研究"②。2021年5月31日，中共中央政治局就加强我国国际传播能力建设进行第三十次集体学习，习近平总书记特别强调要讲好中国故事，传播好中国声音，向世界展示真实、立体、全面的中国，要求广泛宣介中国主张、中国智慧、中国方案，讲好中国道理，着力提高国际传播影响力、中华文化感召力、中国形象亲和力、中国话语说服力、国际舆论引导力，提升中国的国际话语权和影响力。正因为如此，中国文化典籍在域外的译介传播，中国文化对域外文化与社会的影响史，成为新时代以来海外中国学研究的潮流，而且正越来越成为绝对的主潮。面对这一热潮，我们需要"冷思考"，需要拷问"何谓海外中国学？""什么是海外中国学的内涵与要义？""新时代，海外中国学研究应该何为？"基于对上述问题的思考，就新时代的海外中国学研究而言，笔者认为在以学术史为基本方法之同时，有以下几个问题颇为值得注意：

其一，需要更加重视与加强对海外中国学的动态追踪。学术信息的了解与掌握，是学术研究的前提与基础。当今时代是一个高度信息化的时代，海外中国学之信息的获取已非难事。之所以仍强调需加强对海外中国学动态的追踪，原因有二：首先，受语言和技术能力的限制，要对正迅猛发展的域外中国研究作及时而全面的了解，对于学者个人而言具有相当之难度；其次，学人对海外中国研究动态的了解大多是基于其个

---

① 〔美〕陈肃：《基于三大数据库对海外中国研究专著的调查与分析（2006—2016）》，《国际汉学》2020年第3期，第61—62页。

② 习近平：《习近平谈治国理政》，外文出版社2017年版，第346页。

人的兴趣及自身研究之所需，故他们所了解的动态是碎片化的，仅限于其所从事的研究领域，无法呈现海外中国研究动态之全貌，更无法梳理出海外中国研究方面的特点与新趋向。无论是基于学术研究本身还是中国话语体系的建构，事实上我们都有必要加强对海外中国学动态之了解。

至于如何加强对海外中国学动态的追踪了解，笔者以为，民国时期燕京大学史学系的做法可资借鉴，即我们需要打破现有的学术评价机制，组建专门的机构或团队，组织各国文字翻译组，以集体的方式翻译介绍各国研究中国之机构、文献及趋势，尤其是需要对各国新近刊出的中国学论文作摘要式翻译介绍；与此同时，设立专门的刊物或专栏，以刊载各国中国学新刊书目、中国学论文举要、中国学著述之书评介绍以及专门研究之精选论文译文。如此，我们方可谓"知己知彼"，这不仅为海外中国学史的书写提供了基础性资料，亦为准确理解域外究竟是如何认知与解读中国提供有价值的参考依据。

其二，对海外中国学做立体式的学术史剖析。龚自珍在《尊史》中说："尊之之所归宿如何？曰：乃又有所大出入焉。何者大出入？曰：出乎史，入乎道，欲知大道，必先为史。"① 龚自珍的"大出入"理论，在笔者看来道出了学术史之真正意涵。有意义的学术史，既需要"入"，即进入学术发展演变的内部，曲尽它的一切事实，了解其历史起伏和发展演变的大致脉络和轮廓；同时，又需要能"出"，即置身其外，观其大体，了解其意义，细味其大势。如此，方能避免于空洞的泛泛而谈，亦避免沉醉于琐碎之细节中。葛兆光曾就学术史如是指出，有意义的学术史所关注的应是：学术的转型及其背景和动力，学术研究的趋向、理论、方法，尤其是其主流与潜流及二者关系。在他看来，"只有这样，学术史才能够给今天的学者指明，过去如何变成现在，现在又应当如何变成未来！"②

基于对学术史内涵的这一理解，笔者以为在以学术史进路对海外中

---

① （清）龚自珍著，王佩诤校点：《龚自珍全集》，上海人民出版社1975年版，第7页。
② 葛兆光：《谤听余音》，《余音：学术史随笔选（1992—2015）》，广西师范大学出版社2016年版。

国学展开研究时,我们应从学术发展演变脉络的视角厘清某一国别或区域的中国学演进史,将中国研究的转型作为关注重点,考察转型的背景、动力及推动转型的机构制度,并厘清一个时代中国研究的趋向、理论和方法,什么是重要的,什么是改变的,什么是显著的主流,什么是被压抑的潜流。与此同时,在对域外中国学之文献、重要人物、机构及期刊进行深入系统梳理的基础之上,还需将海外中国学置于中外文化互动交流的视域下,厘清域外汉学家及其著述之于其本国和中国的学术及社会之影响、中国文化在域外的传播与影响、域外汉学家与中国学人的交往史,并深入到域外中国知识生产的内部,探明其生产的内在机制,尤其是国家意志与中国知识生产之间的关系。如此,方能建构出更为立体的海外中国学之学术史图景。

其三,以平等的姿态展开对话和批评。汉学作为东方学的一支,它在知识的表达和文化立场上必然受到汉学家所在国的意识形态的影响,体现一定的权利意志,具有意识形态之特点。抛开域外汉学研究是否主观具有意识形态这一问题,即使最为"纯粹"的学术研究,亦难以免除意识形态之侵袭,因为学术研究是无法完全脱离于现实政治。胡绳曾就历史研究指出:"人们在研究过去的历史时,总是着眼于当前的社会政治问题的,如果不是有助于当前的社会政治生活,对过去的研究就不可能吸引人们去从事……以往的社会历史中包含着无限复杂的内容,我们也只有从现实生活中的需要出发才能确定哪些方面、哪些问题是应当着重研究的。"[①] 正是由于域外汉学具有意识形态性的特点,在译介和研究时,站在自我的价值立场上,对其进行批判无疑是必要的,亦有其价值意义。再者,我们必须清醒地意识到,海外中国学本质上是"外国学",其问题意识、研究思路及方法与其本国的学术脉络、政治背景、观察立场密切相关。[②] 海外中国

---

① 胡绳:《社会历史的研究怎样成为科学》,《胡绳全书》,人民出版社1998年版,第301—302页。

② 葛兆光、盛韵:《海外中国学本质上是"外国学"》,《文汇报》2008年10月5日,第6版。

学家在研究中无法抛却已有的意识、视角、立场，加之对中国社会和文化缺乏真切的感受与深入的认知，故此他们对中国的研究存有不可避免的偏颇、误解、歪曲乃至意识形态之偏见等局限与不足。汪荣祖先生即曾从个案出发，犀利指陈海外中国史研究中存在"离谱的误读"、"严重的曲解"、"荒唐的扭曲"、"不自觉的偏差"、"颠倒黑白的传记"、"居心叵测的翻案"等六大问题。① 更为重要的是，海外中国学家在研究时多习惯于将西方的理论与话语植入中国研究。例如，海外运用于中国边疆史研究的边地研究、族群研究和全球史等理论，都是建构在以美国及西方世界为核心的历史经验之上，其理论背后传达的是美国所构建的"普世话语"。

缘于此，我们在开展海外中国学研究时必须以平等的姿态展开对话与批评。如果还是"仰头看西方"，仅限于介绍海外中国学走马灯似的各类新理论、新方法，那我们只能是西方学术的"传声器"，沦为西方的东方主义的一个陪衬，失去了自己的话语和反思的能力。同时，由于放弃了学术应有的主体性和批判性，亦不可能同国际中国学界展开真正的对话，在国际中国研究场域中便只能成为失语者。更深层的原因还在于，开展海外中国学研究的主要目的是为了我们自身学术和文化的变革与发展。如何立足中国本土的学问，在借鉴域外中国学的成果上，从我们悠久的文化传统中创造出新的理论和方法，这才是我们真正的追求所在。

值得注意的是，面对新时代海外中国学的新趋向与新使命，国内学界存在一种否定海外中国研究之价值的倾向。有学者谈到中国的历史文化研究时，似乎唯有中国学者掌握最丰富的史料宝藏，最了解、最懂得中国历史文化，无论是东洋学者，还是西洋专家，皆是门外之谈。在他们看来，域外学者仅凭其所具有的汉籍之部分知识或在华之一时见闻而欲论定千古，常如隔雾看花，难求其情真理得，因此没有必要推介海外学者的研究；更有学者对海外中国学研究持完全否定之态度，将域外汉学研究称为"汉学主义"，认为对域外汉学的翻译和介绍是"自我学术殖

---

① 汪荣祖：《海外中国史研究值得警惕的六大问题》，《国际汉学》2020年第2期，第5—20页。

民"。与此同时，有学者认为海外对中国的理解存在浓重的价值偏见，完全是在西方中心论话语框架之下来理解和论述中国，在新时代的今天，中国学术界所应做的是转向强化中国自身的本土论述，构建中国自己的话语体系。

笔者以为，面对学术研究的国际化，我们不应拒斥域外汉学，因为域外汉学基于自身学术传统和问题旨趣所作的研究不只是一个可供比较的参照对象，它将刺激我们的学术自省意识。更为重要的是，当前对中国的关注已成全球现象，中国现象、中国问题、中国实践被引入各学科，这为学术界提供了有关中国的样本与角度，在丰富对中国的认识之同时，亦将中国话语引入并应用于学术研究。不可否认，我们确实需要突破西方中心论的框架，强化我们的本土论述和话语，但这不意味着否定海外中国学的意义和价值。诚然，海外学人在理解中国问题时，与我们自己的论述有所差异与不同！然而，正是因为有差异，它们的研究才给我们提供了他者的视角，提供了反思自我的独特视野！因此，我们不能因其有不同观点就否定其研究价值，似乎"中国的问题只有中国学人自己最有发言权，最能深刻而准确地理解和阐述"，更不能因其不同看法而扣上诸如帝国主义、殖民主义等帽子。在对话与批评时，我们亦不能简单地以中国视角和中国话语阐述中国的立场与论述。要知道，这种单向度的自我论述，将不可避免地陷入中国中心主义，导向中西间的二元对立，从而失去文明互鉴之本真追求。简而言之，我们倡导批判，并非走向另一种极端，陷入自我论述的迷思之中，而是需要有勇气面对世界眼光的检视，在对海外中国学及其问题意识、论证逻辑和学术话语等有深入而全面的理解基础上，以客观的学术态度对其进行梳理与考辨，回应其关于中国的论述，肯定其所值得肯定之处，指摘批判其在材料、方法、观点及逻辑上所存在的错讹乃至曲解。在这种深入的学术史考辨与深度的对话批评中，增进了解，挽回对中国的解释权，达成让世界理解中国，乃至尊重与认同中国之目的，并进而建构出以中国经验为基础且能为世界所理解的话语体系，从而真正提升中国的国际话语权和影响力。

第一章

民国学人留学美国期间的汉学研究及影响

自民初以来，留学美国渐成热潮。据1912年美国政府的教育报告称，美国各大学中，外国留学生总计为4222人，其中中国留学生594人，占总数的14%以上[①]；1925年统计，中国在美留学生多达2500人，占在美各国留学生总数的三分之一。[②] 根据梅贻琦和程其保的调查统计，1912年至1949年期间有近两万名中国学生到美留学。[③] 中国留学生的到来，无论是对中国文化的西传还是对处于"荒村"阶段的美国汉学发展，都有着不可忽视的影响。

一、著文批驳西方对中国的曲解与偏见

艾米·杰宁斯（Amy Jennings）曾言："（在外国的留学生）有三项任务：第一，学习他感兴趣的知识；第二，了解当地的风土人情；第

[①] 刘伯骥：《美国华侨史续编》，台北黎明文化事业股份有限公司1981年版，第419页。
[②] 《留美学生季报》1926年第11卷第1期，第14页。
[③] Yi-chi Mei & Chi-pao Cheng, *A Survey of Chinese Students in American Universities and Colleges in the Past One Hundred Years under the Joint Sponsorship of National Tsing Hua University Research Fellowship Fund and China Institute in America*, New York, 1954, pp. 26-28.

三,最重要的但大概也是最难的,就是让当地人来了解他。在有着不同习俗的异国他乡,(留学生)……必须把自己当成……使者,他的任务就是使别人通过他来认识和喜爱他的国家。"[1]以胡适、赵元任、陈衡哲等为代表的一大批中国留美学子即是如此,他们在学习美国方式之同时,亦自觉介绍真实的中国社会和文化,驳斥西方对中国的曲解与偏见。

1905年,中国留美生创办《中国留美学生月报》(*Chinese Students' Monthly*,1906—1931)(以下简称《月报》)[2]。所以创办此报刊,系因美国大众对中国的真实情况一无所知[3],因为他们了解中国的四种渠道(传教士、旅行者、书籍杂志及在美国的中国人)容易传递错误信息。传教士的首要目标是以传教事业博得西方社会的同情和支持,因此很难全面地反映出中国的真实情况;旅行者关于中国的描述往往比较肤浅片面;印刷刊物可能受到政治、种族等因素的影响而带有偏见;在美国的中国人也能成为介绍中国的窗口,但取决于什么样的中国人,以及他们怎样被看待。[4]正是基于此,留美学生在《月报》上发表了众多文章介绍中国的悠久历史和深厚文化。S. C. Lu在《中华文明的突出特色》(*Distinguishing Characteristics of Chinese Civilization*)中表示,除了"孝顺",中国人非常"乐观"、"有礼貌"、"有耐力"、"精力旺盛"、"勤劳"、"节俭"、"为人可靠",具有丰富的"生活经验"和强大的"适应能力"。如果非要用西方流行的进化论来看待中国,那么生命力不绝的中华文明、始终顽强存在的中国就完全证明什么才是真正的"适者生存"(survival of the fittest)[5]。

---

[1] Amy Jennings, Student as International Ambassador, *Chinese Students' Monthly*, Vol. 18, No. 1 (Nov., 1922), p. 16.
[2] 《月报》的前身,是问世于1905年的《留美学生公报》(*The Chinese Students' Bulletin*)。
[3] Who Shall Make China Known, And How?, *Chinese Students' Monthly*, Vol. 4, No. 6 (Oct., 1909), pp. 386-388.
[4] Correct Information about China, *Chinese Students' Monthly*, Vol. 14, No. 2 (Feb., 1919), pp. 219-222.
[5] S. C. Lu, Distinguishing Characteristics of Chinese Civilization, *Chinese Students' Monthly*, Vol. 14, No. 6 (Oct., 1919), pp. 380-389.

与此同时，留美生还积极抓住各种机会宣扬中国文化，展示中国形象。留学期间，胡适是各类学生会活动的组织者和积极参与者。他曾提到："就是在这些不同的晚会里，我们对各种民族不同的习俗便有了更深入地了解。更重要的还是各族学生间社交的接触和亲切的国际友谊的形成，使我们能了解人种的团结和人类文明基本的要素。"①1919年，洪业协助组织了中国在美国卫理公会教堂举办的百年世界博览会上的展览。展区的中国城中，四处摆放着真人大小的道士、和尚雕像，还有孔庙和乡间基督教教堂，艺术展览中包括中国画、景泰蓝、漆器、玉器和铜器。这次展览有70名中国学生详细地讲解中国的日常生活，表演音乐和戏剧，提供茶水和点心，展示手工艺品。②赵元任曾参加了1932年举办的波士顿东方学术讨论会，并做了《中国音乐的某些方面》的报告，同年12月9日在康奈尔大学做了题为《中国音乐》的演讲。③

受"西方中心论"、"白种人优越论"等因素的影响，美国社会对中国充满着偏见和歪曲。留美学子置身异域，深感种族歧视之苦。正是这种歧视和屈辱激发着海外游子的爱国之心，当听闻各种诋毁与歪曲中国的言论时，留美生则会尽其所能地将真实中国告知美国社会。正如民国十六年《教育杂志》刊行的《留美学生近况》一文中所说："中国学生在美大学，除研究学问外，皆纯为祖国宣传文化，对于国家大事，亦皆研究，遇有美人误会之处，中国学生常为纠正。"④例如，在中国海关供职的布兰德（John Otway Percy Bland）曾于1912年11月来美国各地就中国社会之情形发表演说，其演说中对民国多有诋毁。对此，胡适不仅作一书寄《纽约时报》予以批驳，而且在布兰德演说现场就其所发表的观

---

① 胡适口述，〔美〕唐德刚译注：《胡适口述自传》，华东师范大学出版社1983年版，第56页。

② 〔美〕史黛西·比勒著，张艳译：《中国留美学生史》，生活·读书·新知三联书店2010年版，第127页。

③ 刘集林等：《中国留学通史》（晚清卷），广东教育出版社2010年版，第376—377页。

④ 《留美学生近况》，《教育杂志》1922年第19卷第2期，第8页。

点进行质疑。①1920年到美国密苏里大学留学的萧公权,在回忆录中记述了当时同他一起在密苏里大学留学的杜钦反驳美国传教士讥评中国社会近况的具体情形:"有一次某教会邀请我们中国学生去听新从中国回来的一位传教士报告中国的近况。少门(杜钦)和我,还有其他几位同学都去听讲。谁知这位传教士把中国的社会描写得黑暗无比,几乎与野蛮社会毫无分别,并且大肆讥评。听众当中有略知中国情形者,大为不平,于此君讲完之后立即建议主席,请在场的中国学生发言。我们当然公推少门,做我们的发言人。他站起来,雍容不迫地做了十几分钟亦庄亦谐的谈话。他不直接驳斥传教士的错误,也不直接为中国辩护,但请大家注意,任何学识不够丰富,观察不够敏锐,胸襟不够开阔的人到了一个文化传统与自己社会习惯迥异的国家里,很容易发生误解,把歧异的看成低劣的。中国学生初到美国,有时也犯这种错误。他本人就曾如此,他于是列举若干美国社会里,众所周知,可恨、可耻,或可笑的事态。每举出一桩之后,他便发问:那就是真正的美国吗?(Is this the true America?)他略一停顿,又自己答复,说'我现在知道不是呀',少门说完后会堂里掌声雷动,这位传教士满脸通红,无话可说。散会后许多美国人拥上来与少门握手,赞许他的谈话。"②

面对诸如上述来华传教士对中国社会的歪曲,留美生不仅当场予以纠谬,他们还在创办的刊物上撰文进行批驳。例如,对于个别西方作家堂而皇之地贩卖自己中国之行的现象,留美学生即撰文批评他们对中国的评价多是游客式的走马观花。朱友渔③在《中国之我见》(As I Saw It)一文中总结指出,外国作家一到中国就想创作出一部关于中国的鸿篇巨作,大谈特谈中国的自然环境、语言风俗等,随意发表自己对中国的议

---

① 胡适:《胡适留学日记》(上),安徽教育出版社2006年版,第61页。
② 萧公权:《问学谏往录》,黄山书社2007年版,第48页。
③ 朱友渔,出生于基督教新教家庭,于1912年获得哥伦比亚大学社会学博士学位,毕业回国后执教于上海圣约翰大学社会学系,与民国政界、学界、宗教界的许多著名人士都有交往。

论。这样的作者其实根本不了解自己的写作对象，不了解中国的风俗礼节、民族文化。在他们眼中，中国的一切都是东方式的滑稽荒唐。因此，此类作品毫无价值，既是对读者的糊弄和冒犯，也充分暴露出作者自身的无知愚昧和伪善虚假。[1] 美国著名杂志《诗刊》(Poetry)副主编、美国意象派诗歌运动代表人物蒂金斯(Eunice Tietjens)访问中国后便把对中国城市的印象出版成诗集《中国剪影》(Profiles From China: Sketches in Free Verse of People and Thing Seen in the Interior)。对此，何杰才[2]指出，在蒂金斯的笔下，现在的中国是肮脏丑恶的：北京是"最脏的城市"，上海的公共租界遍地"放荡狂欢"，阴森凄凉的上海更是"白种人终结之地"，这样的表达实在令人费解，这部"自由诗体概述"实在难以评价。[3]

针对西方人对中国的嘲讽，《中国留美学生月报》曾刊登题为《中国和美国新郎的区别》的幽默短文："美国妇女：'在中国，女孩要嫁给一个自己在结婚前从未见过的男人，不是么？'中国人：'是的，女士。就像在美国，女孩要嫁给一个自己结婚后就再也看不到的男人。'"[4]《月报》还刊出一张关于"外国人讨论中国时切勿犯的错误"的列表，其中提到："不要以为所有中国女人都裹脚，所有中国男人都拖长辫子。当代中国人已经摒弃这些东西了，就跟美国女人不再穿衬裙，美国男人不再穿萝卜裤一样。不要以为你去过旧金山的唐人街、上海或香港，就了解关于中国的一切。这些地方并不是真正的中国，就像纽约并不代表整个美国一样。不要说中国是野蛮国家，中国文明早在美国祖先以及欧洲人住洞穴、穿兽皮、茹毛饮血的时候就已经很成熟了。给你的中国朋友写信时，一

---

[1] Y. Y. Tsu, China As I Saw It, *Chinese Students' Monthly*, Vol. 6, No. 3 (1911), pp. 328-329.

[2] 何杰才（1894—1969），瑞桥镇人。1915年，清华大学毕业后，公费留学美国，先后入哈佛大学、耶鲁大学、哥伦比亚大学。旅美期间，曾任《留美学生月报》总编辑等职。1922年回国后，在报界、政界及上海交通大学等任职。

[3] G. Z. Wood, Profiles From China by Eunice Tietjens, *Chinese Students' Monthly*, Vol. 15, No. 5 (1920), pp. 72-73.

[4] Differences between Chinese and American Bridegrooms, *Chinese Students' Monthly*, Vol. 7, No. 3 (Apr., 1912), p. 531.

定要写清楚街道地址,在上海的美国邮递员曾经估计,仅上海一地就有五千多个姓王的。不要因为你所在的城市有一两个中国人开洗衣店,就以为所有中国人都是干这行的。不要在中国找什么'杂碎',这是在美国的中国人为美国人做的一道菜,中国人没听说过。"① 这张列表的字里行间,充满了为中国文化形象的辩护。

二、撰著以中国问题为主题的博士论文

受国难刺激,中国留美学生大都抱有"实业救国"的志愿。他们认为,只要学到技术,中国就会起死回生,故此"留学美国者,以专门工程及实学者为最多"②。尽管如此,在所派出的留美生中,习文科之人仍占有一小部分。1934年,派出的留美公费生,理工科占87%,文科占13%。③据统计,自抗日战争以来至1946年,在总计2293名出国留学生中有193人习文科④;袁同礼对1905年至1960年中国留美学生博士论文所作调查显示,在总共2789位博士中,属于人文社会科学类的博士为875人。⑤

颇为值得关注的是,习文科的留美生多数都以中国问题为其博士论文的选题。根据华美协进社1927年统计以及1928年、1934年两次增补的《中国留美学生硕博士论文统计》(Theses and Dissertations by Chinese Students in America)显示,1902年至1931年,留美生的硕博论文选题

---

① The Article Is Reprinted from Millard's Review, *Chinese Students' Monthly*, Vol.13, No.4 (May, 1918), pp. 394-396.
② 李喜所:《清末民初的留美生》,《史学月刊》1982年第4期,第50—51页。
③ 李喜所主编,元青等著:《中国留学通史·民国卷》,广东教育出版社2010年版,第205页。
④ 中国第二历史档案馆编:《中华民国史档案资料汇编》第五辑第二编"教育",江苏古籍出版社1997年版,第890—891页。
⑤ Tung-li Yuan(Compiled), *A Guide to Doctoral Dissertations by Chinese Students in America, 1905~1960*, Washington, 1961. 袁同礼:《袁同礼著书目汇编》,国家图书馆出版社2010年版,第238页。

共1162篇，其中有关中国题材的博士论文达到93篇；根据袁同礼编纂的《中国留美同学博士论文目录》的统计显示，1912年至1949年间中国留美学生所撰中国问题方面的博士论文共有310篇；又根据收录有1861年以来所有北美地区人文社会科学方面的博硕论文文摘的PQDD博硕士论文文摘数据库，以Chinese和China为检索关键词对1949年以前有关中国研究方面的博硕论文进行检索的结果显示，1912年至1949年期间有318篇有关中国研究的博士论文。

这些论文涉及领域非常广泛，既有关于中国历史、哲学、宗教、语言等中国传统学术问题，也有关于当代中国的现实问题。① 其中，关于中国历史研究的博士论文30篇，关于中国哲学的博士论文19篇，具体情况见下表：

---

① 近年来，民国时期中国留美生的博士论文，颇为学术界所关注，相关研究成果主要有：中国留美生与美国汉学，如吴原元的《民国时期中国留学生对美国汉学的贡献述论》(《江苏师范大学学报（哲学社会科学版）》2013年第3期)、元青的《中国留学生对西方汉学的贡献——以20世纪上半期为中心的考察》(《天津师范大学学报（社会科学版）》2014年第3期)；中国留美生的博士论文及其学术影响，如邹进文的《近代中国经济学的发展——以留学生博士论文为中心的考察》(中国人民大学出版社2016年版)、元青的《民国时期留美生的中国历史研究与美国汉学——以博士论文为中心的考察》(《广东社会科学》2015年第6期)、元青的《民国时期留美生中国社会问题研究旨趣与影响——来自留美生社会学、人类学博士论文的考察》(《天津师范大学学报（社会科学版）》2015年第6期)，元青、张连义的《民国时期留美生中国政治问题研究的海外评价——以留美生博士论文为中心的考察》(《华侨华人历史研究》2016年第4期)，元青、王金龙的《民国留美生研究中国经济问题缘起初探析——以留美生博士论文为中心的考察》(《长白学刊》2018年第3期)，元青、陈艳的《民国时期留美生中国法律问题研究的海外影响——以留美生博士论文为中心的考察》(《安徽史学》2017年第4期)，元青、戴磊的《民国时期留美生的中国哲学问题研究及其海外影响——基于留美生博士论文的考察》(《长白学刊》2017年第3期)，元青、吕光斌的《民国时期留美生中国教育问题研究缘起与学术特征——以留美生博士论文为中心的考察》(《天津师范大学学报（社会科学版）》2017年第2期)；中国留美生博士论文与西方学术之关系，如杨钊的《雷海宗的博士论文与芝加哥大学的西洋史学术传统》(《江苏师范大学学报（哲学社会科学版）》2018年第3期)、《齐思和的中国史博士论文与哈佛大学的美国史学术传统》(《史学史研究》2019年第1期)、《民国时期留美西洋史学者与美国的西洋史学术传统——以博士论文为中心的考察》(《史学理论研究》2020年第2期)等。本节对元青及其博士生的有关留美生博士论文的考察多有参考。

1-1 民国时期留美生中国历史研究博士论文数据一览表（30篇）

作者	博士论文题目（中英文）	博士毕业学校	博士毕业时间
刘强（1893—?）	1842年以前中国、朝鲜和日本文化演变中的隔离与联系因素 / Isolation and Contact as Factors in the Cultural Evolution of China Korea and Japan Prior to 1842	爱荷华大学	1923年
陈受颐（1899—1978）	18世纪中国对英国文化的影响 /The Influence of China on English Culture during the Eighteenth Century	芝加哥大学	1928年
范存忠（1903—1987）	中国文化在启蒙时期的英国 / Chinese Culture in England: Studies from Sir William Temple to Oliver Goldsmith	哈佛大学	1931年
金武周（1900—1982）	唐代景教：618—916 / Nestorianism in the T'ang Dynasty: 618-916	哈特福德神学院	1931年
沈维泰（1906—?）	中国的对外政策：1839—1860 / China's Foreign Policy, 1839-1860	哥伦比亚大学	1932年
汤吉禾（1902—?）	中国监察制度，1644—1911 / The Censorial Institution in China, 1644-1911	哈佛大学	1932年
郭斌佳（1906—?）	第一次中英战争评论 / A Critical Study of the First Anglo-Chinese War, with Documents	哈佛大学	1933年
皮名举（1907—1958）	胶州湾租借：一项帝国主义外交研究 / The Leasing of Kiaochow : A Study in Diplomacy and Imperialism	哈佛大学	1935年
齐思和（1907—1980）	春秋时期中国的封建制度 / Chinese Feudalism during the Ch'un Ch'iu Period	哈佛大学	1935年
章楚（1910—?）	中国宗主权：中国和她的诸侯国之间的外交关系研究：1870—1895 / Chinese Suzerainty: A Study of Diplomatic Relations Between China and Her Vassal States (1870-1895)	约翰·霍普金斯大学	1935年（1943年）
罗荣宗（1902—?）	商朝的社会组织 / Social Organization during the Shang Dynasty of Ancient China	南加州大学	1936年
翁独健（1906—1986）	爱薛传研究 / Ai-hsieh: A Study of His Life	哈佛大学	1938年
黄延毓（1903—?）	总督叶名琛与广州事件，1856—1861 /Viceroy Yeh Ming Ch'en and the Canton Episode, 1856-1861	哈佛大学	1940年
姚善友（1912—?）	中国历史上按年代顺序和季节周期性分布的洪水与干旱 / The Chronological and Seasonal Distribution of Floods and Droughts in Chinese History	宾夕法尼亚大学	1941年
郑德坤（1907—2001）	四川史前考古 / Prehistoric Archaeology of Szechuan	哈佛大学	1941年

续表

作者	博士论文题目（中英文）	博士毕业学校	博士毕业时间
邓嗣禹（1905—1988）	张喜与1842年的南京条约 / Chang His and the Treaty of Nanking in 1842	哈佛大学	1942年
余秀豪（1905—?）	近代中国的警察 / Police in Modern China	加利福尼亚大学	1942年
陈铁民（1906—?）	1894—1895年的中日甲午战争：源起、发展及外交背景 / The Sino-Japanese War, 1894-1895: Its Origin, Development and Diplomatic Background	加利福尼亚大学	1944年
周一良（1913—2001）	唐代密宗 / Tantrism in China	哈佛大学	1944年
史景成（1906—?）	春秋时期的国际法 / International Law in the Ch'un Ch'iu Period	芝加哥大学	1946年
吴保安（即吴于廑，1913—1993）	封建中国的王权和法律 / Kingship and Law in Feudal China: An Inquiry Into the Nature of Kingship and Law in Feudal China in the Light of a Comparison with Kingship and Law in Feudal Europe	哈佛大学	1946年
杨联陞（1914—1990）	晋书·食货志译注 / Notes on the Economic History of the Chin Dynasty	哈佛大学	1946年
朱士嘉（1905—1989）	章学诚对中国地方志编撰的贡献 / Chang Hsueh-Ch'eng, His Contributions to Chinese Local Historiography	密歇根大学	1946年
何祚藩（1913—?）	香港百年史 / One Hundred Years of Hong Kong	普林斯顿大学	1947年
穆谓琴（1913—?）	近代中国各省与中央的关系与统一问题 / Provincial-Central Government Relations Problem of National Unity in Modern China	普林斯顿大学	1948年
温岳熊（1920—?）	早期中国与列强关系中的最惠国待遇：清朝官方与非官方文献中体现的中国对于最惠国待遇的文献研究 / Most-Favored-Nation Treatment in the Early Relations between China and Foreign Powers: a Documentary Study of China's Attitude Toward Most-Favored-Nation Treatment, as Shown in the Official and semi-official Documents of the Ching Dynasty	印第安纳大学	1948年
张伯训（1910—?）	1911—1912年的中国革命及其对外关系：满洲帝国的覆灭及中华民国的建立研究 / China's Revolution, 1911~1912, and Its Foreign Relations: a Study of the Fall of the Manchu Empire and the Founding of the Chinese Republic	乔治城大学	1948年
蒙思明（1908—1974）	总理衙门的组织和功能 / The Tsungli Yamen: Its Organization and Functions	哈佛大学	1949年

作者	博士论文题目（中英文）	博士毕业学校	博士毕业时间
王伊同（1914— ）	日明交聘史 1368—1549 / *Official Relations between China and Japan*, 1368～1549	哈佛大学	1948 年
向高（1917—?）	中世纪天主教在中国的使命，1294—1368/ *The Catholic Missions in China during the Middle Ages, 1294～1368*	天主教大学	1949 年

1-2 民国时期留美生有关中国哲学问题研究博士论文一览表（19 篇）

作者	博士论文题目（中英文）	博士毕业学校	博士毕业时间
刘经庶（1887—1923）	老子哲学 / *The Philosophy of Lao-Tsz*	西北大学	1915 年
胡适（1891—1962）	先秦名学史 / 中国古代逻辑方法的发展 / *The Development of the Logical Method in Ancient China*	哥伦比亚大学	1917 年（1927 年）
许仕廉（1896—?）	儒家政治哲学：对孔子社会与哲学理念的阐述以及他的先驱和早期弟子 / *The Political Philosophy of Confucianism: An Interpretation of the Social and Political Ideas of Confucius, His Forerunners, and His Early Disciples*	爱荷华大学	1923 年
戴贯一（1881—1927）	中国古代之天及上帝观 / *An Inquiry into the Origin and Early Development of T'ien and Shang-ti*	芝加哥大学	1925 年
冯友兰（1895—1990）	天人损益论 / 人生理想之比较研究 / *A Comparative Study of Life Ideals/The Way of Decrease and Increase with Interpretations and Illustrations from the Philosophies of the East and the West*	哥伦比亚大学	1925 年
梅贻宝（1900—1997）	墨子的伦理及政治著作 / *The Ethical and Political Works of Motse Translated from the Original Chinese Text*	芝加哥大学	1927 年
诚质怡（1898—1977）	荀子的人性论及其对中国思想的影响 / *Hsun-tzu's Theory of Human Nature and Its Influence on Chinese Thought*	哥伦比亚大学	1928 年
邓春膏（1900—1976）	古代道家的生命哲学 / *The Philosophy of Life of the Ancient Taoists*	芝加哥大学	1928 年
陈荣捷（1901—1994）	庄子哲学 / *The Philosophy of Chuang Tzu*	哈佛大学	1929 年
元龙（1896—?）	中国文化的心理学解释：以其稳定性为中心 / *A Psychological Interpretation of Chinese Culture with Special Reference to Its Stability*	杜克大学	1930 年

续表

作者	博士论文题目（中英文）	博士毕业学校	博士毕业时间
徐腾辉（生卒年代不详）	中国经典著作中"神"的理念：中国经典著作中"天"与"上帝"的理念发展 / The Idea of God in the Chinese Classics: The Development of the Idea of T'ien and Shang-ti in the Chinese Classics	哈特福德神学院	1930年
袁文伯（1898—1983）	道家及其相关哲学对中国经济思想的影响 / Influence of Taoism and Related Philosophies on Chinese Economic Thought	纽约大学	1930年
徐宝谦（1892—1944）	新儒家思想的伦理现实主义 / Ethical Realism in Neo-Confucian Thought	哥伦比亚大学	1933年
倪青原（1902—?）	道家经典研究：以宇宙论和人类学为中心 / A Study of Classical Taoism with Special Reference to Cosmology and Anthropology	南加州大学	1938年
施友忠（1902—2001）	从西方宗教和哲学思想的角度看古代中国哲学里"帝"、"天"、"道"的概念研究 / A study of the concepts of Ti, T'ien, and Tao in Ancient Chinese Philosophy in the Light of Western Religious and Philosophical thought	南加州大学	1939年
黄秀玑（1913—?）	陆象山，十二世纪中国一个唯心主义哲学家 / Lu Hsiang-shan, A Twelfth Century Chinese Ideals Philosopher	宾夕法尼亚大学	1944年
陈观胜（1907—?）	《大业譬喻》中"善来比丘"故事以及其在梵语、巴利语、藏语、汉语译本中的研究 / A Study of the Svagata Story in the Divyavadana in its Sanskrit, Pali, Tibetan and Chinese Versions	哈佛大学	1946年
鞠秀熙（1908—1999）	孔子与亚里士多德的政治哲学比较研究 / The Political Philosophy of Aristotle and Confucius: A Comparative Study	科罗拉多大学	1948年
周幼伟（1913—?）	墨子的道德准则 / The Moral Doctrine of Mo-Tse	芝加哥洛约拉大学	1948年

当然，在留美学生的博士论文中，更多的是以现当代中国的政治、教育、经济、社会、法律等现实问题为选题。例如，关于中国教育问题研究的博士论文有63篇，其中代表性的有郭秉文的《中国教育制度沿革史》（1914）、蒋梦麟的《中国教育原理》（1924）、傅葆琛的《以满足中国乡村需要为目的的中国乡村小学课程重建》（1924）、张彭春的《从教育入手使中国现代化》（1924）、曾作忠的《现代教育中的民族主义与

实用主义》(1932)、钟鲁斋的《中国近代民治教育发展史》(1934)等；关于中国政治问题的博士论文有严恩椿的《门户开放政策》(1923)、谢保樵的《中国政府(1644—1911)》(1925)、吴国桢的《中国古代政治理论》(1926)、徐淑希的《中国及政体》(1929)、李之泰的《孙中山的政治哲学》(1931)等54篇；关于中国社会问题的博士论文有朱友渔的《中国慈善精神：一项互助的研究》(1912)、徐声金的《中国家庭制度》(1922)、吴文藻的《见于英国舆论与行动中的中国鸦片问题》(1929)、李济的《中国民族的形成》(1928)、许仕廉的《儒家政治哲学》(1923)、严景耀的《中国的犯罪问题与社会变迁的关系》(1934)、冯汉骥的《中国亲属制》(1937)、林耀华的《贵州的苗民》(1940)、杨懋春的《中国集镇与乡村生活》(1945)、胡先晋的《中国共有的继嗣群及其功能》(1948)等至少17篇；关于中国法律问题的有傅文楷的《中国家庭法研究：与罗马法的比较》、杨德恩的《中国民法典中父母与子女的关系及其历史演变》、凌兆麟的《中国之结婚与离婚法》、马如荣的《治外法权在中国》、施宗岳的《中国与最惠国条款》、张以藩的《外人在华法律地位：从世界社会角度进行的批判与比较研究》、查良鉴的《有关现代中国的国际关系权限》、董霖的《中国与国际公法》、陈芳芝的《与中国有关的若干国际法问题》、韦文超的《中日冲突与国际法》、赵理海的《中美条约与国际法》等27篇；关于中国经济问题的博士论文有54篇，其内容涉及中国的财政、对外贸易、农业经济、货币金融、经济思想史、区域经济、运输经济学等诸多领域。

至于民国时期习文科的留美学生之所以多以中国问题作为其博士论文的选题，其原因是多方面的，正如萧公权在《问学谏往录》里所说："（一）我们中国学生到西洋求学应当尽量求得西洋文化的知识。回国以后去着手研究中国文化并不为迟。（二）在美国写有关中国哲学的论文，或有沟通中西文化的一点作用。然而是尚在求学的学生，对于中国哲学没有深刻的了解，因而也没有介绍中国哲学给西方人士的能力。（三）那时美国一般大学图书馆里收藏有关中国的书籍为数不多……如果做有关中国哲学的论文,必然会感觉到参考资料的缺乏。(四)一般美国大学教授对中国文化未曾致力研究,似乎未必能够真正指导学生草写论文。"① 确如其所言,缺乏必要的师资指导与论文写作的资料是其中所不可忽视的现实客观原因。1930 年,美国汉学家富路德在一次演讲中如是言道:"美国高校从事中国研究和教学的合格教师数量,我们用两只手就可以计算过来。"② 美国汉学家卜德(Derk Bodde,1909—2003)更是尖锐地指出:"有关中国的教学和研究少得可怜;如果有,那就是很少的几位传教士学者如赖德烈(Kenneth Scott Latourette,1884—1968)、恒慕义(Arthur W. Hummel,1884—1975)以及一些像亨培克(Stanley K. Hornbeck,1883—1966)这样不懂汉语也没有接触过中国文献的专家和两三个像马温(N. Wing Ma)那样的中国人提供的。"③ 由此,中国留美学生多是由不熟悉中国历史文化或对中国历史文化一知半解的导师指导。赖德烈即曾坦言:"他们的英美导师或者不熟悉中国的语言、制度、历史,或者是一知半解,根本不能对其进行指导。"④ 资料的充分与否,在很大程度上也影响着留美生们的选题。例如,胡适曾在信中这样写道:"我打算写一段时期的中国哲学,作为我的博士论文。最近我意识到写这样的论文,对我是件蠢事。因为写这样的论文,正是用其所短,既得不到师长的协助,也无从利用此间的图书设备。……所以,我已决定放弃那个构想。"⑤ 转学到了哥伦比亚大学之后,胡适发现哥大图书馆拥有足够的中国哲学方面的资料,再加上自己收藏的《诸子集成》《十三经注疏》

---

① 萧公权:《问学谏往录》,黄山书社 2007 年版,第 29 页。

② L. C. Goodrich, Chinese Studies in the United States, *The Chinese Social and Political Science Review,* Vol. 15, No. 1 (Apr., 1931), p. 75.

③ 〔美〕保罗·柯文、默尔·戈德曼主编,朱政惠、陈雁、张晓阳译:《费正清的中国世界:同时代人的回忆》,东方出版中心 2000 年版,第 7—9 页。

④ Kenneth S. Latourette, Chinese Historical Studies during the Past Seven Years, *The American Historical Review*, Vol. 26, No. 4 (July, 1921), p. 706.

⑤ 周质平:《不思量自难忘——胡适给韦莲司的信》,安徽教育出版社 2001 年版,第 48—49 页。

等,才下定决心写《先秦名学史》。

强烈的现实关怀和致用心理,应该说是留美生以中国问题为博士论文选题的主要原因所在。林耀华回忆说:"当时的青年与现在处境不同,一脑袋的救国思想。在当时的国际国内氛围下研究中国的社会问题,找出中国贫弱的'病根'是很多青年人追求的目标。"[1]正因为如此,以当代中国为研究对象的博士论文,所探讨的主要是:科举制废除后中国的公共教育及教育的现代化和民主化问题,民国建立后中国政治、经济及其发展道路等中国人所关注的问题。即使在中国对外关系方面的研究,留美学生也明显呈现中国人的关怀意识。正如赖德烈所说:"由于中国被深深卷入政治争议的旋涡,也由于那些在国外学习的青年人对于列强强加于中国的种种不公正——包括他们想象中的和真实的——尤为激愤,……没有一个人能完全抛开民族偏见,其中一些还带有宣传性质。尽管存在偏见,部分著作还是很有学术价值的,而且全部论文都旨在展示中国观点。"[2] 以中国传统历史文化为研究主题的博士论文,亦同样着眼于现实需要,希望从传统文化中寻找解救时弊的良药,以服务于当时的中国社会。冯友兰曾如是回忆其博士论文的选题:"1919年我到美国后……中国为什么没有近代自然科学呢……当时我认为,这应该在中国哲学中寻找答案……中国所以没有近代自然科学,是因为中国的哲学向来认为,人应该求幸福于内心,不应该向外界寻求幸福。"[3]

另外,留美生研究中国问题的博士论文很多都以向西方介绍中国为优先出发点,这显然是基于西方汉学界的研究现状和需求之考虑。施宗树在其有关中国对外贸易史的博士论文序言中即指出:"虽然西方有关中国的著述已有很多,但其多不能从中国立场出发,而总是用西方自己的术语与观点来描述他们在中国的行为",以致"中国总是被置于错

---

[1] 林耀华:《林耀华学述》,浙江人民出版社1999年版,第4页。

[2] Kenneth. S. Latourette, Chinese Historical Studies During the Past Nine Years, *The American Historical Review,* Vol. 34, No. 4 (July, 1930), pp. 781-782.

[3] 冯友兰:《三松堂自序》,人民出版社2008年版,第165—166页。

误的位置上",而其论文则希望"通过追溯中国自古到今与世界的商业关系历程","对那些误解中国的著述进行公平公正地修正"。① 魏文斌在博士论文前言中亦指出,希望其论文能使西方学界对中国货币的历史有所熟悉,因为西方目前还没有相关主题的专著。② 以清代税制为博士论文选题的陈兆焜持相似之观点,认为过去研究清代制度的一些著作在史实与地方制度多样性上还较为粗疏,故而清代税制仍有系统研究的必要,并希冀其论文能满足西方读者了解中国现代税制的期望。③ 刘廷冕将中国关税制度与英、美、法、德、日等国进行比较研究,希望使中国的协定关税以及由此而遭受的不公得以真实、客观地呈现给西方,以便其了解真实的中国关税。④ 李美步以中国农业文献资料的梳理与翻译为其博士论文之主题,同样有适应西方汉学界研究需求的考虑:"由于该项研究是对中国经济史进行的首次现代意义上的考察,所以作者附上了所有重要的文献资料以作为日后开展进一步研究的参考资料","这些资料大部分尚属首次翻译,我在译为英文时尽量保留其典雅性与简洁性"。⑤

由于彼时的美国高校多将博士论文的公开发表作为授予博士学位的前提。例如,哥伦比亚大学即规定授予博士学位之前,博士论文必须公开出版,并向大学提供75本样书。⑥ 故此,中国留美学生的汉学博士论文大多得以在西方学术界出版或发表。据不完全统计,留美生的30篇中

---

① Chong Su See, *The Foreign Trade of China*, New York: Columbia University, 1919, pp. 8-10.

② Wen Pin Wei, *The Currency Problem in China*, New York: Columbia University, 1914, p. 5.

③ Shao Kwan Chen, *The System of Taxation in China in the Tsing Dynasty* (1644-1911), New York: Columbia University, 1914, p. 7.

④ Ting Mien Liu, *Modern Tariff Policies with Special Reference to China*, Peking: Hua Mei Printing Office, 1925, p. 5.

⑤ Mabel Ping Hua LEE, *The Economic History of China, with Special Reference to Agriculture*, New York: China Institute in America, 1921, pp. 14-15.

⑥ C. Martin Wilbur, *China in My Life: A Historian's Own History*, Armonk, New York: M. E. Sharpe, 1996, p. 51.

国历史研究博士论文中，有 12 篇在国内外先后公开发表或出版①。民国时期留美生中有关中国社会问题研究的博士论文，至少有半数即 17 篇博士论文出版或在学术期刊上发表，且主要在美国及英国出版或发表。② 在

---

① 具体情况：沈维泰的《中国的对外政策：1839—1860》，哥伦比亚大学 1932 年版；郭斌佳的《第一次中英战争评论》，上海商务印书馆 1935 年出版英文本；皮名举的《胶州湾租借：一项帝国主义外交研究》，哈佛大学出版社 1935 年版；章楚的《中国宗主权：中国和他的诸侯国之间的外交关系研究》，约翰·霍普金斯大学出版社 1935 年版；黄延毓的《总督叶名琛与广州事件》，1941 年 3 月以英文发表于《哈佛亚洲研究学报》(Harvard Journal of Asiatic Studies) 第 6 卷第 1 期；姚善友的《中国历史上按年代顺序和季节周期性分布的洪水与干旱》，1942 年 2 月以英文发表于《哈佛亚洲研究学报》第 6 卷第 3/4 期；同年，由宾夕法尼亚大学出版社出版；邓嗣禹的《张喜与 1842 年的南京条约》，芝加哥大学出版社 1944 年版；周一良的《唐代密宗》，1945 年 3 月以英文发表于《哈佛亚洲研究学报》第 8 卷第 3/4 上；同年，哈佛大学出版社出版英文版；杨联陞的《晋书·食货志译注》，1946 年 6 月以英文发表于《哈佛亚洲研究学报》第 9 卷第 2 期；向高的《中世纪天主教在中国的使命：1294—1368》，美国天主教大学出版社 1949 年版；王伊同的《日明交聘史：1368—1549》，哈佛大学出版社 1953 年版；蒙思明的《总理衙门的组织与功能》，哈佛大学出版社 1962 年版。详见元青的《民国时期留美生的中国历史研究与美国汉学——以博士论文为中心的考察》，《广东社会科学》2015 年第 6 期。

② 具体情况如下：朱友渔的《中国慈善精神：一项互助的研究》，美国哥伦比亚大学出版社 1912 年版；徐声金的《中国家庭制度》，美国纽约国际出版社 1922 年版；余天休的《中国的社会控制与进步》，北平中国社会学会 1923 年版；陈达的《中国移民之劳工状况》，美国哥伦比亚大学出版社 1923 年版；吴文藻的《见于英国舆论与行动中的中国鸦片问题》，美国科学院出版社 1928 年版；祝世康的《中国劳工运动》，上海商务印书馆 1928 年版；李济的《中国民族的形成》，美国哈佛大学出版社 1928 年版；许仕廉的《儒家政治哲学》，英国劳特利奇出版社 1932 年版；严景耀的《中国的犯罪问题与社会变迁的关系》，以英文发表于《美国社会学杂志》1934 年第 3 期；叶崇高的《中国毕业生在美国的适应问题》，美国芝加哥大学出版社 1934 年版；杨昌栋的《平潭调查》，上海广平书局 1935 年版；冯汉骥的《中国亲属制》，以英文发表于《哈佛亚洲研究学报》1937 年第 2 期；林耀华的《贵州的苗民》，以英文发表于《哈佛亚洲研究学报》1940 年第 5 期；龙程英的《中国社会思想的发展演进》，南加州大学出版社 1941 年版；杨懋春的《中国集镇与乡村生活》，美国哥伦比亚大学出版社 1945 年以 A Chinese Village–Taitou, Shantung Province 为题出版；郑德超的《费城华侨：一项文化接触的研究》，福建协和大学印刷所 1948 年版；胡先晋的《中国共有的继嗣群及其功能》，纽约的维京基金 1948 年版。详见元青的《民国时期留美生中国社会问题研究旨趣与影响——来自留美生社会学、人类学博士论文的考察》，《天津师范大学学报（社会科学版）》2015 年第 6 期。

留美生所有54篇中国政治问题研究博士论文中，有近20篇论文是在海内外特别是美国公开发表或出版。① 在27篇有关中国法律问题研究的博士论文中，亦同样有11篇公开出版或发表，约占总数的40.74%。其中，顾维钧的《外人在华之地位》、戴恩赛的《中国的条约口岸：外交研究》甚至再版五次之多。②

这些博士论文出版后，颇受美国学术界的关注。朱友渔的《中国慈善精神：一项互助的研究》出版后，立即引起美国学术界的关注。《美国经济评论》刊发评论文章，称："通过本书，'慈善'一词被赋予更深刻和广泛的含义，因为这包含着人道主义的努力。"③ 李济的《中华民族的形成》出版后，英国皇家人类学院主办的《人类》杂志在其刊发的评论文章中称，这部"由中国人类学家用英文写成的著作分析透彻，观点鲜明，值得热烈欢迎"④；冯汉骥的《中国亲属制》在《哈佛亚洲研究学报》

---

① 具体情况如下：严恩椿的《门户开放政策》，斯特拉福德出版社1923年版；谢保樵的《中国政府（1644—1911）》，约翰·霍普金斯大学出版社1925年版；吴国桢的《中国古代政治理论》，商务印书馆1928年版；魏艮声的《中俄外交关系》，商务印书馆1928年版；徐淑希的《中国及其政体》，牛津大学出版社1929年版；伍朝光的《在华传教运动的国际观》，约翰·霍普金斯大学出版社1930年版；李之泰的《孙中山的政治哲学》，纽约大学出版社1931年版；张忠绂的《英日同盟》，约翰·霍普金斯大学出版社1931年版；李惟果的《现代世界政治中的西藏（1774—1922）》，纽约保罗·梅塞尔公司1931年版；张晋德的《国民政府的对外政策》，广东金星出版社1933年版；马文焕的《国会辩论中的美国对华政策》，上海别发印书局1934年版；张道行的《中东铁路的国际争端》，商务印书馆1936年版；张凤祯的《1898年以来的中德外交关系》，商务印书馆1936年版；刘平侯的《中国外交：组织与控制》，纽约大学出版社1936年版；潘朝英的《美国的满洲政策》，波士顿布鲁斯出版社1938年版；关鲁敬的《中国与国联的关系》，香港亚洲石印局1939年版。详见元青、张连义的《民国时期留美生中国政治问题研究的海外评价——以留美生博士论文为中心的考察》，《华侨华人历史研究》2016年第4期。

② 留美生的中国法律问题研究博士论文之出版或发表情况，具体参见元青、陈艳的《民国时期留美生中国法律问题研究的海外影响——以留美生博士论文为中心的考察》，《安徽史学》2017年第4期。

③ Frank D. Watson, Pauperism and Charities, The American Economic Review, Vol.3, No.2 (June, 1913), pp. 435-436.

④ V. C. C. Collum, Review Work (s): The Formation of the Chinese People, Man, Vol.29, (May, 1929), pp. 94-95.

发表后,《美国东方社会杂志》发表评论文章,认为此文"是第一部系统研究中国亲属称谓的成果","对那些致力于研究中国家庭轨迹的人来说,将大有用处"。① 美国学者爱德华·S. 考文(Edward Samuel Corwin,1878—1963)对许仕廉的《儒家政治哲学:对孔子社会与哲学理念的阐述以及他的先驱和早期弟子》则如是评价道:"许教授关于孔子学说诸多鲜明特征的论述依然是很有意义的,不仅仅对于中国,对于西方也是如此。"② 谢保樵的论文获得美国学者魁特(Payson J. Treat,1879—1972)的高度称许:"对于关注中国最后帝国政治组织的西方学者有极大的贡献,也是在美国大学的中国学者博士论文的佳作。"③ 刘经庶的《老子哲学》则为德国汉学家劳费所激赏,诧为哲学界之杰作。④ 冯友兰的《天人损益论》更是被美国汉学家赖德烈评价为"具有真正的价值"之作,"它以一种非常简洁的方式清晰阐述了中国杰出思想家提供的教导"。⑤

中国留美生的这些博士论文,所以为美国学界欢迎乃至激赏,论文本身的水准是主要因素之外,其对美国学术尤其是汉学研究所具有的学术价值是更为重要的原因。具体而言,它们对美国汉学研究所具有的学术价值主要在以下两个方面:

其一,具有重要的史料价值。中国留美生的博士论文,既对现有的英文资料进行了整理和甄别,又对中文资料进行了翻译和利用,同时还有反映中国现实情况的资料,这对美国汉学界而言无疑具有宝贵的史料

---

① Bernard W. Aginsky, Review The Chinese Kinship System, *Journal of the American Oriental Society*, Vol. 58, No. 3 (Sep., 1938), pp. 492-495.

② Leonard Shih Lien Hsu, *The Political Philosophy of Confucianism: An Interpretation of the Social and Political Ideas of Confucius, His Forerunners, and His Early Disciples*, George Routledge & Sons, Ltd., 1932, pp.x-xi.

③ Payson J. Treat, Review: The Government of China (1644-1911), *The American Journal of International Law*, Vol. 20, No. 3, 1926, pp. 634-635.

④ 郭秉文:《刘伯明先生事略》,《国风》(南京)1932年第9期,第74页。

⑤ K. S. Latourette, Review A Comparative Study of Life Ideals, The Way of Decrease and Increase with Interpretations and Illustrations from the Philosophies of the East and the West, *The Journal of Philosophy*, Vol. 22, No. 17 (Aug. 13, 1925), pp. 473-474.

价值。例如,美国学界即如是肯定谢保樵的《清代中国政府》之价值:"对于西方人关于中国最后一个王朝的政治机构方面的知识而言,这本著作做出了极为有价值的贡献,因为他的广泛参考书目中包含有许多很少甚至从来就没有被西方学者所研究过的著作。"[1] 徐淑希的《中国及其政体》在美国学人看来,其价值亦在于:"西方学术界长久以来热切期待着能有中国学者将中文资料译成英文并加以研究。作为中国人对中国对外关系的自我表达,《中国及其政体》一书有趣且权威,特别有助于丰富西方学术思想",而且"该书中大量的资料是西方学术界迄今为止未曾使用过的,……我们希望并相信徐淑希对资料和回忆录等文献的挑选和翻译将极大地促进西方对中国政治学者的认知和理解"[2]。对于欧美读者来说,陈兆焜的《中国清代的税收制度》价值在于梳理了中国税收体系的事实,使西方人对非常具有迷惑性且毫无规则的中国人盐税等税收机制有了大体了解[3];施宗树的《中国的对外贸易》,同样为西方人提供了大量关于清代尤其是1911年以来这段重要时间中国对外贸易方面有价值的信息、数据以及描述[4];吴国桢的《古代中国的政治理论》中关于管子、商鞅以及韩非子的章节,"对于弥补我们的古代中国知识有着重要价值"[5];戴恩赛的《中国的条约口岸》,虽然存在缺乏充分利用中文文献等缺陷,但还是能找到"在条约口岸外侨人的权利、市政管理的状况以及有关外国人的

---

[1] Payson J. Treat, Review The Government of China (1644-1911), *The American Journal of International Law*, Vol. 20, No. 3 (July, 1926), pp. 634-635.

[2] Frank E. Hinckley, Review: China and Her Political Entity, *The American Journal of International Law*, Vol. 23, No. 4, 1929, pp. 904-905.

[3] A. P. Winston, Review The System of Taxation in China in the Tsing Dynasty (1644-1911), *The American Economic Review*, Vol. 5, No. 1 (Mar., 1915), p. 102.

[4] W. W. Willoughby, Review The Foreign Trade of China, *The American Journal of International Law*, Vol. 14, No. 1 (Jan.-Apr., 1920), pp. 286-287.

[5] J. K. Shryock, Review Ancient Chinese Political Theories, *Annals of the American Academy of Political and Social Science*, Vol. 152, *China* (Nov., 1930), pp. 403-405.

司法权和各种事件的描述及其最近几年的发展"等有价值的信息。①

其二，丰富并拓展了美国汉学界的中国研究。美国著名人类学家、哥伦比亚大学人类学系主任林顿（Ralph Linton，1893—1953）曾就西方学者研究异域文化面临的最大难题如是指出："他不仅必须对这种语言有深入地理解，而且还必须对他的研究对象有真正的同情和超乎寻常的敏锐。他必须有能力看到事情的情感领域，而且能够理解许多没有说出的东西。"② 正因为如此，在异域文化中出生和成长的中国留美生，其博士论文在有助于美国学人理解中国文化的同时，亦丰富并拓展了美国汉学界的中国研究。张君劢曾言："许多年来，西方学者的努力，多集中于一个连续的但又常是陈旧的，即孔子、老子及他们同时代学者及继承者基本思想的解说，而对于最近一千五百年的思想系统，据我所知，则没有做过任何研究。"③ 周幼伟亦曾如是直言其博士论文对于西方学界的价值："在本文篇末的参考文献中可以明显看到，关于墨子的西语写作的论著相当少，整个墨子学说从学术视角的研究以及其整个道德体系的研究尚付诸阙如。"④ 当时的美国学界，对"中国哲学之研究几限于理雅各氏所译之'四书'、'五经'与其所译及别人所译之《老》《庄》"⑤。正因为如此，留美生关于中国哲学思想的博士论文对美国汉学界来说无疑极具开拓性意义。冯友兰的《天人损益论》，把人生哲学问题作为切入点，根据"为学日益、为道日损"的理念，将中西哲学史上的各家各派结为"三道"、"十派"，涉及的哲学家有庄子、柏拉图、叔本华、杨朱、墨翟、笛卡尔、培根、边沁、孔子、亚里士多德、王阳明、黑格尔等，试图就中

---

① Stanley K. Hornbeck, Review Treaty Ports in China, *The American Journal of International Law*, Vol.12, No.3 (July,1918), pp.697-699.

② 杨懋春：《一个中国村庄：山东台头》，江苏人民出版社 2012 年版，第 2 页。

③ 张君劢：《新儒家思想史》，台湾弘文馆出版社 1986 年版，第 11 页。

④ Augustinus Tseu, *The Moral Doctrine of Mo-Tze*, Ph.D, Loyola University Chicago, 1948, pp.iv-v.

⑤ 陈荣捷：《美国研究中国哲学之趋势》，《王阳明与禅》，台湾学生书局 1984 年版，第 106 页。

西方一些突出的哲学家的结论进行阐释和比较。对此,美国汉学家赖德烈评价道:"我们西方常常会忽视远东的哲学家。我们的见识是受到局限的,当我们意识到我们原先很少与其他地区的思想家有交流,或是并没有与他们就我们自己的思想家所面对的问题进行交流时,我们就能更好而正确地看到我们文化区域内的思想。"① 在美国学者爱德华·S.考文看来,许仕廉的《儒家政治哲学》提醒西方的社会学与政治学在探讨相关问题时,"不能再忽略孔子以及其他中国思想家了"②。德效骞亦认为:"欧洲和美国的政治理论家已经受到了经典的欧洲政治理论的左右,而世界的其他部分,如中国,一直被忽视,那里的政治哲学同样得到了较大的发展。"③ 在西方学人看来,黄秀玑的《陆象山,十二世纪中国一个唯心主义哲学家》使西方汉学界开始将"陆象山的哲学思想作为研究对象"④。陈焕章的《孔子及其学派的经济学说》是第一部总结我国古代经济思想的著作,也是中国人第一次以西方语言向世界全面展示中国古代思想的巨大魅力,"西方学术训练与儒家学术的完美结合,使得这本著作在经济文献中将占有独一无二的地位,并且将打开西方人的眼界使其注意到中国思想以及中国人丰富经验的价值所在"⑤。在费正清(John King Fairbank,1907—1991)看来,邓嗣禹的《张喜与南京条约》无疑是填补空白之作,"它通过中国方面一位次要的谈判官员的眼睛来观察"

---

① Kenneth. S. Latourette, Review A Comparative Study of Life Ideals. The Way of Decrease and Increase with Interpretations and Illustrations from the Philosophies of the East and the West, *The Journal of Philosophy*, Vol. 22, No. 17 (Aug. 13, 1925), p. 473.

② Leonard Shih Lien Hsu, *The Political Philosophy of Confucianism: An Interpretation of the Social and Political Ideas of Confucius, His Forerunners, and His Early Disciples*, George Routledge & Sons, Ltd., 1932, pp. x-xi.

③ Homer H. Dubs, Review the Political Philosophy of Confucianism, *The Journal of Philosophy*, Vol 30, No. 17 (Aug. 17, 1933), p. 472.

④ S. Y. Teng, Review Lu Hsiang-shan, A Twelfth Century Chinese Idealist Philosopher by Siu-chi Huang, *The Journal of Religion*, Vol. 25, No. 25 (July, 1945), p. 231.

⑤ Edward Alsworth Ross, Review The Economic Principles of Confucius and His School, *The American Economic Review*, Vol. 2, No. 4 (Dec., 1912), pp. 883-884.

中英交涉,尽管研究的文件"只包括几个月的时间,然而它却使我们对这个阶段的认识比许许多多卷本的考察还要多",它"冲破界限而进入这个空白区"。① 英国汉学家杜希德(Denis Twitchett, 1925—2006)认为,蒙思明的《总理衙门的组织与功能》对"总理衙门作为一个机构的历史"进行了阐述,它"解决了一个基本的问题",是西方中国外交史领域的开拓性成果。②

颇为值得注意的是,胡适在《留学日记》中曾言:"今日吾国人能以中文著书立说尚不多见,即有之,亦无余力及于国外。"③中国留美生的中国问题研究博士论文,多参考甚或直接引用中国学人的观点和著作,可谓是将国人的"中文著书立说"传于国外的重要渠道。以周幼伟的《墨子的道德准则》为例,共参考了汉文著作30种,主要有陈柱的《老子与庄子》《墨学十讲》,陈元德的《中国古代哲学史》,冯友兰的《中国哲学史大纲》,蔡元培的《中国伦理学史》,钟泰的《中国哲学史》,谢无量的《中国哲学史》,梁启超的《先秦政治思想史》《墨子学案》,胡适的《中国哲学史大纲》,嵇文甫的《先秦诸子政治社会思想述要》,陆懋德的《周秦哲学史》,蔡尚思的《老墨哲学之人生观》,王桐龄的《儒墨之异同》等。④ 杨联陞的博士论文《〈晋书·食货志〉译注》引用或参考民国学人的著述则有陈啸江的《三国经济史》、谭其骧的《晋永嘉丧乱后之民族迁徙》、何士骥的《部曲考》、全汉昇的《中古自然经济》、王伊同的《五胡通考》、吴承洛的《中国度量衡史》、钱穆的《国史大纲》、陶希圣与武仙卿合著的《南北朝经济史》等二十多种。留美生的这些博士论文,直接促使中国本土学者的研究成果进入到了西方学人的视野,

---

① 〔美〕费正清著,杨卫东译:《张喜和1842年的南京条约》前言,《国外中国近代史研究》第十辑,中国社会科学出版社1988年版,第20、21、22页。

② D. Twitchett, Review: The Tsungli Yamen Its Organization and Function, *Bulletin of the School of Oriental and African Studies*, Vol. 26, No. 2 (1963), p. 488.

③ 胡适:《胡适留学日记》(下),安徽教育出版社2006年版,第198页。

④ Augustinus Tseu, *The Moral Doctrine of Mo-Tze*, Ph.D Loyola University Chicago, 1948, pp. 355-357.

无疑有助于提高中国学人在西方学术界的影响。

三、积极致力于助推美国汉学研究发展

19世纪末20世纪初以来,继耶鲁大学于1876年创设美国第一个中国语文讲座之后,美国有不少高校相继设立汉语讲座,如哈佛大学于1879年设立中文讲座、加利福尼亚大学于1896年设立了东方语言文学教授、哥伦比亚大学于1901年设立丁龙讲座教授等。据1928年的驻美使馆报告,当时美国总计有耶鲁大学、哈佛大学、哥伦比亚大学、加利福尼亚大学、芝加哥大学、华盛顿大学、纽约大学等9所大学设立汉语讲座;密执安大学、斯坦福大学、伊利诺伊大学、俄亥俄州立大学、宾夕法尼亚大学等17所大学则正在筹备设立汉语讲座[1]。至1930年,共有12所大学设立专职中国教学岗位。[2]然而,由于美国本土缺乏能够胜任的师资,设立汉学讲座的高校不得不聘请欧洲汉学家来美执教或开展研究。1918年,赖德烈无奈地感慨道:"只有在三所大学中有能够称得上对于中国语言、体制、历史进行研究的课程。美国的汉学家是如此缺乏,以至于这三所大学中的两所必须到欧洲去寻找教授。"[3]

正因为如此,中国留美生中有不少人在美国高校承担教授汉语和中国文化的工作。例如,1913年赴美游学的江亢虎,在傅兰雅(John Fryer, 1839—1928)于1915年退休后,接替傅氏旅美7年间,其在加州大学先后担任客座讲师、副教授,专门讲授中国文化课程;[4]1914年赴美留学的陈衡哲在瓦沙女子大学期间,就经常给那些"热衷于学中文"的同学上

---

[1] 《美国各大学竞设汉学讲座》,《申报》1928年4月5日,第11版。

[2] Kenneth S. Latourette, Chinese Historical Studies During the Past Nine Years, *The American Historical Review*, Vol. 35, No. 4 (July, 1930), p. 796.

[3] Kenneth S. Latourette, American Scholarship and Chinese History, *Journal of the American Oriental Society*, Vol. 38, No. 1 (Feb., 1918), p. 99.

[4] 李姗:《江亢虎北美传播中国文化述论》,《史林》2011年第2期。

课；① 赵元任于1921年到哈佛大学研习语音学之同时，还在哈佛大学担任哲学和中文讲师，教授中文并开设哲学课程②。王际真于1922年赴美留学，1929年任哥伦比亚大学中文教师，在哥大中文系执教20年③；詹锳于1948年留美，曾在南加州大学亚洲学系教汉语，还写出教英美人学习汉语的专题手册《如何学汉语》，转学哥伦比亚大学后，又在纽约亚洲学院教汉语和中国文学课，成了这所学院的特约讲师。④ 需要指出的是，我们无法详细地证明中国留学生在汉语言方面为美国汉学界所做的具体贡献如何，但为美国汉学界提供语言帮助的中国留学生绝非仅限于上面所提到的几位，他们在教授汉语言方面对美国汉学所做贡献可以说是毋庸置疑的。

尚在美求学的吴宓在其日记中亦记述了其宣传中国文化一事："1920年11月20日，巴师（欧文·白璧德，Irving Babbitt，1865—1933，美国新人文主义美学创始人之一）命宓作文，述中国之文章教育等，以登载美国上好之报章。宓遵允之。巴师谓中国圣贤之哲理，以及文艺美术等，西人尚未得知涯略，是非中国之人自为研究，而以英语著述之不可……是非乘时发大愿力，走研究中国之学，俾译述以行远传后，无他道。"⑤ 在美的中国留学生，除教授汉语外，亦将研究与传播中国文化视为应尽之职。例如，江亢虎与美国人合作，翻译了《群玉山头：唐诗三百首》(*The Jade Mountain: An Anthology Being Three Hundred Poems of the T'ang*

---

① 〔美〕史黛西·比勒著，张艳译：《中国留美学生史》，生活·读书·新知三联书店2010年版，第231页。

② Howard L. Boorman (ed.), *Biographical Dictionary of Republican China,* Vol. 1, New York and London: Columbia University Press, 1972, p. 150.

③ 余生：《王际真英译节本〈红楼梦〉述评》，《大公报·文学副刊》1929年6月17日，第13版。

④ 詹锳：《詹锳自传》，北京图书馆《文献》丛刊编辑部、吉林省图书馆学会会刊编辑部：《中国当代社会科学家》（第3辑），书目文献出版社1983年版，第299页。

⑤ 吴宓著，吴学昭整理注释：《吴宓日记》（第二册），生活·读书·新知三联书店1998年版，第196页。

Dynasty），该书译文生动活泼，较好地表达了原诗的情趣，在西方颇得好评，1929年在纽约初版后，于此后三年中又几次再版；与此同时，他还用英语讲授关于中国文化的课程，《中国文化叙论》(Chinese Civilization: An Introduction to Sinology) 便是根据课程讲义编辑而成，此书与他在美国感受到的西方对中国文化的误解与歧视有关。到美国后不久，他便惊讶地发现："在西方的公立学校和大学中，世界史里是没有中国历史部分的，而学习比较哲学的人也不学习中国哲学，任何有关中国的科目都只教给那些打算前往中国的人。令人更为诧异的是，书写中国的西方作家中很少有人懂得中国话，而能读懂中国典籍的汉学家更是少之又少。还有更令人感到奇怪的，一些知名的汉学家，尽管可能终其一生致力于中国学问的某些特定分支，并且其成就甚至高过一个普通的中国本土学者，但对于既普通而又重要的中国常识，他们却无知到令人可笑的程度，而那些常识是所有学堂中的中国儿童都必须具备的。"① 鉴于上述情形，加上目睹许多西文著作中对中国事物的歪曲描写，江亢虎深感有必要在课程中为受良好教育的西方人提供一个有关中国文明的系统介绍。《中国文化叙论》一书分为四大部分，分别是中国的历史与地理、政治与社会、宗教与哲学、文学与艺术，几乎涵盖了中国历代沿革、制度风俗、思想文化等范畴，时间跨度上讫先秦时代下至清末民国，给西方人展现了一个宏大而具有景深的中华文明全貌。此外，他还接连在当时旧金山最大的报纸《纪事》(The Chronicle) 上发表文章，劝说美国人尤其是美国的商人学习中文以开拓广阔的中国市场，并分析论证中文并非人们所认为的那么艰深，这些演说或文章收录在江亢虎的另一部英语著作《中国学术研究》(On Chinese Studies) 中②。在哥伦比亚大学中文系执教20年的王际真，致力于把中国文学介绍给西方，其翻译的作品有《红楼梦》节译本

---

① Kanghu Kiang (Jiang), *Chinese Civilization: An Introduction to Sinology*, Preface v, 转引自李姗:《江亢虎北美传播中国文化述论》,《史林》2011年第2期。

② 李姗:《江亢虎北美传播中国文化述论》,《史林》2011年第2期。

(*Dream of the Red Chamber*)(1929,1958)、《阿Q及其他鲁迅小说选集》(*Ah Q and Others: Selected Stories of Lusin*)(1941)、《中国传统故事集》(*Traditional Chinese Tales*)(1944)、《现代中国小说选》(*Contemporary Chinese Stories*)(1944)等,并编译《中国战时小说》(*Stories of China at War*)(1947)等,这些译介改变了中国文学在英美国家的"失声"状态,对此后美国的中国文学翻译和研究产生了深远的影响。① 林语堂不仅编译有《孔子的智慧》《老子的智慧》等儒道经典,而且还用英文撰著了《吾国与吾民》《生活的艺术》等透视中国人精神品格和中国风土人情的著作。陈荣捷则主要致力于中国哲学典籍的英译,其所译典籍有朱熹的《近思录》、南宋哲学家陈淳的《北溪字义》以及《庄子哲学》《六祖坛经》等。陈氏英译,不只是译文而已,为了推阐中国哲学于欧美和方便读者,凡与所译之书可能相关而又必要的知识以及能增进读者对经典全面了解者,无不悉备。以英译《近思录》为例,除原文622条之外,有长篇引言详述《近思录》编纂及译注之经过,并选译出有关的言论及宋明清与朝鲜日本注家评论共600条,另有附录《近思录》选语统计表、《近思录》选语来源考、中日韩注释百余条以及22种仿造《近思录》选辑之书目。②

中国留学生在留学之时,对于域外汉学研究颇为关注。胡适的留学日记中,即常有阅读欧美汉学著作的记述:1912年10月15日,"下午至藏书楼读A. H. Smith: *Characteristics of the Chinese*,夜读E. A. Ross: *The Changing Chinese*";1913年10月9日,"昔E. A. Ross著 *The Changing Chinese*,其开篇第一语曰:中国者,欧洲中古之复见于今也。(Chinese is the middle ages maded visible.)初颇疑之,年来稍知中古文化时尚,近读此书,始知洛史氏初非无所见也";1914年4月10日,"《哲学杂志》'The

---

① 具体可参见管兴忠:《王际真英译作品在海外的传播和接受》,《外语教学》2016年第3期。

② 参见韦政通:《白鹿薪传一代宗——国外弘扬中国哲学六十年的陈荣捷先生》,《读书》1995年第3期。

Monist'（一元论者）（Jan., 1914）有论《王阳明：中国之唯心学者》一篇，著者 Frederick G. Henlce（Willamette University, Salem Oregon）法来德利克·G. 汉克（威来特大学，山姆·奥良根），殊有心得，志之于此，他日当与通问讯也"；1914 年 11 月 6 日的日记中提到梅耶斯（Wm. F. Mayers）的《中国读者手册》(*The Chinese Reader's Manual*)，"其书甚佳，考证详悉，非率尔操觚者之比也"①。夏鼐在留学时，日记中亦尝有阅读西洋汉学著作的记录：1932 年 2 月 26、27 日，"阅书：Granet, *Chinese Civilization*, 格拉内：《中国文明》"；1932 年 12 月 28 日，"阅书：Henri Cordier, *Histoire Generale de la Chine*，亨利·科尔迪耶：《中国通史》"；1934 年 3 月 12 日，"阅书：*Historie et Historiens Depuis Cinquante ans*，《五十年来的历史和历史学家》(pp. 517-559) 中 Henri Maspero, *Chine et asie Centrale*，马伯乐：《中国与中亚》。这是叙述 1876—1926 年间欧洲支那学的情形，颇可一读。其中亦述及中日方向支那学之情形，但嫌过略。有暇拟加移译，并设法续述 1926 年后至今日之情形"；1934 年 10 月 17 日，"阅书：毕士博（Carl Whiting Bishop，1881—1942）作关于中国上古史的论文。……毕士博此文虽仅寥寥 20 余页，颇耐深思"。②1936 年 6 月 9 日，"上午赴艺术研究所，阅洛弗尔《汉代的陶器》。氏为西方所崇拜之汉学大师，而此中汉译英之文句多不通句读，不解字义，西方汉学家多如此，又何足怪"；1936 年 10 月 12 日，"阅毕顾立雅《中国的诞生》。此书关于商代一部分，以中央研究院供给之材料不少，去年发掘之结果亦已述及，叙述亦能得其要领，颇佳，周代则未见佳，惟态度尚谨严，新材料仅有浚县发掘之卫墓"。③

在关注的同时，中国留学生亦尝纠谬和补正西洋汉学研究所存的疏漏。胡适在 1912 年 10 月 14 日的留学日记中写道：忽想著一书，题名《中国社会风俗真诠》，"取外人所著论中国风俗制度之书，一一详论其

---

① 曹伯言整理：《胡适日记全集》第 1 册，台北联经出版事业股份有限公司 2004 年版，第 206、307、534 页。
② 夏鼐：《夏鼐日记》卷一，华东师范大学出版社 2009 年版，第 98、141、225、267 页。
③ 夏鼐：《夏鼐日记》卷二，华东师范大学出版社 2009 年版，第 47、75 页。

言之得失，此亦为祖国辩护之事"①。1912年10月16日，胡适在阅读芮恩施的《远东的思想与政治趋向》一书时，发现其中人名年月稍有讹误，便为作一校勘表寄之著者以便其纠正；1914年8月2日，胡适偶读英国《皇家亚洲学会报》，见有大英博物馆东方图书部的英国汉学家翟林奈所写《敦煌录译释》一文及附录原书影本。胡适看后发现，"所记敦煌地理古迹，颇多附会妄诞之言，抄笔尤俗陋。然字迹固极易辨认也，不意此君（解而司）所释译，乃讹谬无数。……"胡适感慨道："彼邦号称汉学名宿者尚尔尔，真可浩叹！"为此，"余撮拾诸误，为作文正之，以寄此报"。②此篇纠误的文章发表于《英国皇家亚洲学会报》1915年第35—39页，该文分四个方面对翟林奈的文章予以补正：句读之误，认字之误，文本中解字之误及其他讹误的地方。③翟林奈对胡适的校正颇为认可，很快对该文进行修正。1915年2月11日胡适在日记中记道："去年八月二日，余读英人Lionel Giles所译《敦煌录》，为摘其谬误，作一校勘记寄之。……今日英国邮来，乃得英国国家亚洲学会（The Royal Asiatic Society）书记寄赠所刊余所作文单行本若干份。译者已自认其误，另译《敦煌录》一本，亦刊于《亚洲学会杂志》（Journal of the Royal Asiatic Society, Jan., 1915）内，则西人勇于改过，不肯饰非，亦足取也。"④

1929年2月22日，芝加哥的美国中国之友（the American Friends of China, Chicago）为芝加哥大学和西北大学的中国学生举办茶话会，约60位中国留学生和40位中国之友的成员参加。茶话会之后，劳费以《中国

---

① 胡适：《胡适留学日记》（上），安徽教育出版社2006年版，第49、51、219、364、61页。

② 曹伯言整理：《胡适日记全集》第1册，台北联经出版事业股份有限公司2004年版，第205—207、431—432页。

③ 此文参见胡适："Notes on Dr. Lionel Giles Article on the Tun Huang Lu"，周质平、韩荣芳整理：《胡适全集·英文著述一》第35卷，安徽教育出版社2003年版，第108—113页。

④ 曹伯言整理：《胡适日记全集》第2册，台北联经出版事业股份有限公司2004年版，第38页。

学生的使命》为题致辞。在致辞中，劳费表示，美国学术团体理事会新近成立的"中国研究促进委员会"的主要目标是"使中国文化的影响力遍及全美，鼓励、培养和促进我们的大学对中国语言文学展开严谨而深入的研究，为那些致力于研究中国之人提供奖学金和研究金，敦促美国的大学设立中文系，在华盛顿设立一个中国研究院，开展调查、编撰目录或参考书目以及其他许多项目"。劳费认为，美国开始致力于推进中国研究的原因在于："我们对于中国的兴趣是科学的、坚实而强烈的，而非表面的或纯粹经济和政治的考量，亦非柏拉图式的和情绪化的。我们将埋头苦干，并有志于为真正推进世界的中国知识做些事情。但更重要的是，这些建设性努力的背后是我们坚信，中国古代知识是人文教育的重要组成部分，与我们以古希腊和罗马研究为基础的古老经典课程不相上下。以前所谓的人文主义狭隘地局限于地中海地区的文明。我们所谓的世界历史，是按照我们古代历史学家的设想，只包括希腊和罗马以及中世纪和现代的欧洲国家，而印度和太平洋国家被排除在外。当前，一种更全面、更宽广的新人文主义正在形成。对于东方文明，我们怀有深深的感激，同时我们自身文明的根基在相当程度上也受益于这一文明。在这种新人文主义中，伟大的东方文明脱颖而出，占据着他们应有的位置，甚至可能是最重要的地位。这不再是地中海时代，而是太平洋人文主义时代。我们得出的结论是，如果不深入了解中国在文学和哲学、艺术、科学和发明方面的伟大成就，就不可能进行真正的人文和博雅教育。这是我们所宣扬的人文主义新福音。我们倡导汉学研究——即对古代中国的科学研究——因为我们坚信，这样的研究不仅对我们国家，而且对整个人类都具有至高无上的教育和文化价值，它将有助于拓展我们的思维，开阔我们的眼界，深化我们的思想，并为更高层面的博雅教育之进步以及发现我们仍然未知的美丽新世界做出贡献。"对于美国所正在推进的中国研究，劳费认为中国留学生应该在其中占据一席之地："年轻的朋友们，不要认为我告诉你这些，只是为了让你感觉良好，或者只是对你友善和礼貌。我之所以要告诉你们这些，是因为我真诚地想让你们在其中发挥作用。汉学研究当然不是生活所必需的，但勤奋努力的工作，深入地挖掘，在知识海洋中遨游却是必须。我想你们在我刚刚概述的这个新运动中应该占据一席之地，并应为实现它贡献你们的一分力量。你们不仅要从美国获取东西，当然也要回报于美国。你们来到我们国家，主要是为了学习我们的艺术和科学，熟悉我们的语言、思维方式和社会习俗，了解我们文明中最好的东西，并在以后将这些种子移植到肥沃而美丽的中国大地。事实本该如此，这当然是你们的首要职责。但是，另一方面，我要告诫你，不要过于迷恋，要忠于你们祖先的理想和传统。这意味着你们一定要继续学习你们自己的语言和文学。我知道，说比做更容易。从多年艰苦努力的研究实践中，我清楚要掌握你们所有错综复杂的文献风格是一项艰巨的任务。古汉语学习对我们的脑力来说是沉重的负担，这一学习将占据你们在大学求学期间的大部分时间和精力。然而，只要有意愿，就有办法，而且肯定有方法摆脱这种困境。"之所以如此，在劳费看来这主要是因为："汉学是一门硬科学，正如我们的孩子们所说是深奥的东西，需要绝对的专注和高度的自我否定。为此，我们只能希望在美国人中培养出一小部分汉学家。正因如此，我们呼求于你们；同样，也正是在这一点上，你们能够给我们提供最大可能的帮助，你们是我们最大的希望，是为我们产出优秀汉学著述的最宝贵财富。你们中有人或者相当一部分人愿意投身于这个美好事业的话，它将需要全身心投入，并用我们的科学方法武装自己。等你们回国后，你们将有资格为科学的中国知识做出第一手的贡献，这将造福于整个世界。我们目前最需要的，是对有价值中国文献进行良好而准确的翻译（大概有数百种之多），以帮助西方学者理解。你们中的一些人应该考虑接受语音和语言学的培训，以便能够准确记录中国方言和民间传说或进行语言学的比较。中国文明像太平洋一样广阔，我们对它的了解就犹如旧金山之于太平洋。我们还没有越过大洋，想招募你们作为水手和飞行员来引导我们安全穿越。这个领域还有成百上千的问题有待研究。华南土著部落的语言有成百上千种，可悲的是我们对此一无所知，而这些语言对中国语言的历史有着极为重要的意义。你们中的其他人应该入读我们的人类学、考古学或艺术系,并将我们所提出的方法应用于中国,以进行富有成效的调查。哈佛大学出版社刚刚出版了李济博士的《中华民族的形成》这部颇有影响的著作。李博士在哈佛人类学接受过训练,获得博士学位,他不仅是第一位从现代人类学角度撰著有关中华民族史著作的中国学者,而且也是第一个在这一主题上写出如此佳作的学者,它必将对科学大有助益。这是对你们最好的鼓励,也是一个值得模仿的范例。"一言以蔽之,劳费认为中国留美学生,"在尊重和热爱美国的同时,不要忘记或忽略正在等待你们的那熟悉的家乡炉火边的旧爱(the old love by the homely fireside),请继续热爱并研究中国,它那辉煌、可敬和高贵的文明,这将是你们服务祖国和世界的最佳方式"[①]。从劳费的致辞中,我们一方面可知彼时的美国已开始致力于推进中国研究及其背后的动机与理念;另一方面从其对于中国留美学生投身汉学研究所寄予的殷切期望,亦在一定程度上印证了中国留美学生在推进美国汉学研究中的贡献及其所具有的意义和价值。

---

① Berthold Laufer, Mission of Chinese Students, *The Chinese Social and Political Science Review*, Vol.XIII, No.3 (July, 1929), pp.285-289.

第二章

民国时期美国来华留学生及其汉学研究

"由于美国在东亚的政治、商业和文化使命以及这一地区所发生的事件,已经使美国与东亚的关系日渐紧密"[1],自20世纪20年代末以来,美国学术团体理事会、太平洋学会、哈佛燕京学社以及洛克菲勒基金会等机构和组织相继资助了一批从事汉学研究的学人来华留学。钱存训曾如是言道,"当时,由于美国学术团体的提倡和基金会的资助,美国学者开始前往中国留学访问,从事专业的学术研究"[2]。例如,哈佛燕京学社自1928年成立后,便相继派遣魏鲁男(James Roland Ware, 1901—1977)、舒斯特(Carl Schuster, 1904—1969)、施维许(Earl Swisher)、毕乃德(Knight Biggertaff, 1906—2001)、卜德、顾立雅、戴德华(George E. Taylor, 1905—2000)、西克门(Laurence Sickman, 1907—1988)、赖肖尔(Edwin O. Reischauer, 1910—1990)、芮沃寿、饶大卫(David N. Rowe, 1905—1985)、倪维森(David S. Nivison, 1923—2014)等一批以汉学研究为专业的研究生或学人来华进行2—3年的学习或不定期研

---

[1] Kenneth S. Latourette, Far Eastern Studies in the United States: Retrospect and Prospect, *The Far Eastern Quarterly*, Vol. 15, No. 1 (Nov., 1955), p.5.

[2] 钱存训:《留美杂忆——六十年来美国生活的回顾》,黄山书社2008年版,第268页。

究。① 除他们之外，恒慕义、孙念礼、富路德、费正清、拉铁摩尔、韦慕庭、毕格、宾板桥、柯睿哲（Edward A. Kracke，1908—1976）、贾德纳等汉学家则通过其他途径来华访学或进修。这段在华留学的生活，在这批年轻的美国学人脑海中留下了令其终生难忘的美好回忆。毕乃德晚年回忆道："北京的时光真是美好。我们随时向中国学者请教，翻阅各类参考书和档案文献，练习从华文学校学来的口语，游览各种宫殿、庙宇、书店、市场，在城墙上漫步，到西山远足，偶然还去北京之外的地方参观。"② 卜德则因这段生活将中国称之为"曾经是现在也是我们许多人的初恋"③。这些来华的年轻汉学留学生在华期间，与民国学人有着非常频密的交往。这种交往，一方面使这些来华留学生在汉学研究方面有了很大提升，日后都成为美国汉学界的主力军；另一方面，这也是不少民国史家得以移居美国并同来华留学的美国汉学家展开学术合作的重要原因所在。④

一、美国来华留学生与民国学人的交游

年轻的美国汉学留学生初入中国时，多是住在北京的华语学校。⑤ 费正清抵达北京后即是先入华语学校学习，后在北京租住房子；⑥ 毕乃德、

---

① 参见张寄谦：《哈佛燕京学社》，《近代史研究》1990 年第 5 期；张凤：《哈佛燕京学社 75 年的汉学贡献》，《文史哲》2004 年第 3 期。

② Sherman Cochran and Charles A. Peterson, Knight Biggerstaff, *The Journal of Asian Studies*, Vol. 60, No. 3 (Aug., 2001), p.934.

③ 〔美〕保罗·柯文、默尔·戈德曼主编，朱政惠、陈雁、张晓阳译：《费正清的中国世界：同时代人的回忆》，东方出版中心 2000 年版，第 10 页。

④ 吴原元：《客居美国的民国史家与美国汉学》，学苑出版社 2019 年版。

⑤ 有关华语学校的具体情况，可参见李孝迁的《域外汉学与中国现代史学》（上海古籍出版社 2014 年版）之第七章"北京华文学校"。

⑥ 〔美〕费正清（John K. Fairbank），陆惠勤等译：《费正清对华回忆录》（*China Bound: A Fifty-Year Memoir*），知识出版社 1991 年版，第 168 页。

孙念礼、韦慕庭、富路德、卜德等人也皆在华语学校居住过。究其原因，一方面是因为这所学校"专为教授西人华语"；另一方面则因为这里大多是美国人，加之住宿方便舒适，因此很多美国人到北京后乐意居此。在华语学校教授过的冯友兰曾回忆道："华语学校是美国人为在北京的外国人（其中多数是美国人）学习中文而办的一个机构"，"名义上叫学校，其实是可以长期居住的旅馆。初到北京的外国人，住进去，比住在北京饭店便宜，没有自己租房子的麻烦，而且这里还设有学习班，可以学习中文"。① 当然，也有如杨联陞所言的贾德纳这样的美国汉学家，其因家境富裕，来华后全家居住在北平南池子，并请周一良帮他看中文书、日文书。②

在加紧学习中文的同时，他们彼此之间亦因此而熟识。韦慕庭就此言道："在那里，我们和许多未来的中国问题学者变得熟悉起来——宾板桥、顾立雅、拉铁摩尔、卜德、西克曼、卡特思、戴德华、毕格和几个像柯乐博（Edmund Clubb，1901—1989）、戴维斯（John Paton Davies，1908—1999）和谢伟思（John S. Service，1909—1999）等年轻的外交文职官员。"③ 这主要缘于他们居住在一起，并常举行聚会。德国汉学家傅吾康（Wolfgang Franke，1912—2007）曾于1937年至1950年期间在北京生活，他在自传中即曾这样写道："大概是紧接着叶理绥教授的访问以后，逐渐地来了许多美国汉学家，特别是从哈佛大学到北京来做研究的人，我有时能碰到他们。第一个出现的是负责继续清理钢和泰遗产的柯立夫（Francis Woodman Cleaves，1911—1995）。接着来了贾德纳、柯睿哲、顾立雅等人。1939年，贾德纳常常邀请所有汉学家包括在北京的汉学家到他家里去，每月一次，所以大家能够碰面。"④

---

① 冯友兰：《三松堂自序》，人民出版社2008年版，第58页。
② 杨联陞著，蒋力编：《哈佛遗墨》，商务印书馆2004年版，第51—53页。
③ 〔美〕保罗·柯文、默尔·戈德曼主编，朱政惠、陈雁、张晓阳译：《费正清的中国世界：同时代人的回忆》，东方出版中心2000年版，第12页。
④ 〔德〕傅吾康著，欧阳甦译：《为中国着迷：一位汉学家的自传》，社会科学文献出版社2013年版，第94—95页。

当然，除了彼此之间的交游外，他们最为重要的是与中国学人的结识。为此，他们想方设法通过各种渠道或途径建立同中国学人的联系。费正清通过其岳父卡侬博士，得以结识胡适、陶孟和等中国学人。正如他自己在回忆中所说："（到中国后不久）我有幸拜会了学术界的领袖人物。我未来的岳父卡侬博士写信把我介绍给他所认识的北京协和医学院的生理学家。1932年5月10日，他的介绍有了效果，他的熟人邀请我到东兴楼饭庄会见一些我应当认识的名人。我发现，在座间等候我的人们中多半都是中国问题研究方面的精英。他们中有胡适、陶孟和、丁文江。"① 顾立雅在北京留学期间曾与众多中国学者有着学术联系和交往，其主要是依靠中国学者梅光迪的介绍和推荐。1929年博士毕业后，顾立雅曾任伦巴德学院（Lombard College）英语及心理学助教授②，因偶然机遇与在芝加哥自然科学博物馆任职的德籍汉学家劳费博士相识。由于他的推荐，顾立雅获得美国学术团体联合会的奖学金，于1930至1932年入哈佛大学进修，从梅光迪学习中文，开始研读中国古籍。顾立雅晚年回忆说："刚到哈佛时，我很期盼跟随梅先生学习中国的传统学问，但他当初并没有把我放在眼里，第一个月的课让我仿佛坠入云里雾中。一个月结束的时候，他对我说：'好，你坚持下来了，现在让我们开始学习。'在接下来的两年中，我在他的指导下阅读了大量文献，速度之快让我筋疲力尽。"③ 在哈佛进修期间，顾立雅撰写了《孔子与荀子》《孔子是不可知论者吗？》二文，发表时他特别说明梅光迪曾帮助疏通字句、通读初稿并给出修订意见。④ 此后，两人一直保持着联系。1932年，顾立雅前往中国，梅光迪不仅亲自去上海迎接，而且还将他介绍给自己在南京的

---

① 〔美〕费正清著，黎鸣、贾玉文等译：《费正清自传》，天津人民出版社1993年版，第56页。

② David T. Roy, Obituary: Herrlee Glessner Creel (1905-1994), *The Journal of Asian Studies*, Vol. 53, No. 4 (Nov., 1994), pp. 1356-1357.

③ H. G. Creel, On the Birth of The Birth of China, *Early China*, Vol. 12 (1985-1987), p. 2.

④ H. G. Creel, Confucius and Hsun-Tzu, *Journal of the American Oriental Society*, Vol. 51, No. 1 (Mar., 1931), p. 23; H. G. Creel, Was Confucius Agnostic?, *T'oung Pao*, Vol. 29, No. 1/3 (1932), p. 55.

朋友；当顾立雅北上时，梅又写了若干介绍信。正是得益于此，顾立雅才能迅速与北平的学术界取得联系。他在为梅光迪逝世而写的纪念文章中这样写道："当1932年我到中国去，他带着家小从南京到上海来迎接，同我在海船上晤面，以后便介绍我认识了南京方面许多学者，又写了好几封信给我，得有机会和北平的通儒见面。"① 还有部分美国留学生则通过毕士博与中国学人结识，韦慕庭曾言道："毕士博是我们中一些人的良师益友，在他那里有师大、清华、燕京等学校一些可敬的中国教职员的朋友，我们中的有些人开始认识他们。"②

由于美国留学生多是由哈佛燕京学社的资助，基于哈佛大学与燕京大学的合作关系，许多美国来华留学生亦通过在燕京大学任教的美国学者而得以结识中国学人。毕乃德在燕京大学进修期间，与当时燕大家政系主任的宓乐施（Camilla Mills，1899—1982）相识并相恋，借此他得以同洪业、邓嗣禹等中国学人建立联系。顾颉刚在日记中，多次提及在燕京大学执教的博晨光（Lucius Chapin Porter，1880—1958）③ 携年轻美国留学生来访。例如，1933年2月9日，"博晨光偕卜德来访"；1935年7月21日，"博晨光偕魏、戴二西人来，谈中国古史。今日来客：George E. Taylor 戴德华，Dr. K. A. Wittvugel 研究中国经济史者，德人，均住华语学校"④。

在20世纪二三十年代，饭局是当时中国学人社交的重要场所。顾立雅回忆说："那时中国学者们经常在饭馆里聚会，听说有些教授将一半的

---

① 顾立雅：《梅迪生——君子儒》，《思想与时代》1947年第46期，第11页。
② 〔美〕保罗·柯文、默尔·戈德曼主编，朱政惠、陈雁、张晓阳译：《费正清的中国世界：同时代人的回忆》，东方出版中心2000年版，第12页。
③ 博晨光，出生于天津，其父是公理会来华传教士。在山东德州度过童年后，返回美国接受高等教育。1909年至1918年在通州华北协和大学任教；此后长期在燕京大学教授中国哲学直至1949年。他自1928年哈佛燕京学社建立起即担任干事，至1939年。博晨光在中国工作生活长达40年之久，其间结识了众多中国学者。有关其生平详见燕京研究院编《燕京大学人物志》第一辑，北京大学出版社2001年版，第236—237页。
④ 顾颉刚：《顾颉刚日记》（卷三），中华书局2011年版，第13、369页。

薪水用于宴请,我几乎每周都受到邀请。这类的聚会一般四个小时,八个人左右,很少超过十二个人,大家围坐在一张大圆桌边,边听边聊。参加的人有历史学家、考古学家、文字学家、艺术史家、文献学家,偶尔也有一两位诗人。他们的闲谈实际上都是学术讨论,语速很快,且常常一语双关,但在远处的人只会听到不时发出的笑声。"① 事实上,饭局亦是美国来华汉学留学生与中国学人相识和交流之重要场合。顾立雅和卜德同杨树达的相识,即是缘于饭局。杨树达在 1934 年 9 月 7 日的日记中写道:"刘子植(节)招饮。遇美国人顾立雅,能操中语。"② 在 1934 年 12 月 2 日的日记中又记有:"燕京大学研究生美国人卜德招饮。同座除冯芝生、许地山、吴宇僧诸君外,有美国人福开森。"③ 顾颉刚的日记中,则有更多美国汉学留学生参加中国学人宴请或招饮中国学人的记录,兹择摘几条如下:

1932 年 1 月 1 日:今午同席:富路德夫妇　吴文藻夫妇　予夫妇(以上客)　施美士夫妇及其长女(主)。

1932 年 7 月 14 日:今晚同席:富路特④　予　宋(以上客)　煨莲主。

1932 年 7 月 17 日:今午同席:富路特　施美士　洪煨莲　容希白(以上客)　予(主)。

1934 年 3 月 8 日:到希白家吃饭,十一时半归。今午同席:X. Sickman　H. S. Creel　张东荪　容希白　予(以上客)　博晨光主。

1934 年 5 月 18 日:开哈燕社同学会。……今午同席:Sichman　Bodde　Creel　亮丞　文如　煨莲　希白　东荪　予　博晨光(以上客),司徒雷登。

1935 年 7 月 13 日:今午同席:顾立雅夫妇　寇恩慈女士　煨莲　予　元胎　八爱(以上客)　希白夫妇(主)。

1936 年 5 月 31 日:今午同席:毕乃德夫妇　博晨光　海松芬　容

---

① H. G. Creel, On the Birth of The Birth of China, *Early China*, Vol. 12 (1985-1987), p.3.
② 杨树达:《积微翁回忆录》,北京大学出版社 2007 年版,第 61 页。
③ 同上书,第 64 页。
④ 日记中此处与"1932 年 7 月 17 日"同记为"富路特"。

八爱　谢强　李瑞德夫妇（先行）　薛瀛伯　起潜叔　卜德　朱士嘉　予（以上客）邓嗣禹（主）。

1936年6月11日：到西裱褙胡同卜德家吃饭。十时辞出。……今晚同席：福开森　汤用彤　张亮丞　袁同礼　尚有美国人二　予（以上客）　卜德（主）。

1937年3月26日：今午同席：魏道明　富路德　卜德　鞠清远　马乘风　方志浡　予（以上客）　魏特夫（主）。

1937年5月30日：到西大陆春赴卜德宴。……今午又同席：芝生　亮丞　汤用彤　佟晶心　罗文达　尚有西人二人　王继曾　王君　予（以上客）　卜德（主）。

1937年6月16日：到同和居宴客，九时散。……今夜同席：魏特夫夫妇　卜德　刘寿民　汪叔棣　周昊　张铨　林卓园　连士升（以上客）　予（主）。邀而未至者：袁复礼、刘子植夫妇　冯伯平　雷海宗[①]。

这种餐会在燕京大学尤其频繁，这与其独特的校园文化有关。据吴其玉回忆，燕大教师之间形成了一种定期的交流会："把校内的教职员分为若干组，用希腊文字母 Alpha、Beta、Gamma……来命名，每组八人左右，即一桌能坐下的人数。每月聚餐一次，轮流备餐。餐后由一位教师用半小时到一小时的时间报告他或她最近研究的题材及其进度等。一般用英语作报告，但加入与否听便。我记得我所加入的那一组有洪煨莲先生（历史）、博爱理女士（生物）、窦威廉先生（化学）、侯树彤先生（经济）等。"[②]钱穆亦曾如是回忆道："燕大在课外之师生集会则最多。北大最少，师生间仅有私人接触，无团体交际"；[③]何炳棣也曾回忆道："自课业观点看，燕京研究院的一年成绩远远不能令人满意，但课外与洪煨莲、邓文如、齐思和系中三师以及政治系主任吴其玉博士多度谈话，都

---

① 顾颉刚：《顾颉刚日记》卷二，中华书局2011年版，第597、662、663页；卷三，第167、190、366、480、484、623、647—648页。
② 陈远：《燕京大学》，浙江人民出版社2013年版，第92—93页。
③ 钱穆：《八十忆双亲　师友杂忆》，生活·读书·新知三联书店2005年版，第153页。

增广见识，获益匪浅。由于教授并不终日坐守办公室，研究生可趋教授寓所就教，不时且承留饭。"① 不管其原因如何，燕大的这种校园文化无疑有利于美国来华汉学留学生与中国学人的交流。正是借助饭局，许多来华的汉学留学生与中国学人相识、相熟。

二、美国留学生在华期间的汉学研究

美国汉学留学生来华后，他们中有相当一部分成为燕京大学注册的研究生。作为燕京大学注册的研究生，除了听燕大教师授课外，他们还到北京其他地方听中国知名学者的讲演。冯友兰在回忆录中即言："有一个荷兰裔的美国人卜德在燕京大学做研究生，来清华听我的课。"② 海伦·斯诺（Helen Foster Snow，1907—1997）曾生动描述她和卜德等其他五位美国来华留学生到北京各地听中国名家讲座的情形："我们搬到了海淀，正好赶上我注册参加燕京大学1934—1935年学年的学习。燕京还有五名外国学生。一名是卜德，后来他成了宾夕法尼亚大学的汉学权威。……我们还骑车到附近的清华大学去听冯友兰讲授的《中国哲学史》，后来，卜德翻译了他写的关于这个问题的一本书。即使在寒风呼啸的日子里，风雪与黄沙使我们睁不开眼，但我们还是骑五英里路的自行车，到北京城里去听苏体山讲授的佛教与道教的专题课，他是这类学科的最好的中国学者。"③

对于二三十年代来华的汉学留学生们来说，北京无疑是理想之地。这里不仅集中有陈垣、陈寅恪、胡适、冯友兰、顾颉刚、汤用彤、洪煨莲、钱穆等一流学者，而且北京各大图书馆及琉璃厂、隆福寺等处的各

---

① 何炳棣：《读史阅世六十年》，广西师范大学出版社2005年版，第128页。
② 冯友兰：《三松堂自序》，人民出版社2008年版，第198页。
③〔美〕海伦·斯诺著，华谊译：《旅华岁月》，世界知识出版社1985年版，第122页。

类旧书肆也提供了其他地方难以企及的学术资源。钱穆回忆说:"北平如一书海,游其中,诚亦人生一乐事。至少自明清以来,游此书海者,已不知若干人。"①顾颉刚在说明自己为什么一定要在北京时如是说道:"只因北京的学问空气较为浓厚,旧书和古物荟萃于此,要研究中国历史上的问题这确是最适宜的居住地;并且各方面的专家唯有在北京还能找到,要质疑请益也方便。"②简而言之,北京是一个令人振奋的学习和研究中心。这里不仅有丰富的资料,还可随时随地向中国史家请益。顾立雅回忆说:"每当我在研究中遇到一个无法解决的问题时,我就立刻骑上自行车,去找对此问题最有发言权的中国学者,一杯茶的工夫我的问题就迎刃而解了。"③

由于北京有着如此优越的学术资源,美国汉学留学生来到北京之后,多致力于各自的课题研究。毕乃德即曾如是言道:"当时那些西方青年在那里学习汉语,熟悉中国人的生活,并致力于他们各自所选择的特别课题的研究。"④孙念礼于1925年来华留学,1928年回国时即已完成其博士论文《班昭传》;富路德于1930年来北京进修,1932年留学期满返回美国时完成了以《乾隆时期的文字狱》为题的博士论文初稿;魏鲁男于1929年来华进修,1932年回国后即以英译《魏书·释老志》一文获得哈佛大学博士学位;卜德于1931年来华留学至1937年,当其于1938年返回荷兰时即以《中国第一个统一者:从李斯的一生研究秦代》获得莱顿大学博士学位;柯睿哲于1936至1940年在华留学,1941年以《宋初的荐举保任制度》获得哈佛大学博士学位。

基于良好的机缘,部分美国汉学留学生在华留学期间还从事其他学术研究课题。例如,出于"向西方学者初步介绍中国研究领域最为重要

---

① 钱穆:《八十忆双亲 师友杂忆》,生活·读书·新知三联书店2005年版,第181页。
② 顾颉刚:《自序》,《古史辨》第一册,北平朴社1926年版,第56页。
③ H. G. Creel, On the Birth of the Birth of China, *Early China*, Vol. 12, p. 3.
④ Sherman Cochran and Charles A. Peterson, Knight Biggerstaff (1906-2001), *The Journal of Asian Studies*, Vol. 60, No. 3 (Aug., 2001), p. 934.

的参考书"之目的[1]，毕乃德与刚从燕京大学历史系毕业留校任讲师的邓嗣禹合作，编撰了《中国参考书目解题》一书。从事中文著述的英译是卜德在北京六年留学期间的一项主要学术研究工作，记录北京岁时风物民俗的专书《燕京岁时记》即是由其英译并于1936年出版；同时，他还完成了冯友兰《中国哲学史》上册的英译。冯友兰在回忆录中详细描述了卜德英译其著的缘起和过程："我在清华讲中国哲学史的时候，有一个荷兰裔的美国人布德（即卜德，Derk Bodde）在燕京大学做研究生，来清华听我的课。那时候，中国哲学史上册，已经由神州国光社出版。布德用英文翻译我的《中国哲学史》，请我看他翻译的稿子。到1935年左右，他把上册都译完了。那时候，有一个法国人Henri Vetch，在北京饭店开了一个贩卖西方新书的书店，名叫法国书店。他听到布德有一部稿子，提议由他用法文书店的名义在北京出版。布德和我同意了，他拿去于1937年出版。"[2] 恒慕义于1924年至1927年来华留学进修，此时恰是古史辨运动成为中国学界关注的热点话题之时。因此，与顾颉刚结识并译介《古史辨》成为恒慕义在北京进修期间主要从事的学术活动之一。当《古史辨》第一册于1926年6月甫一问世，同年11月恒慕义即在《中国科学美术杂志》第五卷第五期上撰文予以介绍；[3] 读完第一册的自序后，恒慕义认为"它是关于现代中国学者工作及态度的最好介绍，中国文化革新的各大问题，西洋科学方法的运用及本国固有成绩的继续，无不叙述尽致"[4]，于是他决心将此自序译成英语，顾颉刚在日记中这样记述道："恒慕义先生欲以英文为余译《古史辨》序，日来又为余译《秦汉统

---

[1] Ssu-yu Teng and Knight Biggerstaff, *An Annotated Bibliography of Selected Chinese Reference Works*, Peiping: The Harvard-Yenching Institute, Yenching University, 1936, p.iii.

[2] 冯友兰：《三松堂自序》，人民出版社2008年版，第198—199页。

[3] Arthur W. Hummel, Ku Shih Pien (Discussions in Ancient Chinese History) Volume One, *China Journal of Science and Arts*, Vol.V, No.5 (Nov., 1926), pp.247-249.

[4] Arthur W. Hummel, *The Autobiography of a Chinese Historian: Being the Preface to a Symposium on Ancient Chinese History*, Leiden: E. J. Brill, 1931, p.v.

一》一文，西洋人方面亦渐知予矣。"① 顾立雅在北京留学期间（1932—1936），因梅光迪的引荐结识董作宾、李济、梁思永等学者，从而得以多次前往安阳等考古挖掘现场进行实地考察，夏鼐在日记中如是记述顾立雅到安阳考古现场的参观考察："今日有一外国人 H. G. Creel 偕妻来参观，这个人名很有趣，自译'顾立雅'，我们把他译音成'狗的牙'。下午梁先生正与他谈得起劲，《民声日报》记者聂某来访，不出见，记者大哗，几乎成为僵局，幸亏刘照林君在侧解围。"② 借此机缘，他在北京进修期间完成了《中国之诞生》(The Birth of China) 这一重要英语著作。

除此之外，这些在华留学的美国汉学生还撰著相关学术论文投书于中国的英文刊物或美国的学术期刊。例如，毕乃德先后于 1928 年至 1931 年和 1934 年至 1936 年两次来华进修，进修期间他在北京、天津出版的英文刊物上发表了《同文馆考》《崇厚使团访法》《中国常驻外交使团的建立》等三篇论文③；费正清在留学期间将其博士论文中的部分章节以单篇的形式刊发于北京和天津的英语学术刊物上④；卜德在留学期间曾撰写《〈论语〉中使人困惑的一句》一文刊发于《美国东方学会学报》⑤；顾立雅在北京期间发表了几篇英语论文，其中最值得关注的是发表于《华裔学志》第 1 期上的《商代青铜器制作和装饰的起源》。在这篇文章中，顾立雅用大量的考古资料证明商代青铜器制和装饰基本上利用的是本土资

---

① 顾颉刚：《顾颉刚日记》卷一，中华书局 2011 年版，第 768 页。
② 夏鼐：《夏鼐日记》卷一，华东师范大学出版社 2009 年版，第 318 页。
③ 这三篇论文分别刊载于《中国社会及政治学报》1934 年第 18 卷第 3 期、《南开社会经济季刊》第 8 卷第 3 期（1935 年 10 月）、《中国社会及政治学报》第 20 卷第 1 期（1936 年 4 月）。
④ 具体情况如下：《1853—1854 年上海的临时体制》分上、下篇刊于《中国社会及政治学报》第 18 卷第 4 期（1935 年 1 月）和第 19 卷第 1 期（1935 年 4 月），《上海税务司的建立》刊于《中国社会及政治学报》第 19 卷第 4 期（1936 年 1 月）和第 20 卷第 1 期（1936 年 4 月），《1854—1855 年对外国税务司职位的界定》则刊于《南开社会经济季刊》第 9 卷第 1 期（1936 年 4 月）。
⑤ Derk Bodde, A Perplexing Passage in the Confucian Analects, *Journal of the American Oriental Society*, Vol. 53, No. 4 (Dec., 1933).

源，而非众多海外学者所认为的是从西方传入。① 恒慕义在留学期间曾为顾颉刚英译《秦汉统一的由来及战国人对于世界的想象》，并为顾氏在华语学校代读论文。顾颉刚在1926年7月12日的日记中如是记述道："到华文学校，备演讲质询。……余前作《秦汉统一的由来及战国人对于世界的想象》一文，承恒慕义先生完全译出，代予诵之。予往，备听者质询耳"②；另外，他还与冯友兰合作翻译王国维于1926年7月26日到华文学校的讲演稿《中国历代之尺度》（中文稿发表于《学衡》1926年第57期），其英译稿发表于《皇家亚洲文会北中国支会会报》。③ 值得一提的是，卜德和顾立雅在留学期间还撰有中文论文：卜德撰有《左传与国语》一文，刊发于《燕京学报》第16期（1934年12月）；顾立雅则撰有《原道字与彝字之哲学意义》和《释天》，刊于《学衡》第79期（1933）和《燕京学报》第18期（1935）。

三、民国学人对美国来华留学生的帮助

在与美国来华留学生结识之后，民国学人在生活上给予了他们诸多帮助。1932年，费正清到北京后不久，罗德斯奖学金到期停发。为解决生活费用，他曾两次申请哈佛燕京学社奖学金，但均告失败。当费正清夫妇感到有些拮据时，蒋廷黻伸出了援助之手，安排他在清华大学历史系兼课，帮助其渡过经济危机。④ 顾颉刚则为顾立雅在天津女师院的教职而奔走出力。他在1935年6月17日的日记中写道："到顾立雅处，晤

---

① H. G. Creel, On the Origins of the Manufacture and Decoration of Bronze in the Shang Period, *Monumenta Serica*, Vol. 1, No. 1 (1935).

② 顾颉刚：《顾颉刚日记》卷一，中华书局2011年版，第767页。

③ Wang Kuo-wei, Chinese Foot-Measures of the Past Nineteen Centuries, *Journal of the North China Branch of the Royal Asiatic Society*, Vol. 59 (1928), p. 111.

④ 〔美〕费正清著，黎鸣、贾玉文等译：《费正清自传》，天津人民出版社1993年版，第109页。

之。……天津女师齐院长来平聘教员，予因以四人荐：闻在宥（国文）、蒙文通（中国史）、顾立雅（西洋史）、顾立雅夫人（音乐）。"1935年10月5日，他还为顾立雅应聘一事给天津女师校长齐璧亭写信，"写齐璧亭快信，为顾立雅事"。① 此事虽因其他原因没有成功，但由此亦可知顾颉刚对顾立雅的关照。

民国史家对美国来华汉学留学生的帮助，更多地体现在学业上。在哈佛大学求学的海陶玮（James R. Hightower，1915—2006），为完成《韩诗外传》译注这篇博士论文，分别于1940—1943年和1946—1948年两次来华。在北京留学期间，他经常请教彼时正在《华裔学志》担任编辑的方志浵②。对此，海陶玮在其著作序言中专门予以感谢："方先生审阅了全部书稿，几乎每一页都包含着根据他的建议所进行的修改。"③ 事实上，彼时正在中国留学的柯立夫、伊丽莎白·赫芙（Elizabeth Huff，1912—1987）以及芮沃寿、芮玛丽（Mary C. Wright，1917—1970）夫妇等美国汉学家同样得到方志浵的指导与帮助。柯立夫在1948年2月5日一封证明信的开头如是说道："我自1938年始便认识方志浵先生，那

---

① 顾颉刚：《顾颉刚日记》卷三，中华书局2011年版，第356、397页。

② 方志浵（Achilles Chih-tung Fang，1910—1995），生于日本统治下的朝鲜，从小在私塾中接受传统教育，后受美国传教士资助来到中国，17岁毕业于上海的美国浸礼会学院；1927年，被清华和燕京两校录取，他去了清华大学，与同在清华读书的钱锺书成为挚交。1932年大学毕业后，继续在清华大学攻读研究生，毕业后到南宁广西医学院任教，教授德语和拉丁语。1940年至1946年，在《华裔学志》担任编辑秘书、助理编辑和编委等，同时在《中德学志》兼职。1947年赴美，在哈佛燕京学社工作和学习，1958年获博士学位。其代表作有博士学位论文《庞德〈诗章〉研究》，译注《资治通鉴》和英译陆机的《文赋》等。有关方志浵的生平和学术，具体可参见木令耆（刘年玲）的《记方志浵教授》（《二十一世纪》2005年4月号）、徐文堪的《不该被遗忘的方志浵先生》（《东方早报·上海书评》2011年1月9日）、高峰枫的《所有人他都教过——方志浵与哈佛在京留学生》（《东方早报·上海书评》2012年8月19日）。

③ James R. Hightower, *Han Shih Wai Chuan: Han Ying's Illustrations of the Didactic Application of the Classic of Songs*, Cambridge Massachusetts: Harvard University Press, 1952, Preface, 转引自刘丽丽：《美国汉学家海陶玮对陶渊明的研究和接受》，中国社会科学出版社2020年版，第255页。

年我和他在中国北平结识。三年间我们过从甚密,有时甚至每天见面,由此培养出深厚的友情,并随时间的推移而愈加深厚。"赫芙回忆说:"柯立夫听说《华裔学志》那边不想让方志浵走,但要减他的薪水,或者缩短他的钟点。……哦!《华裔学志》要是没了他,真不知道怎么办下去!他负责把所有文章通读一遍,以防出错。柯立夫发现了他,请他做辅导老师。我猜方志浵从前没给人辅导过。我来了,柯立夫就把他介绍给我;海陶玮来了,又介绍给他。所以我们所有人方志浵都教过,现在他在哈佛也是在教很多人。"赖肖尔亦证实道:"作为教师和导师(as teacher and advisor),他对好几位在北平学习中国历史和文明的哈佛留学生给予了非同寻常的帮助。"① 顾立雅在其著作中曾就中国学人所给予的指导与帮助如是言道:"无法不提及一些曾帮助过我的中国学者。梅光迪,为帮助我关于历史上有关各种经典文本的考据文献上的疑团,耗费了他不计其数的宝贵时间;刘节教授在两年时间里以每周两次的讲授,帮助我解决了在研究甲骨文和铭文中所遇到的问题,他在古文字学方面的渊博知识让我受益良多。无论是梅光迪还是刘节教授,他们这样做纯粹出于善意,没有任何回报。Chang Tsung-ch'ien,为我详解经典研究,并以其他各种方式帮助我,其完全是以名义上报酬,直到其响应爱国主义号召回国效力为止。"② 就学术研究的帮助与指导而言,主要体现在以下几个方面:

其一,帮助美国汉学留学生提高汉语能力。美国汉学留学生来华的目的之一,即是提高自身的中文水平。为此,他们抵达北京后便进入华文学校学习汉语口语,同时他们亦不断提高自己的阅读能力。据费正清在北京的邻居回忆:"不管我们干什么或到什么地方去,费正清总是带着装满汉字卡片的盒子,并且不管将会发生什么事情或谈话的内容是什么,

---

① 高峰枫:《所有人他都教过——方志浵与哈佛在京留学生》,《东方早报·上海书评》2012 年 8 月 19 日。

② H. G. Creel, *Studies in Early Chinese Culture*, London: Kegal Paul, 1938, preface.

他总是不断地翻阅着自己的卡片,专心致志地学习着。"① 当费正清离开华语学校后,他继续聘请中国人到家授课,"授课时间为早上,两位老师每人一小时,下午则由另一位老师授课"②。顾立雅到北京后,即随北平图书馆金石部主任刘节研究中国古文字学、甲骨文及金文。他在写于北京的一篇英文论文中特别向刘节致谢:"刘先生是北京图书馆金石部主任,是屈指可数的金文专家。在最近的两年中,每周我们都讨论两次,每次他都以渊博的学识给予我指教,而从不索取任何回报。我想借此机会向他致以深深的谢意。"③

其二,为美国来华汉学留学生修改论文。在华留学期间,美国来华汉学留学生大多会围绕自己的课题撰写学术论文。这固然是因为他们勤学好思,但也与他们要申请学术机构或基金会的资助时需发表学术论文的要求有关。卜德在北京留学期间,发表的第一篇文章是《〈论语〉中使人困惑的一句》。④ 据他本人回忆,他写这篇文章固然是出于学术兴趣,同时也是为稻粱谋。卜德在北京的第二年收到哈佛燕京学社的通知,如果要得到后面两年的奖学金,就必须有作品发表。卜德于是赶紧写了两篇文章(另外一篇考证孔子的生父问题),寄给了《美国东方学会学报》主管东亚的责任编辑施赖奥克(John Knight Shryock,1890—1967)。施氏认为《〈论语〉中使人困惑的一句》一篇比较好,不仅观点明确,而且其中使用了未经翻译成英语的中文资料,这对于一个初出茅庐的研究生来说是难能可贵的,于是决定录用。这篇文章的及时发表使卜德顺利获

---

① Paul A. Cohen & Merle Goldman (eds.), *Fairbank Remembered*, Cambirdge: Harvard University Press, 1992, p.21.

② 〔美〕费正清著,黎鸣、贾玉文等译:《费正清自传》,天津人民出版社1993年版,第49页。

③ H. G. Creel, Bronze Inscriptions of the Western Chou Dynasty as Historical Documents, *Journal of the American Oriental Society*, Vol.56, No.3 (Sep., 1936), p.335.

④ Derk Bodde, A Perplexing Passage in the Confucian Analects, *Journal of the American Oriental Society*, Vol.53, No.4 (Dec., 1933), pp.347-351.

得了奖学金,解决了他的后顾之忧。①

　　美国来华汉学留学生撰写好论文后,多会请熟识的中国学者帮其修改或审阅。芮沃寿在1941年的家信中写道:"我拜访了方志浭教授,把我的论文读给他听。方教授学识渊博,只是名字有点怪,他说一口地道的英语,还教授德文,并正在翻译普鲁塔克和一些拉丁诗人的诗作。此外,他还特别精于他本国那复杂的语言,并给了我很多宝贵的建议。"②卜德刊载于《燕京学报》上的《左传与国语》一文即得益于顾颉刚的修改,顾氏在1934年10月14日的日记中记述道:"将卜德所著《左传与国语》汉文本重作,一天毕,约四千字。卜德,哈佛大学派到北平之研究生,来平两年,竟能以汉文作文,其勤学可知。所作《左传与国语》一文,写来已数月,予初托孙海波君改,谢不敏。希白亦谓无办法。予嘱其寄来,今日费一日之力为之,以就稿改削不便,索性猜其意而重作之,居然可用矣。"③卜德还曾将《左传与国语》一文寄与杨树达修改,杨在1935年1月12日的日记中写道:"美国人卜德寄所著《左传与国语》论文来,申证高本汉《左传》非伪书之说,颇有心思。"④顾立雅刊发于《燕京学报》上的《释天》一文,同样得益于顾颉刚的修改。1935年1月6日,顾氏在病中仍为顾立雅修改《释天》一文,他在这天的日记中这样写道:"点顾立雅文,未毕。不敢多工作,十时眠。卧疾三日,未多进食,今日始食饭。惟手足仍觉冷。小便烫极,足见内热未清。"1935年2月26日,顾氏仍在修改顾立雅的论文,"看顾立雅所作《释天》一文"。⑤顾立雅的另外一篇中文论文《原道字与彝字之哲学意义》,并非专门为《学衡》而写,而是根据一篇已经发表的英文论文改写的。该文发表于

---

① Derk Bodde, *Essays on China Civilization*, Princeton: Princeton University Press, 1981, pp. 28-29.
② 〔美〕史景迁著,夏俊霞等译:《中国纵横:一个汉学家的学术探索之旅》,上海远东出版社2005年版,第368页。
③ 顾颉刚:《顾颉刚日记》卷三,中华书局2011年版,第247页。
④ 杨树达:《积微翁回忆录》,北京大学出版社2007年版,第64页。
⑤ 顾颉刚:《顾颉刚日记》卷三,中华书局2011年版,第294、312页。

1932年3月号的《美国东方学会学报》,题为"I(彝)as Equivalent to Tao(道)"。到中国后,在两位中国学者的帮助下,顾立雅将此文改写成中文。对此,他在文前专门有一段说明:"余读中文,每有所得,多以英文达之,虽有志出以中文,因不谙中文做法之故,未敢贸然从事也。客秋来平,从中国学者游,练习为文,因将旧作 I(彝)as Equivalent to Tao(道)一文……加以补充,遂成此篇,措辞用字,有不明者,多请教于张玉衡先生,文成,复请李翊灼先生(证刚)加以改正。但区区之意,有与李先生不同者,仍用原文。故海内君子,谓此编文意有乖远者,非李先生之过也。兹将付刊,爰缀数语,并谢李张二先生教正之至意。"①

其三,向美国来华汉学留学生提供资料和建议。如上所述,美国来华汉学留学生的中文能力还没有达到能够自如阅读中国史籍的水平。受中文能力所限,他们在史料的搜集和审别方面无疑存在困难。故此,美国来华汉学留学生常就史料及其搜集和解读向民国史家请教,而民国史家也毫无保留地向其提供资料或建议。1925 年,孙念礼与吴宓结识后,即向其请教问学,12 月 3 日吴复信说:"拟著中国古来能文学之女子事略,可先写一节略来。当为供给中国旧籍中材料。"12 月 5 日,吴至华文学校访孙,"允为归校代作一应用书目寄来"。② 孙念礼撰写班昭的论文时,还曾向顾颉刚请教史料问题,后者并赠送刚出版的《古史辨》。③ 当顾立雅到河南开封睿县参观出土的周代文物时,主持对河南睿县辛村的周代墓葬卫国墓考古挖掘的郭宝钧毫无保留地将自己的发现和见解和盘托出,而他主持的发掘报告直至 1936 年才发表④ 顾立雅在撰写《释天》一文时,孙海波将自己尚未出版的《甲骨文编》手稿借给他参考,使他获得了两

---

① 顾立雅:《原道字与彝字之哲学意义》,《学衡》1933 年第 79 期,"述学"第 1 页。
② 吴宓著,吴学昭整理注释:《吴宓日记》,生活·读书·新知三联书店 1998 年版,第 104、105 页。
③ 顾颉刚:《顾颉刚日记》卷一,中华书局 2011 年版,第 745、747、800 页。
④ H. G. Creel, *The Birth of China*, New York: John Day, 1936, pp.247-249.

条重要信息："甲骨文中有天字，其字共见十二次。"①富路德在其博士论文的注释中，多次提及民国史家在资料及其理解方面所给予的帮助和指导。例如，陈垣在1932年5月将自己一篇未刊的关于《四库全书》的文章借给他参考；1932年7月，洪煨莲曾在和他的谈话中说明自己对乾隆禁书意图的理解；燕大国文系教授马鉴曾提示他《清稗类钞》中有关怡亲王收藏钱谦益书籍的材料。②

尤为值得一提的是袁同礼，许多美国汉学留学生都同他建立了深厚的学术友谊。费正清在缅怀袁同礼时曾深情回忆道："1932年春天，我首次见到袁守和先生。那时我正为完成牛津大学论文而到北平，先见着胡适之，陶孟和诸先生。他们不久就给我介绍担任国立北平图书馆长的袁先生。……不久他就替我找到一位研究员，来助我使用中文资料。同时，我发现在馆中，袁先生已设立一专门部分由顾子刚先生负责，是特别协助外国学者使用中国史料而创设的。"③顾立雅回忆说："我是1932年抵达北京，袁先生使我有宾至如归之感，他很难在西方遇到这样一位学者。我是从事研究一个很冷僻专题的学生，当时毫无头绪。袁先生介绍我认识了馆中一位图书馆员，他是我所从事研究领域少数几位最为出色的学者之一。假如没有这样一位学者的指导，我几乎不能做任何事。接下来的两年间，这位学者每周都抽出几个小时在图书馆指导我。"他并称："这样的指导建议对我来说是无价的，但袁同礼却极力轻描淡写。我曾将一件并不昂贵的宋瓷作为礼物赠送给他，以酬谢他对我的指导。但他说，'不，这是纯粹的学人友谊。如果你给我任何东西，这种友谊就必须停止'。"④芮玛丽亦如是回忆道："最难忘的是在内战最激烈的时候，……

---

① 顾立雅：《释天》，《燕京学报》1935年第18期，第60页。

② Luther C. Goodrich, *The Literary Inquisition of Ch'ien-lung*, Baltimore: Waverly Press, 1935, pp.vii, 37, 43.

③ 费正清：《我所认识的袁守和先生》，载朱传誉主编：《袁同礼传记资料》，台北天一出版社1979年版。

④ H. G. Creel, A Confucian Accolade, 载朱传誉主编：《袁同礼传记资料》，台北天一出版社1979年版。

此时我正努力收集所有我所能找到的有关战争与革命的稀有材料。我几乎不带任何希望寻求同袁先生见面。这对于一个外国学生要去见他这样地位的人并不容易，再者他的兴趣在传统中国"，然而，她立刻即得到允许同袁同礼见面，"他问我研究兴趣是什么，以及最大的困难是什么。我说我关注的是19世纪中期的中国史；对我或任何其他西方人来说，所碰到的最大问题是缺乏一部大清历朝实录人名索引。他微笑着说中国人也同样如此。他表示愿意向我提供一位中国馆员及一间工作室，如果我愿意承担指导索引的编撰工作。我知道他的意思，尽管这只是常见的知识，但他在预算非常紧张的情况下仍愿意安排经费从事此项工作。我拒绝了这一提议，因为我怀疑自己编纂索引的技术知识。但那之后，当他在图书馆看到我时，经常会问我是否要一杯茶"。①

由上可知，无论是在生活上还是学业上，中国学人给予了美国来华汉学留学生们无私的帮助和指导，使他们在各自的学术研究方面受益良多。正因为如此，在美国来华汉学留学生的著述中，我们几乎都能看到他们对民国史家的感谢。富路德在其由博士论文修改后出版的《乾隆时期的文字狱》一书的"前言"中，特别感谢袁同礼、马鉴、马准、陈垣、郑振铎等学者；卜德在其英译的《燕京岁时记》"译者前言"所开列的致谢名单中特别提到辅仁大学历史系主任张星烺和燕京大学文科主任洪煨莲；在顾立雅《中国之诞生》一书的致谢名单中，出现了傅斯年、李济、董作宾、梁思永、郭宝钧、徐中舒、陈寅恪、顾颉刚、容庚、孙海波、唐兰、汤用彤、袁同礼等民国史家的名字。

受益于中国学人的指导，美国汉学留学生们在中国研究方面取得了长足的进步。例如，正是得益于两次中国游学，海陶玮逐步由一名从事汉学的学生成长为汉学研究领域内的专业学者。他的同事白牧之（E. Bruce Brooks）回忆说："当他（海陶玮）在北平和我们初见时，他

---

① Mary C. Wright, *Dr. T'ung-li Yuan: A Personal Reminiscence*, 载朱传誉主编：《袁同礼传记资料》，台北天一出版社1979年版。

几乎一无所知，也什么都不会做，但是，他还会了，是的，他学得非常好。"① 这些留学中国的美国汉学家回到美后，大多受聘于哈佛大学、哥伦比亚大学、加利福尼亚大学、耶鲁大学、宾夕法尼亚大学等美国知名高校，成为美国汉学研究的中坚力量。更重要的是，他们开辟了美国汉学研究的新时代。正如钱存训所说："在1930年代以前，美国虽有少数大学开设有关中国的课程，但大都效法欧洲学术传统，聊备一格；而主要教授如果不是来自欧洲，便是曾在中国居留通晓中国语文的传教士。对中国文化作高深研究而有特殊成就的美国学者，实自30年代才开始。当时，由于美国学术团体的提倡和基金会的资助，美国学者开始前往中国留学访问，从事专业的学术研究。他们回国后在各大学或学术机构从事教学、研究和著述，并培养第二代和以后的青年汉学家，对中美文化交流做出了一定的贡献。"②

就中国学术在美国学界的传播而言，这批美国汉学留学生亦起到重要作用。如前所述，通过与中国学人的交游，他们从中了解了中国学术及中国学界状况。返回美国后，他们中有些人出于学术友谊和学术兴趣致力于向美国学界译介中国学人的著述。恒慕义自1927年回国后，仍致力于向美国学界介绍古史辨运动，1929年即在《美国历史评论》上撰文介绍古史辨运动③；与此同时，他还继续英译顾颉刚的《古史辨》第一册。1928年1月28日，顾颉刚从冯友兰的来信中闻知恒慕义回美国后拟将《古史辨》第一册全部译成英文在美出版④，他在同年2月1日的日记中写道："与恒慕义书，劝其节译《古史辨》，因零碎材料或为欧美人士所不

---

① 刘丽丽：《美国汉学家海陶玮对陶渊明的研究和接受》，中国社会科学出版社2020年版，第263页。

② 钱存训：《留美杂忆——六十年来美国生活的回顾》，黄山书社2008年版，第268页。

③ Arthur W. Hummel, What Chinese Historians Are Doing in Their Own History, *The American Historical Review*, Vol. 34, No. 4 (July, 1929), pp. 715-724.

④ 顾颉刚在1928年1月28日的日记中有关于此事的记录，"芝生来信，谓恒慕义君回美国后，拟将《古史辨》译为英文，在美国出版"。见顾颉刚：《顾颉刚日记》卷二，中华书局2011年版，第128页。

易理解也。"① 这应该是后来恒慕义只翻译顾颉刚自序,而不是整册的重要原因。1931年,恒慕义凭借《〈古史辨〉自序译注》获得荷兰莱顿大学博士学位。② 由于中日战争爆发,卜德不得不返回美国,《中国哲学史》下册的英译亦被迫中止。抗战结束后,卜德致信冯友兰,申明他已向洛克菲勒基金会申请到一笔款子,拟用此款邀请冯于1946年到其执教的宾夕法尼亚大学任客座教授,讲授中国哲学史,并同他合作继续翻译《中国哲学史》下册。冯友兰应邀前往,到1947年冯的任期已满时,此书的翻译仍没有完成。为此,卜德于1948年秋申请获得富布莱特奖学金,作为访问学者再次来到北京,继续下册的翻译工作,1949年中华人民共和国成立前夕,卜德返回美国。1952年,卜德英译的《中国哲学史》由普林斯顿大学出版社出版。③ 魏鲁男则将陈寅恪的《韩愈与唐代小说》与《顺宗实录与续玄怪录》译成英文,分别刊载于1936年和1937年的《哈佛亚洲学报》④;富路德亦将顾颉刚1935年发表于《东方杂志》的《明代文字狱祸考略》一文译成英文,刊登于1938年的《哈佛亚洲学报》;同时,他还将陈垣于1923年出版的《元西域人华化考》一书译成英文,该书的英文版于1966年在美国出版。⑤ 通过他们的译介,中国学人的学术得以在美国学界传播。

与此同时,不少民国史家正是因美国来华留学生而得以赴美留学、进修或访学。如前所述,当年轻的美国汉学家和汉学研究生涌向北京留

---

① 顾颉刚:《顾颉刚日记》卷二,中华书局2011年版,第130页。

② Arthur W. Hummel, *The Autobiography of a Chinese Historian:eing the Preface to a Symposium on Ancient Chinese History*, Leiden: E. J. Brill, 1931.

③ 冯友兰:《三松堂自序》,人民出版社2008年版,第198—199页。

④ Tschen Yinkoh, Han Yü and The T'ang Novel, *Harvard Journal of Asiatic Studies*, Vol. 1, No. 1 (Apr., 1936), pp. 39-43; Tschen Yinkoh, The Shih-tsung Shih-lu and the Hsu Shuan-Kuai lu, *Harvard Journal of Asiatic Studies*, Vol. 3, No. 1 (Apr., 1938), pp. 9-16.

⑤ Ku Chieh-Kang, A Study of Literary Persecution During the Ming, *Harvard Journal of Asiatic Studies*, Vol.3, No. 3/4 (Dec., 1938); Ch'en Yuan, *Western and Central Asians in China under the Mongols: Their Transformation into Chinese*, Los Angeles: Monumenta Serica at the University of California, 1966.

学后，他们在与中国学者交流请益中建立起深厚的学术友谊。凭借这种学术友谊，有为数不少的民国史家得以到美留学或进修。杨联陞能够赴美留学，实得益于结识当时在北平留学进修的贾德纳。杨联陞自己曾回忆说："那时贾德纳是哈佛大学远东语文系助教授，照例有一年休假进修，全家在北平住南池子，请了一位中国青年学人帮他看中文书日文书，就是周一良。……那一年由洪煨莲（业）等推荐，（周一良）获得了哈佛燕京学社的奖学金，要到美国读博士学位，想找一个替身，写信问钱稻孙，钱先生就推荐了我。我与贾德纳一见投缘。除了帮他看学报（如《支那学》《东方学报》——东京、京都两种），用英文做提要之外，还帮他选择各书铺送来的他要替哈佛买的同他自己要买的书。……1939年贾德纳回国时，知道我要失业，特意留下一部百衲本《宋史》，一部《后汉书》，请我替他用朱笔标点校对，每月仍有报酬。1940年8月，贾德纳忽然来了一个电报，说他自己肯出钱邀我去美国一年，半时帮他工作，半时在哈佛研究院选课。这真是喜从天降。……贾德纳供给我全部学费生活费一年有余。1942年夏季，我得到历史系的硕士学位，又得到哈佛燕京学社的奖学金，以后就读博士学位了。"[①]朱士嘉、王重民、吴光清等人则是因恒慕义之邀得以赴美国国会图书馆东方部就职；瞿同祖、冯家昇、王毓铨等人亦是因魏特夫（Karl August Wittfogel, 1896—1988）的邀请而得以赴美。简而言之，他们来华留学，不仅有助于提升他们自身的汉学研究水平，而且对于中美学术文化交流亦有着不可忽视的推进作用。

---

① 杨联陞：《忆钱稻孙先生——兼忆贾德纳》，载杨联陞著，蒋力编：《哈佛遗墨》，商务印书馆2004年版，第51—53页。

第三章

民国时期中美学人的汉学研究合作

20世纪20年代末30年代初之后,世界关注的焦点转移到太平洋,中国的重要性日渐凸显。由此,包括学术界在内的美国社会不得不关注中国,并开始意识到研究现当代中国所具有的重要意义。在洛克菲勒基金会的资助下,首届"美国促进中国学会议"(Conference on the Promotion of Chinese Studies)于1928年12月1日在纽约哈佛俱乐部举行,出席会议的有劳费、赖德烈、恒慕义等汉学家,并专门邀请法国著名汉学家伯希和前来指导。与会者一致认为西方对中国的历史文化十分无知,强调建立"中国学"的重要性,会议决定在美国学术团体理事会(ACLS)内下设"美国中国研究促进会",编撰世界汉学家人名录、出版《书目年刊》、设立培养青年汉学家奖学金、启动诸如《汉书》英译、《清代名人传记》等大型汉学基础研究项目。[①] 正是在这一背景之下,不少美国来华汉学家在留学或游学中同中国学人建立学术联系,展开了学术合作;与此同时,以留学、访学、讲学等形式先后赴美的中国学人到美后,或应邀请,或出于师生关系,或因学术友谊,亦同美国汉学家有不同形式的学术合作。

---

① American Council of Learned Society, *Progress of Chinese Studies in the United States of America*, Bulletin No.1 (May, 1931).

一、民国时期中美学人汉学研究合作之概况

当年轻的美国汉学家和汉学专业的博士生涌向北京后,他们大多都积极主动地向中国学者请益,并借此建立学术友谊。恒慕义自1924年与胡适在北平相识后,两人维持着终生之友谊;此外,恒慕义与蒋梦麟、郭秉文、袁同礼、顾颉刚及其他中国学者亦维系着长久友谊。[1]1935年至1937年,魏特夫以太平洋学会的研究员身份来华在北京进行研究时,陶希圣常与之过从,帮助其搜集资料,并有所讨论,称"他的见解的确定,态度的虚心,很使编者佩服。编者对于他坚持的原则虽不同意,但对他个个事件的评定,有时极感兴味与钦佩"[2];邓之诚为其解释难懂的字义,并推荐训练有素的合作者[3];中国社会经济史研究拓荒者之一的冀朝鼎也与之有所交往,他翻译了后者发表于1935年的《中国经济史的基础与阶段》,称魏氏为治该学的先进学者,本文为其在中国经济史上所贡献的理论之总叙,言短而意长,可谓其学说之精髓[4];当时任教于燕京大学的顾颉刚与之谈论中国古史,并几度交往[5];据《顾颉刚日记》,魏氏在北平的社交活动甚为频繁,曾与其共席的国内学者有胡适、顾颉刚、傅斯年、王毓铨、连士升、陶孟和、洪煨莲、姚从吾、梁方仲、鞠远清等。[6]富路德在北平期间,结识胡适、洪煨莲、顾颉刚、陈垣等人[7]。顾立雅于1931—1935年在华期间,从北平图书馆金石部主任刘节学习金文

---

[1] Edwin G. Beal and Janet F. Beal, Obituary: Arthur W. Hummel (1884-1975), *The Journal of Asian Studies*, Vol.35, No.2 (Feb., 1976), p.271.

[2] 陶希圣:《编者的话》,《食货》1937年第5卷第3期,第51页。

[3] 转引自桑兵:《国学与汉学——近代中外学界交往录》,浙江人民出版社1999年版,第76页。

[4] 〔美〕魏特夫著,冀筱泉译:《中国经济史的基础和阶段》,《食货》1937年第5卷第3期,第105页。

[5] 顾潮编:《顾颉刚年谱》,中国社会科学出版社1993年版,第235页。

[6] 顾颉刚:《顾颉刚日记》卷三,中华书局2011年版,第369页。

[7] Thomas D. Goodrich, Luther Carrington Goodrich (1894-1986): A Bibliography, *Journal of the American Oriental Society*, Vol.113, No.4 (Oct.-Dec., 1993), p.586.

和甲骨文①,并参加安阳发掘,结交顾颉刚、陈寅恪、李济、傅斯年、梅光迪、董作宾、柳诒徵等中国学人。②1931年至1937年来华的卜德,从冯友兰、许地山等几位来自燕京和清华大学的中国知名学者学习。③杨树达在日记中记述1934年卜德招饮之情形,同座还有冯友兰、许地山、吴宓及福开森,后卜德将其所著《左传与国语》一文寄杨,申证高本汉《左传》非伪书之说。④曾两次来华的毕乃德如是描述其在北京的生活情形:"对一群精力充沛的西方青年学者来说,北京是一个令人振奋的学习和研究中心。……当时生活在北京,正逢一个具有刺激性的年代。十分重要的是,经过现代教育培养的中国学者正大批地、迅速地成长,如胡适、蒋廷黻、洪煨莲、丁文江等,他们对那些认真的外国学者很有帮助。……在北京的时光,真是一段美妙的日子。我们请教博学的中国学者,熟悉参考用书和文献收集,练习口语,我们中的很多人还进了优秀的协和华文学校学习口语。我们参观皇家宫殿、寺庙,逛书店和市场,在城墙上散步,在西山徒步旅行。"⑤

在这种交流互动之中,部分美国汉学家开始同中国学者进行合作研究。曾于1928—1931年和1934—1936年两次来北平留学的毕乃德,在燕京大学选修了洪煨莲的《中外关系史》、梅贻宝的《墨子哲学》和博晨光的《中国哲学史》等三门课程,常与吴文藻、徐淑希、蔡一锷等中国学人有所来往,尤其是经常拜访洪煨莲、顾颉刚、邓之诚、张尔田、徐中舒、孟森等中国学人,与他们会面交流讨论。正因为此,他得以与师

---

① 钱存训:《留美杂忆——六十年来美国生活的回顾》,黄山书社2008年版,第26页。

② H. G. Creel, *The Birth of China: A Study of the Formative Period of Chinese Civilization*, New York: University of Chicago Press, 1937, preface.

③ W. Allyn Rickett, In Memoriam: Derk Bodde (1909-2003), *Journal of the American Oriental Society*, Vol.123, No.4 (Oct.-Dec., 2003), pp.711-712.

④ 杨树达:《积微翁回忆录积微居诗文钞》,上海古籍出版社2006年版,第91—92页。此文后发表于《燕京学报》第16期。

⑤ 〔美〕保罗·柯文、默尔·戈德曼主编,朱政惠、陈雁、张晓阳译:《费正清的中国世界:同时代人的回忆》,东方出版中心2000年版,第7—9页。

从洪煨莲教授并留校任教的邓嗣禹结识,并常有来往。因为选择以晚清外交史为博士论文选题以及选修《中国历史和目录学》课程之故,毕乃德对中国文献学产生兴趣。在洪煨莲和博晨光的指导与建议下,毕乃德与邓嗣禹合作编纂收录了约300部重要著作的《中国参考书目解题》。他们在该著的序言中这样写道:"我们特此向以下各位人士表示衷心的感谢,他们向我们提出了更正与建议,并在其他许多方面给予了我们帮助:他们是博晨光、洪煨莲、卜德、聂崇岐、顾廷龙、谭其骧、朱士嘉、裘开明、毕格、富路特(即富路镇)、岳良木、张尔田、邓之诚、韩慕义、王力、周一良、宓乐施、海松芬、于式玉、田洪都以及燕京大学图书馆的工作人员。"① 这份致谢名单中所提到的学人,有活跃于北平学术界的中国学人,亦有任教于燕京大学的美国学人和来北平游学的年轻美国汉学家。在某种意义上,《中国参考书目解题》这部著作,既是中美两国学者合作的成果,也可说是中美两国学术界合作的产物。

除邓嗣禹与毕乃德外,来华留学的美国汉学家卜德亦与中国学人展开合作。卜德刊于《燕京学报》上的《左传与国语》一文,在某种程度上是与顾颉刚合作的产物。② 在北京留学期间,卜德还与冯友兰合作,致力将冯氏《中国哲学史》翻译成英文。③ 魏特夫在北平期间,陶希圣与其合作一年,通过在北京大学一院设立的经济史研究室替代搜辑辽金经济社会史料。经济史研究室的连士升、鞠清远、武仙卿及沈巨尘诸君替他做了大批的卡片。七七事变之后,魏特夫将其带回美国去。④ 美国汉学家贾德纳在北平进修期间,聘请周一良担任其私人秘书,任务是替他翻阅有关东方学的刊物,作成论文摘要。⑤ 后来由于周一良领取哈佛燕京学社奖学金,要去哈佛留学,于是周一良推荐杨联陞,由杨联陞接任,帮其买书及为中日

---

① Teng Ssu-yu and Knight Biggerstaff, *An Annotated Bibliography of Selected Chinese Reference Works*, Cambridge, Mass: Harvard University Press, 1936, Preface.
② 顾潮编:《顾颉刚年谱》,中国社会科学出版社1993年版,第224—225页。
③ 冯友兰:《三松堂自序》,人民出版社2008年版,第198—199页。
④ 陶希圣:《潮流与点滴》,中国大百科全书出版社2009年版,第130—131页。
⑤ 周一良:《毕竟是书生》,北京十月文艺出版社1998年版,第176页。

文论文作英文提要约一年。①

20世纪30年代后，房兆楹、邓嗣禹、杨联陞、王伊同、冯家昇、朱士嘉、何炳棣、王毓铨、何兹全、洪煨莲、董作宾、韩寿萱、瞿同祖等一批出身北京的清华、燕京和北大的中国学人相继来美。到美后，他们与美国汉学家亦有形式不一的学术合作。1928年"美国促进中国学会议"后，在洛克菲勒等基金会的资助下，美国汉学界组织的大型汉学研究项目有德效骞主持的《汉书》英译（1930）、恒慕义主持的《清代名人传记》（1934）和魏特夫主持的"中国历史资料编译"等。在这些大型汉学研究项目中，在美的中国学人都程度不一地参与其中。例如，在卡内基基金会的资助下，德效骞于1930年开始承担法国汉学家伯希和提议的译注《汉书》之项目。② 任泰（Jen T'ai）③、C. H. Ts'ui④ 和潘碌基（P'an Lo-chi）⑤ 等三位在美留学或游学的中国学

---

① 贾德纳回国后，出资约请杨联陞到美国做他的私人助手，帮其搜集并翻译中文资料，而杨联陞则半工半读，协助贾德纳开展学术研究的同时，完成在哈佛的学业。具体参见杨联陞：《忆钱稻孙先生——兼忆贾德纳》，杨联陞著，蒋力编：《哈佛遗墨》，商务印书馆2004年版，第51—53页。

② The Committee on the Promotion of Chinese Studies, *Progress of Chinese Studies in the United States of America*, Washington, D. C.: The American Council of Learned Societies, 1931, p. 67.

③ 任泰，字东伯，系任志清（可澄，1878—1946）长子，1900年前后出生，贵州省安顺市普定县人。曾就读于清华学校，本科毕业于美国Oberlin College；1935—1936年，在美国国会图书馆中文部。其间，协助著名汉学家德效骞（Homer H. Dubs）翻译《汉书》（三卷本）。回国后，先在中央政治学校（后改名政治大学）任教授，期间担任陈立夫英文秘书；1942—1949年间，曾任贵州大学外文系教授和教务长；1946年，其父任可澄过世后，接任其父任贵大文学研究所所长，并曾短时间主持校务。在港期间，任泰任教于新亚书院（后并入香港中文大学），后转赴台湾，于1967年前后受聘于台湾师范大学，任外文系教授并研究所主任之职。唐君毅称其精通西方文学，著作有《英文诗集》、《长恨歌英译》（上海中华书局1939年版）、《生之原理英译》、台湾版李约瑟《中国之科学与文明》（台北商务印书馆1974年版）的中译者（排名第一）。有关其生平简历，缺乏相关资料，仍有诸多不详之处，有待进一步查核。

④ 有关此人生平不详，未能查找到相关资料线索。

⑤ 潘碌基（1904—1953），又名洛基，湖南宁乡人。1928年，毕业于私立复旦大学历史系，留校任教。后赴美留学，于1938年获美国密歇根大学研究院文学硕士学位，在美留学期间参与德效骞的《汉书》英译。回国后，任安徽教育所编辑、重庆北碚国立编译馆编纂；抗战胜利后，任国立湖南大学教授。解放后，由湖南大学转任复旦大学教授。译有《苏维埃共产主义新文化》等。

人受邀担任德氏助手，参与《汉书》译注。①1934年，在洛克菲勒基金会的资助下，恒慕义开始组织编撰《清代名人传记》②。为此，恒慕义邀请了50位学者参与，其中相当一部分人是中国学人，如房兆楹和杜联喆夫妇、邓嗣禹、冯家昇、裘开明、吴光清、王重民、朱士嘉等。③七七事变后，离华返美的魏特夫在洛克菲勒基金会资助下，于1939年在哥伦比亚大学图书馆开始主持中国历史编纂计划。凭借充裕的资金及其在中国学术界所建立的广泛人脉关系，魏特夫招募到一批中国学者与其共同开展此项目，如王毓铨于1938年应魏氏之邀来美④，1939年至1946年这8年间，一直在"中国历史编纂处"工作，负责收集、研究、翻译、注释中国秦汉两朝的社会经济史料；冯家昇在冀朝鼎和恒慕义的推荐之下，于1939年离开国会图书馆东方部到魏氏处负责辽史部分⑤；瞿同祖和赵曾玖夫妇在吴文藻和费孝通的引荐下于1945年3月到哥伦比亚大学中国历史编纂处做研究员，主要工作是继续王毓铨先前的任务：摘录、翻译和注释有关秦汉社会经济方面的基本史

---

① L. Carrington Goodrich, Homer Dubs (1892—1969), *The Journal of Asian Studies*, Vol. 29, No. 4, (Aug., 1970), p. 889.

② Edwin G. Beal and Janet F. Beal, Obituary: Arthur W. Hummel (1884-1975), *The Journal of Asian Studies*, Vol. 35, No. 2 (Feb., 1976), p. 266.

③ 恒慕义主持的《清代名人传记》，50位学者耗时8年才完成。在总计829位人物传记中，由中国学者所撰的人物传记统计如下：房兆楹和杜联喆夫妇于1934年参加清代名人传记项目，分别撰写了276位和146位；王重民为清代名人传记项目撰写了3位；邓嗣禹于1937—1938年为恒主编的清代名人传记项目撰写了33位；冯家升于1937年应邀赴华盛顿美国国会图书馆东方部工作，参加清代名人传记编纂，撰写了2位；朱士嘉撰写了2位；吴光清撰写了3位；裘开明撰写了1位。另外，其他参与此项目的中国学者有C. H. Ts'ui 撰写了1位、H. S. 曾撰写了2位、Y. M. 金（Chin）撰写了2位、S. K. 张撰写了6位、C. P. 王（Wang）撰写了1位、任泰（Jen Tai）撰写了1位、杜厥撰写了1位、曾勉（Tseng Mien）撰写了2位、S. H. 齐（chi）撰写了2位、李满贵（Li Man Kuai）撰写了29位。

④ 王毓铨（1910—2002），字伯衡，山东莱芜人。1936年毕业于北京大学史学系。1938年应魏特夫之邀赴美，1946年于美国哥伦比亚大学研究生院获硕士学位，曾任美洲古钱学会博物馆远东部主任。1950年回国，任职于北京历史博物馆。

⑤ 散木：《灯火阑珊处：时代夹缝中的学人》，山东人民出版社2008年版，第122—123页。

料①；房兆楹和杜联喆夫妇在1942年完成《清代名人传记》编纂之后亦加盟中国历史编纂处；何兹全进入哥大历史研究院后，为了生活也曾在魏特夫处参与校阅核对英文译稿，并写些专题小文供魏氏使用②。

德国汉学家海尼士（Erich Haenisch，1880—1966）曾指出："利用中国助手以解释例证，代寻引证，及解决语言困难问题之办法，在东亚居留之西人固常用之，即在欧洲方面之汉学家亦尝为之。"③事实上，担任美国汉学家的私人助手或基于学术关系展开个人之间的合作，是民国时期中国学人与美国汉学家一种更为常见的合作形式。韦慕庭在撰著其博士论文《前汉奴隶制度》时，为英译从《史记》《汉书》等史籍上所搜集到的有关汉代奴隶制方面的近三百多条史料，他聘请了彼时正在美国芝加哥大学留学的虎矫如④，与其合作进行英译。韦慕庭在回忆录中对此如是记述道："当要开始将没有标点的中文史籍英译时，我需要帮助，便找到在芝加哥大学求学的研究生虎矫如来帮我。尽管他的专业是地理学，但他接受过良好的中文教育。"⑤1939年，邓嗣禹师从费正清在哈佛大学攻读博士学位，在求学的三年间，他同导师费正清合著了"论清代官方公文的递送"、"论各种公文的程式及其使用"、"论清代纳贡制度的规章及其实施"等3篇系列文章⑥。太平洋战争爆发后，顾立雅同邓嗣禹

---

① 瞿同祖：《汉代社会结构》，上海人民出版社2007年版，前言。
② 何兹全著，潘雯瑾整理：《何兹全学述》，浙江人民出版社2000年版，第84页。
③ 〔德〕海尼士著，王光祈译：《近五十年来德国之汉学》，《新中华》1933年第1卷第17期，第46页。
④ 虎矫如，曾任金陵大学教授，后于1934年辞职，在国民党中央及各回教团体的资助下，先赴美留学，初入加利福尼亚大学，攻读农业经济，三年后转入芝加哥大学攻习经济地理及农业运销合作等；后经英、法、德、意、丹麦等国，再转土俄及近东各国考察，然后经印度南洋群岛一带返国。有关虎矫如的上述简介，笔者是通过查阅金陵大学各年度教职员表以及民国报刊所获。其个人生平，还有待进一步搜寻完善。
⑤ C. Martin Wilbur, *China in My Life: A Historian's Own History*, Armonk, New York: M. E. Sharpe, 1996, p.45.
⑥ 这三篇文章分别刊载《哈佛亚洲研究杂志》（*Harvard Journal of Asiatic Studies*），Vol.4, No.1 (May, 1939)、Vol.5, No.1 (Jan., 1940)、Vol.6, No.2 (June, 1941)。后以《清代行政的三种研究》（*Ch'ing Administration: Three Studies*）为题由哈佛大学出版社结集出版。

合作编纂了两部分别名为 Newspaper Chinese by the Inductive Method 和 Translations of Text Selections and Exercises in Newspaper Chinese 的汉语教材①。当太平洋战争结束后,邓嗣禹到哈佛作为期一年的战后进修,其导师费正清再次同其通力合作,在太平洋关系协会和洛克菲勒基金会的资助下,力图将那些有助于说明且常被人引用却又被误解的有关中国门户开放之真相的重要文献材料译成英文,于 1950 年出版了《中国对西方的回应》的油印稿。② 1944 年赴美留学的刘广京,利用自己在中国古典目录学、文献学方面的天赋,用了整整 3 年时间,协助导师费正清对哈佛燕京学社的中国近代史藏书作了一个全面的调查,结果整理出包括 1067 部著作的详细目录,编写成了一部长达 608 页的专著《近代中国:1898—1937 年中文著作目录指南》。③ 富路德亦积极同中国学者进行学术交流与合作,1943 年同韩寿萱合作撰写《明实录》一文④;1946 年,同冯家昇合作撰写《中国火枪的早期发展》⑤;1949 年同瞿同祖合作撰写了《隋文帝时期宫廷中的外来音乐》⑥。1949 年,何兹全经陈翰笙介绍到霍普金斯大学国际政治学院协助约翰·德范克(John De Francis,1911—2009)教授翻译范文澜的《中国通史简编》。何兹全一面译,佛朗西斯一面看译稿,讨论译稿中出现的问题。半年后,何兹全回国,佛朗西斯又找到了王伊同接替。⑦ 唐

---

① H. G. Creel and Teng Ssu-yu, *Newspaper Chinese by the Inductive Method*, University of Chicago Press, 1943; H. G. Creel and Teng Ssu-yu, *Translations of Text Selections and Exercises in Newspaper Chinese* University of Chicago Press, 1943.

② 〔美〕费正清(John K. Fairbank),陆惠勤等译:《费正清对华回忆录》(*China Bound: A Fifty-Year Memoir*),知识出版社 1991 年版,第 399 页。

③ 同上书,第 398 页。

④ L. Carrington Goodrich and Shou-Husan Han, The Ming Shih-Lu, *The Far Eastern Quarterly*, Vol. 3, No. 1 (Nov., 1943), pp. 37-40.

⑤ L. Carrington Goodrich and Feng Chia-Sheng, The Early Development of Firearms in China, *Isis*, Vol. 36, No. 2 (Jan., 1946), pp. 114-123.

⑥ L. Carrington Goodrich and Ch'u T'ung-tsu, Foreign Music at the Court of Sui Wen-ti, *Journal of the American Oriental Society*, Vol. 69 (1949), pp. 148-149.

⑦ 何兹全著,潘雯瑾整理:《何兹全学述》,浙江人民出版社 2000 年版,第 84—85 页。

德刚在哥伦比亚大学半工半读之时，曾在中国历史编纂处做编译，魏氏曾嘱唐氏校订《东方专制主义》全稿，并笺注意见。①孙任以都在撰写博士论文期间，曾作为费正清的助理，帮助其查对博士论文，翻译补充中文资料，并参与《中国对西方的回应》的文献翻译；博士毕业后的1950年至1952年间，她又担任拉铁摩尔的助理，帮其记录蒙古人的访问稿。②

此外，利用与美国学术团体理事会之密切关系和洛克菲勒基金会的资助，恒慕义邀请了一批中国学人到美国国会图书馆东方部共同工作和研究，协助其对国会图书馆东方部的中文图书资料展开整理与研究。例如，1928年于燕京大学历史系毕业的朱士嘉，在导师顾颉刚的指导下，致力于把地方志当作一门严谨的学问来研究，于1935年出版了《中国地方志综录》一书。此书影响非常大，引起了美国国会图书馆的注意。1939年9月，美国国会图书馆东方部主任恒慕义通过燕京大学的洪煨莲，邀请朱士嘉到美国国会图书馆工作，整理馆藏中国地方志，于1942年编撰出版了《美国国会图书馆中国地方志目录》一书③；吴光清亦于1938年应恒慕义之邀加入美国国会图书馆东方部，成为其活跃的一员④；王重民于1939年受聘于美国国会图书馆，整理馆藏中国善本古籍，编撰有两卷

---

① 〔美〕唐德刚：《告别帝制论》，朱庆葆主编：《南京大学百年学术精品·历史学卷》，南京大学出版社2002年版。

② 〔美〕张朋园等访问，潘光哲记录：《任以都先生访问记录》，台北"中央研究院"近代史研究所1993年版，第58、60页。

③ 有关朱士嘉的生平，尤其是他在美情况，可参见王成志的《中美关系历史大潮和个人学术追求——以哥伦比亚大学博士朱士嘉为例》，《天津师范大学学报（社会科学版）》2021年第1期。

④ 吴光清（1905—2000），江西九江人，1927年毕业于金陵大学，在校担任三年教员后，1930年赴美哥伦比亚大学，获学士学位后又于密歇根大学获得硕士学位。1932—1935年任金陵女子大学图书馆馆长。1935—1938年任北平图书馆编目主任兼刊编委。1938年获洛克菲勒奖金支持赴国会图书馆实习，于芝加哥大学获得博士学位，随巴特勒学习西洋图书印刷史。后于国会图书馆东方部工作，1966年升任东方部中韩组主任。主要学术领域：图书馆史、印刷出版史、目录学、书志。钱存训：《留美杂忆：六十年来美国生活的回顾》，黄山书社2008年版。

本的《美国国会图书馆藏中国善本书录》①。

1949年新中国成立前后，部分中国学人或因政治原因，或因担心国内已不复具有他们原来的生活方式，或因家庭和学业等原因而选择留居美国。这批中国学人在留居美国后，亦与美国汉学家展开学术合作。②例如，张仲礼自1954年开始即协同华盛顿大学的梅谷（Franz Michael, 1907—1992）编撰《太平天国起义：历史与史料》，直至其回国；③邓嗣禹、王伊同、孙任以都、唐德刚、刘子健、萧公权、周策纵、朱文长、何炳棣、吴光清等一批留居美国的中国史家参与了包华德（Howard L. Boorman, 1920—？）主持的于1955年开始编撰的《民国人物传记辞典》。④富路德于1962年开始主持编撰《明代人物传记辞典》，在执笔人名单中同样可见一大批留居美国的中国史家名字，如邓嗣禹、房兆楹、王伊同、李田意、罗荣邦、萧公权、孙任以都、吴光清、钱存训等。⑤

二、民国时期中美汉学研究合作中的中国学人

民国学人与美国汉学家的合作成果，在美国汉学界获得极高赞誉。邓嗣禹与毕乃德合撰的《中国参考书目解题》一书，属于"为人之学"的目录指南，"是为了向西方学者介绍中国研究领域最为重要的参考

---

① Wang Chung-min, *A Descriptive Catalog of Rare Chinese Books in the Library of Congress*, Washington: U. S. Government Printing Office, 1957. 书稿完成于1943年，但到1957年才出版。

② 有关第二次世界大战前后留居美国的中国学人及其汉学研究，可参见吴原元：《客居美国的民国学人与美国汉学》，学苑出版社2019年版。

③ Franz Michael, *The Taiping Rebellion: History and Documents (Volumes 1)*, University of Washington Press, 1966, p.viii.

④ Howard L. Boorman (ed.), *Biographical Dictionary of Republican China*, Columbia University Press, 1967.

⑤ L. Carrington Goodrich (ed.), *Dictionary of Ming Biography, 1368-1644*, Columbia University Press, 1976.

书"①。在美国汉学家施赖奥克看来:"在这本书之前,这个领域唯一的英文书是伟烈亚力(Alexander Wylie,1815—1887)编写的《中国文献提要》。这两本书内容不尽相似,难以详细比较。但我们完全可以说,最近出版的这一本更有价值。……这本书涵盖的范围很广,对于不知道如何着手寻找资料的学人来说,本书是最好的门径。"②德效骞与中国学人任泰、潘硌基等人译注的《汉书·本纪》英译本甫一出版,便佳评如潮。施赖奥克如是评价:"这是美国汉学界至今所承担的最伟大任务的第一个成果,……德效骞的著作是仔细而具批评性。"③卜德亦认为:"关于翻译本身,它既准确又非常贴近中文原文,……总体上,这本著作体现了译者对其经济资助者的极大负责。"④恒慕义的《清代名人传记》,美国学术界认为,其不仅是"美国汉学进步的最明显的证据"⑤,而且"这部有着很高学术水准的著作将对西方世界的现代中国历史研究做出不可估量的贡献"⑥。在毕乃德看来,韦慕庭的《前汉奴隶制度》"非常富有价值","关于西汉奴隶,他所告诉我们的比我们预先所想象的要多得多"。⑦1945年,在卡梅伦(Meribeth E. Cameron,1905—1997)主持下,《远东季刊》组织"最新出版的远东研究优秀著作"评选,由美国18位知名远

---

① Ssu-yu Teng and Knight Biggerstaff, *An Annotated Bibliography of Selected Chinese Reference Works*, Peiping: 1936, pp.vii, v.

② John K. Shryock, Review An Annotated Bibliography of Selected Chinese Reference Works, *Journal of the American Oriental Society*, Vol.57, No.3 (Sep., 1937), p.350.

③ J. K. Shryock, Reviewed Work(s): The History of the Former Han Dynasty: Translation, Vol. I , *Journal of the American Oriental Society*, Vol. 58, No. 3 (Sep., 1938), pp. 486-487.

④ Derk Bodde, Reviewed Work(s): The History of the Former Han Dynasty, *The American Historical Review*, Vol. 44, No. 3 (Apr., 1939), pp. 641-642.

⑤ K. S. Latourette, Review Eminent Chinese of the Ch'ing Period (1644-1912), *The American Historical Review*, Vol.50, No.4 (July, 1945), p.803.

⑥ Franz Michael, Review Eminent Chinese of the Ch'ing Period (1644-1912), *The Far Eastern Quarterly*, Vol.3, No.4 (Aug., 1944), p.387.

⑦ Knight Biggerstaff, Review Slavery in China During the Former Han Dynasty (206 B.C-A.D.25), *The Journal of Economic History*, Vol.3, No.2 (Nov., 1943), pp.231-233.

东研究专家从 319 部新近出版的著作中评选出 21 部名著和 28 部"具有价值"之作，德效骞的《前汉书译注》和恒慕义的《清代名人传记》入选 21 部名著之列，韦慕庭的《前汉奴隶制度》被选入"具有价值的著作"之列。①

中国学人与美国汉学家合作的其他汉学研究成果，同样获得很高的评价。例如，美国国会图书馆馆长 1940—1941 年的年度报告中专有一节介绍朱士嘉在国会图书馆的方志研究和编写目录工作："朱士嘉先生，东方部编目员和中国方志专家正在准备编写国会图书馆所藏 3300 种方志的解题目录。目录完成后，会另行出版。美国和东亚读者想了解过去三十年来国会馆新增了哪些方志，特别是善本方志。此目录将满足这些深切需求。"② 费正清在几十年后的回忆中仍对其与刘广京合著的《近代中国：1898—1937 年中文著作目录指南》一书感叹不已："这部书至今仍令我爱不释手。只要案头有此书，我就能够告诉我的学生们应当掌握的中文文献资料的有关情况，并指导他们如何去找。有了它，好像脑子里多了一根弦，使人感到更踏实，更可靠。"③ 美国汉学家宾板桥认为，冯家昇与魏特夫合著的《中国社会史——辽（907—1125）》一书"是一部融高度学术水准与综合性为一体的著作，这使其在所有有关中国历史的著述中它都将永远占有一席之地"④。梅谷与张仲礼合编的《太平天国：历史与史料》，韦慕庭称："所有关注中国研究的图书馆都应收入，众多以

---

① Meribeth E. Cameron, Outstanding Recent Books on the Far East, *The Far Eastern Quarterly*, Vol. 4, No. 4 (Aug., 1945), pp. 367-369.

② Library of Congress, *Chinese Collections in the Library of Congress*: Excerpts from the Annual Report (s) of the Librarian of Congress, 1898-1971 (Volume II 1934-1971), Washington: Center for Chinese Research Materials, Association of Research Libraries, 1974. 转引自王成志：《中美关系历史大潮和个人学术追求——以哥伦比亚大学博士朱士嘉为例》，《天津师范大学学报（社会科学版）》2021 年第 1 期，第 99 页。

③ 〔美〕费正清著，陶文钊译：《费正清自传》，天津人民出版社 1993 年版，第 406 页。

④ Woodbridge Bingham, Review History of Chinese Society: Liao (907-1125), *The Far Eastern Quarterly*, Vol. 9, No. 3 (May, 1950), p.356.

社会科学为中心的图书馆亦应获取这一重要著作，它是中美学术合作的一座丰碑。"①

美国汉学家与民国学人合作研究的成果能够获得极高赞誉，当然与民国学人的参与有着密不可分的关系。德效骞英译的《汉书》所以被誉为"标准的中国史著英译本，在西方汉学界应处于一流地位"，其中很重要的一个原因正如杨联陞所言"潘碦基为其合作者"。②《图书季刊》在介绍德氏的《英译前汉书》第一卷时，亦同样持有此观点，"译文甚为得当，较沙畹所译的《史记》有过之而无不及。译者曾虚心地请几个留美的中国学生帮忙，或是他成功的原因之一"③。确如其所言，中国学人在合作中发挥了不可或缺的作用，无论是史料的搜罗、挑选，还是史料的英译和注解等，都主要是由中国学人承担。邓嗣禹与毕乃德合作的《中文参考书目解题》一书，系由邓嗣禹负责挑选相关书籍文献。邓氏在挑选时，既考虑作品本身的重要性，也考虑西方学生对于中国选题的需求，由此参考书目中每一条目都包含有版本、分析和评价等方面的说明材料，并对充分利用此书的最佳方法给出建议；毕乃德则因为较了解西方学生在使用中国参考书目时所面临的困难，主要负责为哲学、宗教、文学、艺术、考古、历史、传记、地理、科学等章节的撰写提供帮助，并负责将材料译成英文。1950年的修订版序言，再次明确说明了两者的分工："新增的大约130部著作由邓嗣禹负责挑选并由其撰写注解，而毕乃德则通读了这些新材料并就版本的变化提出了一些建议。"④ 韦慕庭在与虎矫如合译有关汉代奴隶制度的史料时，先由韦慕庭自己尝试翻译，然后虎矫

---

① C. Martin Wilbur, Review The Taiping Rebellion: History and Documents, Volumes II and III: Documents and Comments, *Modern Asian Studies*, Vol. 8, No. 3 (1974), p. 424.

② Lien-sheng Yang, Review The History of the Former Han Dynasty, *Harvard Journal of Asiatic Studies*, Vol. 19, No. 3/4 (Dec., 1956), p. 437.

③ 雷:《英译前汉书》第1册,《图书季刊》1940年新第2卷第2期, 第279页。

④ Ssu-Yu Teng and K. Biggerstaff, *An Annotated Bibliography of Selected Chinese Reference Works*, Camb., Mass: Harvard University Press, 1950, p.v.

如对其译文进行修正。① 在《清代名人传记》中，最大的贡献是属于房兆楹夫妇两人，他们俩写成了全数八百余中的半数。房君的工作，非但占了数量的偏重，又是尽了物质的优胜，凡是最重要的人物的记载，上自帝皇公卿大臣，下至博学鸿儒与一代的诗人，皆出于房君之手；又因为他的国学根柢之深，他撰写的如顾炎武、戴震及纪晓岚，更是超人一等；他在这部书内指出了无数硕学的伟人与时代的进退，及他们对于当代学术的影响，和中国文化的趋势。② 魏氏主持的中国历史编纂计划，最终正式出版的成果是魏特夫与冯家昇合著的《中国社会史——辽（907—1125）》。该书的第一部分为通论，由魏氏执笔；第二部分为资料汇编，由冯家昇来搜辑和甄选，并加以注释。梅谷主编的《太平天国：历史与文献》一书中，所收集的391份有关太平天国原始文献中相当一部分由张仲礼英译，并且他还负责对翻译进行审校。③ 费正清与民国学人合著的著述中，亦主要由民国学人负责材料的收集、整理和英译。《中国对西方的回应》共65篇重要文献，邓嗣禹起草了其中的大部分的译稿并汇编了费正清编写的有关其作者的大部分资料，"后来又有两个非常能干的学者房兆楹和孙任以都参加进来，担任部分翻译工作"④。顾立雅同邓嗣禹合编的两部汉语教材，其框架结构是遵循顾立雅教授的《汉语文法进阶》(*Literary Chinese by the Inductive Method*)中的体例方法来编排，但材料的选择和翻译则主要由邓嗣禹负责。⑤

---

① C. Martin Wilbur, *China in My Life: A Historian's Own History. Armonk*, New York: M. E. Sharpe, 1996, p.45.

② 黄维廉：《评〈清代名人传略〉》，《申报》1947年5月8日，第9版。

③ Franz Michael, *The Taiping Rebellion: History and Documents*, Volumes II, University of Washington Press, 1971, p.ix.

④ 〔美〕费正清著，陆惠勤等译：《费正清对华回忆录》，知识出版社1991年版，第398—400页。

⑤ W. Simon, Review Newspaper Chinese by the Inductive Method University of Chicago Press, 1943; Translations of Text Selections and Exercises in Newspaper Chinese *Bulletin of the School of Oriental and African Studies*, Vol.12, No.1 (1947), pp.260-261.

对于民国学人的作用与贡献，美国汉学界亦多予以肯定。例如，恒慕义在《清代名人传记》序言中对于房兆楹夫妇的贡献与作用如是写道："应该提到编者主要助手房兆楹先生的功绩。房兆楹先生为编辑本书整整辛劳八年，在这期间他所撰写的传记数量远远超过其他任何人"，"房夫人同他丈夫一样忠忠耿耿为这个事业服务，并且小心翼翼地关注许多麻烦的细节问题"。① 费正清亦如是评价道，所有美国学者的贡献都远远逊于恒慕义请来的两位高级助理——房兆楹、杜联喆夫妇。无论培训美国学生，还是编辑审定工作，房氏夫妇都获得了成功。他们"按照恒慕义博士的编辑宗旨编纂出版了独一无二的关于中国的最重要的外文著作"②。魏特夫在《中国社会史——辽（907—1125）》的总论中，高度评价了合作者冯家昇的出色工作："他在文字材料方面的非凡知识，使他非常适合于作选择、翻译和注释等学术工作，而这些工作则是进一步开展一切工作的依据。"③ 拉铁摩尔在关于此书的评论中，亦高度肯定冯氏之作用："尽管带有非常明显的魏氏理论之标记，但与此同时如果没有作为辽史之权威的魏氏主要合作者冯家昇多年来所做的贡献，是不可能撰著出这样一部高水准的著作。"④ 魏氏自己亦承认："冯家昇先生对于《辽史》的精湛知识和他所补充的原始资料，对于我们核对事实的准确性和理解制度程序具有头等重要的意义。他在我们著述工作的两个方面的不知疲倦的

---

① 〔美〕恒慕义主编，中国人民大学清史研究所《清代名人传略》翻译组译：《清代名人传略》（上），青海人民出版社 1990 年版，第 6 页。

② 〔美〕费正清著，陆惠勤等译：《费正清对华回忆录》，知识出版社 1991 年版，第 399 页。

③ 〔美〕魏特夫、冯家昇：《中国社会史——辽（907—1125）·总论》，王承礼主编：《辽金契丹女真史译文集》，吉林文史出版社 1990 年版，第 59 页。魏特夫发表于 1947 年《哈佛亚洲研究》的《辽代公职与中国考试制度》一文的注释中，亦坦承冯家昇的贡献以及有关不同朝代考试制度的重要资料都是由瞿同祖收集。具体见 Public Office in the Liao Dynasty and the Chinese Examination System, *Harvard Journal of Asiatic Studies*, Vol. 10, No. 1 (June, 1947), p. 13。

④ Owen Lattimore, Review History of Chinese Society: Liao (907-1125), *The Pacific Historical Review*, Vol. 19, No. 1 (Feb., 1950), p. 85.

兴趣，为人们树立了志趣相投的合作典范。"① 张仲礼之于《太平天国：历史与史料》的作用，梅谷如是评价道："张仲礼多年来一直参与此项研究项目，他承担了相当一部分史料的翻译。他深刻的学识、对于史料的甄选，对大量史料英译的审校和注释，其为这几卷著作做出了无价的贡献。"② 韦慕庭则在《前汉奴隶制度》一书的致谢词中对于虎矫如的贡献予以了肯定，"在两年多的时间里，Charles Y. Hu 虎矫如，芝加哥大学一位很有天赋的研究生，与我就史料的翻译和分析一起工作"③。毕乃德、费正清、顾立雅先后同邓嗣禹合作，费正清称："（我们）这些人从他博学的学识中受益极大。"④

三、民国时期中美学人汉学研究合作之环境

众所周知，20世纪以来美国汉学虽有所进展，但直至20世纪四五十年代，无论汉学研究人员还是汉学研究的基础和环境仍不尽人意。富路德以《美国的中国研究》为题在天津妇女同乡会上所作的演讲中指出："近期美国人做了一次有关中国的西方重要著作调查，我发现，145位作者中只有23位美国人，且其中一半不熟悉中文。"⑤ 杨联陞在1943年10月26日给胡适的信中则这样写道："这个礼拜 Wittfogel 在这儿讲几点钟，

---

① 〔美〕魏特夫、冯家昇：《中国社会史——辽（907—1125）·总论》，王承礼主编：《辽金契丹女真史译文集》，吉林文史出版社1990年版，第59页。

② Franz Michael, *The Taiping Rebellion: History and Documents*, Volumes I, University of Washington Press, 1966, p.viii.

③ Clarence Martin Wilbur, Slavery in China During the Former Han Dynasty, *Anthropological Series*, Volume 34, Chicago: Field Museum of Natural History, 1943, preface.

④ J. K. Fairbank, Obituary: S. Y. Teng (1906-1988), *The Journal of Asian Studies*, Vol.47, No.3 (Aug., 1988), pp. 723-724.

⑤ L. C. Goodrich, Chinese Studies in the United States, *The Chinese Social and Political Science Review*, Vol. 15, No.1 (Apr.,1931), p. 75.

我还没去听，昨天下午碰见他，一块儿在校园里绕了两个弯儿，他说讲中国上古史不可不念王国维、郭沫若的文章，不可不用金文、甲骨文，如司徒即是司土之类不可不知。我说这些知识，对于中人以上的史学系大学生，不过是家常便饭，无甚希罕。他似乎觉得奇怪。"①

更为值得注意的是，中国学人在美时所处的社会与学术环境。不可否认，彼时的美国有着中国所无法具备的和平安定且良好的生活环境，加之在美国有洛克菲勒基金会、福特基金会和美国太平洋学会、美国学术团体理事会、哈佛燕京学社等基金会和学术团体纷纷对中国研究予以大力资助②；另外，美国的中文文献亦较为丰富③。1947年，杨联陞在为是留在哈佛还是归国而写信给胡适以征询其意见时，即如是写道："在美国则生活较为安定，哈佛的图书馆还像样（其中的方志，我虽看过一小部分，可利用的东西还是很多），同事雷夏、柯立夫史学都有根柢，也肯用功。……所以利弊差不多。"④良好的生活环境以及相对宽松且有助益的学术环境对中国学人而言，无疑具有一定的吸引力。然而，抛开生活及可资利用的资金及图书资源等而论，中国学人参与合作的社会环境并不甚理想。

首先是美国社会对华人的歧视。"往昔中国留学生因非美国公民，无权居留，不易谋职，毕业后便束装归国，盖前途在祖国，海外芸窗生活，不过以羁旅视之。华侨土生，虽生长于斯，因受种族歧视，此丙种公民，

---

① 胡适纪念馆编：《论学谈诗二十年——胡适杨联陞往来书札》，安徽教育出版社2001年版，第2页。

② 有关美国基金会和学术团体对中国研究的资助，可参见资中筠的《洛克菲勒基金会与中国》（载《美国研究》1996年第1期）、韩铁的《福特基金会与美国中国学》（中国社会科学出版社2004年版）、张寄谦的《哈佛燕京学社》（《近代史研究》1990年第5期）以及孙越生、陈书梅主编的《美国中国学手册》（中国社会科学出版社1993年版）。

③ 有关美国图书馆的中国藏书，可参见胡国强：《美国对中国的研究和美国的东亚图书馆的中国藏书》，中国社会科学院情报所编：《外国研究中国》第2辑，中国社会科学出版社1979年版。

④ 胡适纪念馆编：《论学谈诗二十年——胡适杨联陞往来书札》，安徽教育出版社2001年版，第92页。

亦无出路。其家境许可而有志入大学者，多习医科牙科或预备接办移民案之法律系，此外无为焉。如习其他学科者，不过预备返回祖国，另寻生活之计耳。"① 太平洋战争爆发后，美国出于共同抗击日本的现实需要等原因，于1943年废除了臭名昭著的《排华法案》。《排华法案》的废除，并不意味着美国对华人的歧视就此终结。事实上，歧视仍无处不在。周一良先生曾回忆："谈到住房，不能不揭露美国那时的种族歧视。房东太太往往对东方人偏见很深，不肯把房间租给中国学生。有时外边贴着'出租'，开门看见黄皮肤，立即说已租出，甚至更恶劣到一言不发，享以闭门羹。租公寓尤其如此，我碰到多次。"② 许倬云也曾言："50年代我在美国芝加哥大学当学生时，华人连住家都受到歧视，根本不可能在某些白人社区买到房子。1972年我在美国买房子还听说过那一段历史，买屋还得左邻右舍签字同意，才能成交。"③ 对于中国学人来说，这种歧视不仅仅体现在日常生活中，更深的歧视还广泛存在于美国学术界。洪煨莲到美国后，只能在哈佛大学挂个研究员的名。④ 孙任以都女士在她的回忆录中提到，在哈佛女校求学时曾因是中国学生而被拒绝选修某位美国教授的美国社会史讨论课，拒绝的理由是"因为中国学生念不好我这门课"⑤。冯家昇、瞿同祖、王毓铨、房兆楹等中国史家参与魏特夫主持的"中国历史资料编译计划"，让何炳棣愤愤不平的是"所有搜译的各朝代的资料原则上仅供魏氏一人之用"⑥。杨联陞在日记中曾如是描述他感受到的华人学者群体在美国学界所受排挤与歧视："李田意来信：云crump（自名迁儒）不肯在AAS年会文学史节目中加入李文

---

① 刘伯骥：《美国华侨史续编》，台北黎明文化事业股份有限公司1981年版，第427页。
② 周一良：《毕竟是书生》，北京十月文艺出版社1998年版，第34—35页。
③ 陈永发、沈怀玉、潘光哲访问，周维朋记录：《家事、国事、天下事——许倬云先生一生回顾》，南京大学出版社2012年版，第205页。
④〔美〕陈毓贤：《洪业传》，北京大学出版社1996年版，第161页。
⑤ 张朋园等访问：《任以都先生访问记录》，台北"中央研究院"近代史研究所1993年版，第50—51页。
⑥ 何炳棣：《读史阅世六十年》，广西师范大学出版社2005年版，第264页。

（讲'三言二拍'）亦因 crump 自己要讨论此题，怕相形见绌。毛子可恨如此。"① 美国对中国学人的歧视，使得赴美中国学人多将海外芸窗生活以羁旅视之，正如王重民在给胡适的信中所言："重民在欧美流落了十几年，受了不少的洋气，也算看了一点洋玩意儿（在东方学一方面），所以图强之心非常迫切。"②

更为严重的是，学术观念和学术方法的冲突。受中文能力限制，大多数美国本土汉学家无力阅读汉文史籍原典；正是因为如此，美国学者常依赖社会科学的理论和方法。费正清即曾如是坦言："仅设想我的职责是阐述事实，而答案则让它自己冒出来。前来听课的研究生不久即粉碎了我那种只讲事实，不提论点的借口。他们只不过问些并不简单的问题，但我立刻意识到，任何阐述的事实都已在种种预想的框架中，而事实叙述者的首要之事，就是必须注意自己的设想框架。"③ 然而，中国学人对此多难以认同与接受。陶希圣主张："历史的方法必须从史料里再产生，才是真确的。如果先搭一个架子，然后把一些史料拼进去，那就是公式主义，也就是错误的。"④ 萧公权亦主张："放眼看书，认清对象，提出假设，小心求证。这一步工作做得相当充分了，不必去大胆假设，假设自然会在胸中出现，不必去小心求证，证据事先已在眼前罗列。其实假设是证据逼出来的，不是我主观的、随意的构造。"⑤ 杨联陞在其所有的著述中屡屡反复提示：治史之士首先要深探到中国文献的内核，尽其一番曲折，然后才进一步提出一己之所得，"要研究中国史的人必须具有起码的训诂学素养。够不上这种要求的研究者，只能算是玩票性质，而不会成为一

---

① 《杨联陞日记》1957年2月8日，转引自刘秀俊：《中国文化的海外媒介——杨联陞学术探要》，山东大学博士学位论文，2010年，第82页。

② 北京大学信息管理系、台北胡适纪念馆编：《胡适王重民先生往来书信集》，国家图书馆出版社2009年版，第484页。

③ 〔美〕费正清著，陆惠勤等译：《费正清对华回忆录》，知识出版社1991年版，第167—168页。

④ 陶希圣：《潮流与点滴》，中国大百科全书出版社2009年版，第123—124页。

⑤ 萧公权：《问学谏往录》，黄山书社2007年版，第211页。

个全健的汉学家"①。王伊同在评述德效骞的《汉书》译注时亦直言不讳指出:"方今以汉学家自命者,间或学殖荒芜,而抵掌空谈。傥籍氏书,而怀乎学问广大,非侈谈方法者所克奏功。"②

余英时曾就中国学人在域外的汉学研究之心境分析道:"在正常情况下,人文学者在出国深造之后,总是愿意回到自己本土的学术环境中去工作,一方面可以更新本土的研究传统,另一方面也可以使个人的长处发挥得更充分。在抗日战争之前,中国文史学界虽然承认西方的'汉学'有它的重要性,但同时终不免把'汉学'看作边缘性的东西。因此,第一流中国文史学者都宁可在国内发展自己的研究传统,而不肯长期留居西方做汉学家。"③确如其所言,邓嗣禹在给胡适的信中即写道:"在密尔思大学讲学,亦不过欲对祖国文化略加宣扬而已。多一番接触,多一分经验,多一分认识,知道教授美国人,如何取材,如何立言,如何应付。然雅不愿长留异邦。"④1936年,赴夏威夷大学执教的陈受颐在给胡适的信中亦写道:"弟急想回国去,尽力读书,替学校做点小事,稍补八年来未在国内与同事诸兄一起挨苦的大过。"⑤周一良获哈佛燕京学社奖学金负笈美国之际,临出发前写信给当时的主管傅斯年,汇报此行的目的与心中的想法。信中即提到美国汉学起步太慢,他认为到美国去研究中国的

---

① 杨联陞:《国史探微》,新星出版社2005年版,第137页。
② 王伊同:《德氏前汉书译注订正》,《史学年报》1938年第2卷第5期,第519页。
③ 余英时:《中国文化的海外媒介》,《钱穆与中国文化》,广西师范大学出版社2006年版,第145页。
④ 中国社会科学院近代史研究所中华民国史组编:《胡适来往书信选》(下),中华书局1979年版,第507—508页。
⑤ 《陈受颐信八通》,耿云志编:《胡适遗稿及秘藏书信》第35卷,黄山书社1994年版,第393—394页。陈受颐后因其妻身体原因,不得不延期回国。他在1946年4月22日给胡适的信中写道,"弟为此事费尽思量,觉得瑰才前者病已垂危,幸能忍痛受三次的手术,又幸能迁地疗养,始能活到如今,并能逐渐的恢复康健。她虽愿意违背大夫的忠告,冒险与弟一同归国,弟甚不忍,中西朋友也大不以为然。在此情形之下,唯有缓期半年或一年的办法,以等她右肺的进步或移民地位的转换,和国内医药设备的好转"。(《陈受颐信八通》,耿云志编:《胡适遗稿及秘藏书信》第35卷,黄山书社1994年版,第396页。)到1947年后,随着国内局势的变化,他最终选择留居在美国。

学问，在方法上并无可取之处，有用的地方是可多学习几种语文，对往后从事魏晋南北朝史研究有裨益之处，因而希望曾经游学过欧洲的傅斯年，帮忙开列书单，让他到了美国不至于学问荒废阻塞，无可增进的地方。① 杨联陞在1947年的一首诗中这样写道："买舟归客正连翩，佣笔无须论孰贤。强慰闺人夸远志，应知异国误华年。"②

正因为如此，不难想见中国学人与美国汉学家的合作研究中定是不愉快者居多。从中国学人在日记或与友人往来书信中对美国汉学家所表示的不屑和不满中便可推知。萧公权在给胡适的信中即写道："我承华盛顿大学约来任教，并参加远东学院十九世纪中国史的研究工作。到此方知Wittfogel（维特弗格）被奉为'大师'。因此研究的方法和观点都大有问题。如长久留此，精神上恐难愉快。"③ 杨联陞在日记中表达了对费正清的不满："费所谓integration非奸人盗窃即愚人盲从，决非大学者气象，原定22开会，提前一天，似乎故意不等广京，亦属可恶。"④ 王伊同在其《读费正清〈五十年回忆录〉》的未刊稿中对费正清如是评价道："费君正清，年七十五，皤然老矣。治清史，执美国汉学牛耳，达四纪，号儒宗，而君亦自居而不疑。吁嘻，费君诚儒宗哉！……夫文字之未通，费君诚儒宗哉！其治清史也，典章仰诸邓嗣禹，督抚科道胥吏公廨之制，拱手瞿同祖，清史目录，则唯刘广京是赖，……吁嘻，费君岂儒宗哉，盗名欺世已耳。"⑤

---

① 《周一良函傅斯年》，台北"中央研究院"历史语言研究所藏，《史语所档案》，李：15-3-2，15-3-4，转引自陈建守：《燕京大学与现代中国史学发展》，台湾师范大学历史学系2009年版，第148—149页。

② 胡适纪念馆编：《论学谈诗二十年——胡适杨联陞往来书札》，安徽教育出版社2001年版，第94页。

③ 曹伯言整理：《胡适日记全编：1938—1949》第8册，安徽教育出版社2001年版，第33页。

④ 《杨联陞日记》，1950年7月21日，转引自刘秀俊：《中国文化的海外媒介——杨联陞学术探要》（导师王学典），山东大学博士学位论文，2010年，第84页。

⑤ 王伊同：《王伊同论文集》（上编），台北艺文印书馆1988年版，第513—514页。

第四章

民国史家著述在美国汉学界的回响及其启示

民初以来，无论是中西学人的交往还是域外汉学著作在中国的流布都更趋活跃与深入。1930年代，燕京大学的齐思和、朱士嘉、邓嗣禹、王伊同、聂崇歧、周一良等年轻学人常就美国汉学新著撰著言辞尖锐、观点犀利之书评。① 颇为有意思的是，却鲜见有美国学人对中国学人著作进行评述。② 然而，他们对民国学人的著作颇为关注。1926年6月，《古史辨》第一册甫出版，美国汉学家恒慕义即于同年11月在《中国科学美术杂志》第5卷第5期上撰文介绍；1929年，又以《中国史学家研究中国古史的成绩》为题介绍中国新史学运动。③ 1930年，赖德烈在《过去九

---

① 吴原元：《民国学者视野中的美国汉学》，《华南农业大学学报（社会科学版）》2014年第3期。

② 不唯美国，整个域外汉学界亦不多见，笔者目力所及，仅见法国汉学家马伯乐的《评郭沫若近著两种》（马伯乐著，陆侃如译，载《文学年报》1936年第2期）、日本汉学家桑原隲藏的《读陈垣氏之元西域人华化考》（《史林》1924年10月期，后由陈彬和译成中文，刊于《北京大学研究所国学门周刊》1925年第1卷第6期）及《读梁启超的〈中国历史研究法〉》（《支那学》1922年第2卷第12号，后由魏建功［署名天行］译成中文，刊于《现代评论》1925年第2卷第49、50期）等为数不多的几篇。

③ Arthur W. Hummel, What Chinese Historians Are Doing in Their Own History, *The American Historical Review*, Vol. 34, No. 4 (July, 1929), pp. 715-724.

年的中国史研究》一文中,对民国学人史学研究详加介绍,并认为:"首先必须铭记的是,中国学者们对其本国历史的研究做出了引人注目的贡献。"① 更为值得关注的是,在他们的汉学著作中常引民国史家著述。众所周知,时贤或后人的评论固然是评估史家著述影响的重要指标;然而,论著被引用亦是不可或缺的指标。学术论著被引用,关乎学者的思想有没有参与到知识的再生产和学术的再出发中;另外,人们可透过引用从中探窥到学人之间那不易为人所知的"学术世故"。安东尼·格拉夫敦(Anthony Grafton)在《脚注趣史》中如是言道:"谁若是真的跟随历史学家的脚注而回归到他们使用过的史料,相应地花时间查考它那深埋于地下的复杂根茎,很可能会在底层的酸性土壤中发现远超意料之外的人情世故。"②

一、美国汉学家引用民国史家著述之概况

20世纪二三十年代以来,美国汉学界相继出版了一批汉学著作。其中,孙念礼的《班昭传》(*Pan Chao: Foremost Woman Scholar of China*,1932)、富路德的《乾隆禁书考》(*The Literary Inquisition of Ch'ien-lung*,1935)、卜德的《李斯传》(*China's First Unifier: A Study of the Ch'in Dynasty as Seen in the Life of Lissu 280?-208 B. C.*,1938)、贾德纳的《中国旧史学》(*Chinese Traditional Historiography*,1938)、拉铁摩尔的《中国的亚洲内陆边疆》(*Inner Asian Frontiers of China*,1940)、宾板桥的《唐代的建立》(*The Founding of the T'ang Dynasty, the Fall of Sui and Rise of T'ang*,1941)、韦慕庭的《前汉奴隶制度》〔*Slavery in China During the Former Han Dynasty (206 B.C.-A. D. 25)*,1943〕、顾立雅的《孔子其人及神话》(*Confucius: The man and the*

---

① Kenneth Scott Latourette, Chinese Historical Studies During the Past Nine Years, *The American Historical Review*, Vol. 35, No. 4 (July, 1930), pp. 778-779.

② 〔美〕安东尼·格拉夫敦著,张弢、王春华译:《脚注趣史》,北京大学出版社2014年版,第13—14页。

Myth，1949），颇为引人注目。这些汉学著作出版后，深获美国汉学界的赞誉。孙念礼的《班昭传》，是如此"透彻而博学"[1]；贾德纳的《中国旧史学》，是"一部精彩之著"，为"汉学研究者提供了真正的帮助"[2]。卜德的李斯研究，"拨开了历史迷雾，重塑了李斯形象，堪称佳作"[3]。富路德的《乾隆禁书考》"证据充分翔实"，"为汉学研究确立了一个非常高的标准"[4]。韦慕庭的《前汉奴隶制度》，则被评选为"最具价值的著作"[5]。

就这八部著作参引的著述而言，不仅有民国史家著述，亦有欧洲和美国汉学家的著述，所参引的数量情况具体如下：

表 4-1　美国汉学著作所引欧洲、美国本土及中国的汉学家之著述数量[6]

美国汉学著作名称	所引欧汉学家及其著述之数量		美国本土汉学家及其著述之数量		民国史家及其著述之数量		
	史家	史著	史家	史著	史家	史著	中文	英文
《班昭传》	18	22	2	2	5	10	4	6

---

[1] J. K. Shryock, Review of Pan Chao: Foremost Woman Scholar of China, *Journal of the American Oriental Society*, Vol. 53, No. 1 (Mar., 1933), p. 91.

[2] J. J. L. D, Review Chinese Traditional Historiography, *T'oung Pao*, Vol. 34, Livr, 3 (1938), pp. 238-239.

[3] Homer H. Dubs, Review of China's First Unifier, *The American Historical Review*, Vol. 44, No. 3 (Apr., 1939), p. 640.

[4] Carroll B. Malone, Review The Literary Inquisition of Ch'ien-Lung, *Journal of the American Oriental Society*, Vol. 55, No. 4 (Dec., 1935), pp. 477-479.

[5] Meribeth E. Cameron, Outstanding Recent Books on the Far East, *The Far Eastern Quarterly*, Vol. 4, No. 4 (Aug., 1945), pp. 367-369.

[6] 资料来源：Nancy Lee Swann, *Pan Chao: Foremost Woman Scholar of China*, New York: Century Company, 1932; Luther Carrington Goodrich, *The Literary Inquisition of Ch'ien-lung*, Baltimore: Waverly Press, 1935; H. G. Creel, *Confucius, The Man and the Myth*, New York: The John Day Company, 1949; Derk Bodde, *China's First Unifier: A Study of The Ch'in Dynasty as Seen in the Life of Lissu (280?-208 B. C.)*, Leiden: E. J. Brill, 1938; Charles S. Gardner, *Chinese Traditional Historiography*, Cambridge: Harvard University Press, 1938; Owen Lattimore, *Inner Asian Frontiers of China*, London: Oxford University Press, 1940; Woodbridge Bingham, *The Founding of the T'ang Dynasty*, Baltimore: Waverley Press, Inc. 1941; C. Martin Wilbur, *Slavery in China During the Former Han Dynasty (206 B.C.-A.D.25)*, Chicago: Field Museum of Natural History, 1943. 表 4-2 资料来源同此。

续表

美国汉学著作名称	所引欧汉学家及其著述之数量		美国本土汉学家及其著述之数量		民国史家及其著述之数量			
	史家	史著	史家	史著	史家	史著	中文	英文
《乾隆禁书考》	4	5	0	0	15	10	9	1
《孔子其人及神话》	32	39	10	21	28	41	30	11
《李斯传》	13	20	2	3	16	17	15	2
《中国旧史学》	16	24	3	3	6	8	7	1
《中国的亚洲内陆边疆》	97	114	7	53	19	24	14	10
《唐代的建立》	28	33	6	8	3	3	2	1
《前汉奴隶制度》	39	46	11	15	18	22	19	3

由于研究主题之故，美国汉学家所引民国史家著述各有其偏向①。比如，孙念礼和贾德纳引用的主要是胡适、顾颉刚、梁启超、王国维、罗振玉、董作宾等实证派史家之著述；韦慕庭参引的主要是陶希圣、吴景超、鞠清远、马非百、马乘风、武伯伦、戴振辉、刘兴唐、傅安华等食货派史家著述；卜德和顾立雅则主要是以顾颉刚、王国维、胡适、容庚、郭沫若等为代表科学实证派史家之著述以及陈垣、钱穆、张荫麟等新人文史学派史家的著述；拉铁摩尔的《中国的亚洲内陆边疆》，参引的不仅有顾颉刚、胡适、王国维、傅斯年等现代科学实证派史家之著述，亦有冯家昇、徐中舒、蒙文通、林同济、丁山等禹贡派史家著述。有关这8部汉学著作参引民国史家著述之具体情况，见表4-2：

---

① 20世纪上半叶中国史学流派划分，可谓众说纷纭。此文主要采胡逢祥在《中国近现代史学思潮与流派》(商务印书馆2019年版)中的观点。他将其分为新史学思潮、国粹主义思潮、现代科学实证思潮、新人文主义思潮、唯物史观思潮及民族主义思潮，思潮下各有不同派别，比如现代科学实证思潮下有科学方法派、古史辨派、新考证派，而民族主义思潮下有禹贡派、战国策派、民族文化本位派。

表 4-2 美国汉学著作参引民国史家著述的情况表

美国汉学著作名称	被引的民国史家著述名称	被引次数	著作数量
《班昭传》	顾颉刚的《古史辨自序译注》(恒慕义译，英文)和《古史讨论集》、胡适的《中国的文艺复兴》(英文)	2	3
《班昭传》	梁启超的《要籍解题及其读法》、罗振玉的《殷墟书契考释》和《殷商贞卜文字考》、顾颉刚的《秦汉统一的由来》(英文，恒慕义译)、胡适的《佛教对中国宗教的影响》(《中国社会及政治学报》)和《古代中国逻辑方法的发展》(英文博士论文)、王国维的《中国历代之尺度》(英文，恒慕义与冯友兰合译)	1	7
《乾隆禁书考》	郑鹤春与郑鹤声的《中国文献学概要》、梁启超的《中国最近三百年文化史大纲》(《中国社会及政治学报》)	2	2
《乾隆禁书考》	陈登元的《秦桧评》(《金陵学报》)、陈垣的《史讳举例》(《燕京学报》)、朱君毅的《中国历代人物之地理分布》(《厦门大学学报》)、容肇祖的《述复社》(《北大研究所国学门周刊》)、谢国桢的《黄梨洲学谱》和《庄氏史案参校诸人考》(《图书馆学季刊》)、王重民的《李清著述考》(《图书馆学季刊》)、萧一山的《清代通史》	1	8
《唐代的建立》	冀朝鼎的《中国历史上的基本经济区》(英文)	4	1
《唐代的建立》	罗振玉的《高昌鞠氏年表》、黄文弼的《高昌国鞠氏纪年》	1	2
《中国旧史学》	顾颉刚的《古史辨自序译注》(英文，恒慕义译)	2	1
《中国旧史学》	王国维的《古本竹书纪年辑校》、董作宾的《甲骨文断代研究例》(《庆祝蔡元培先生六十五岁论文集》)、梁启超的《中国历史研究法》和《要籍解题及其读法》、顾颉刚的《古史辨》、胡适的《胡适文存》、姚绍华的《崔东壁年谱》	1	7
《李斯传》	钱穆的《先秦诸子系年》	10	1
《李斯传》	冯友兰的《中国哲学史》(卜德译，英文)	5	1
《李斯传》	顾颉刚、杨向奎的《三皇考》(《燕京学报》)	4	1
《李斯传》	冀朝鼎的《中国历史上的基本经济区》(英文)，王国维的《史籀篇疏证》《汉代古文考》《仓颉篇残简考释》	3	4
《李斯传》	张荫麟的《周代的封建社会》(《清华学报》)、蒋善国的《中国文字之原始及其构造》、容庚的《秦始皇帝刻石考》(《燕京学报》)、马非百的《秦汉经济史资料》(《食货》)、陈垣的《史讳举例》(《燕京学报》)	2	5
《李斯传》	姜蕴刚的《李斯的政治思想》(《东方杂志》)、胡适的《胡适文存》、李笠的《史记订补》、崔适的《史记探源》、姚舜钦的《秦汉哲学史》、邓之诚的《中华二千年史》	1	6

续表

美国汉学著作名称	被引的民国史家著述名称	被引次数	著作数量
《前汉奴隶制度》	冀朝鼎的《中国历史上的基本经济区》（英文）、马乘风的《中国经济史》	8	2
	梁启超的《中国奴隶制度》（《清华学报》）	4	1
	王世杰的《中国奴婢制度》（《社会科学季刊》）、武伯纶的《西汉奴隶考》（《食货》）、马非百的《秦汉经济史资料》（《食货》）、吴景超的《西汉的阶级制度》（《清华学报》）和《西汉奴隶制度》（《食货》）、戴振辉的《西汉奴隶制度》（《食货》）	3	6
	陶希圣的《西汉经济史》、陈伯瀛的《中国田制史丛考》、程树德的《九朝律考》、劳干的《两汉户籍与地理之关系》和《汉代奴隶制度辑略》	2	5
	胡适的《王莽：19世纪以前的社会主义者皇帝》（刊于《皇家亚洲学会华北分会会刊》）、张星烺的《唐代时期黑奴输入中国》（《辅仁英文学志》）、刘兴唐的《奴隶社会的症结》（《食货》）、傅安华的《关于奴隶社会理论的几个问题》（《食货》）、鞠清远的《汉代的官府工业》（《食货》）及万国鼎的《中国田制史》和《两汉之均产运动》《汉以前人口及土地利用之一斑》（后两文皆刊于《金陵学报》）	1	8
《中国的亚洲内陆边疆》	冀朝鼎的《中国历史上的基本经济区》（英文）	14	1
	丁文江的《中国如何形成自己的文明》（陈衡哲主编的《中国文化研讨论文集》）	7	1
	傅斯年的《夷夏东西说》（《庆祝蔡元培六十五岁论文集》）	5	1
	王敏铨的《中国历史上地税的上升与王朝的覆灭》（《太平洋事务》）、钱穆的《西周戎祸考》（《禹贡》）、蒙文通的《赤狄白狄东侵考》《秦为戎族考》《犬戎东侵考》（皆刊于《禹贡》）	4	5
《中国的亚洲内陆边疆》	李济的《历史上的满洲》（《中国社会及政治学报》）、冀朝鼎的《中国历史上统一与分裂的经济基础》（《太平洋事务》）	3	2
	王国良的《中国长城沿革考》、万国鼎的《中国耕地史》、吴金鼎的《中国史前陶器》（英文博士论文）、徐中舒的《耒耜考》（《中央研究院历史语言研究所集刊》）、丁山的《开国前周人文化与西域关系》（《禹贡》）、许琚清的《北边长城考》（《史学年报》）、方庭的《论狄》（《禹贡》）、林同济的《明代的满洲》和《明代满洲的贸易与朝贡》（皆刊于《南开社会经济季刊》）	2	9
	丁文江的《格朗教授的中国的文明》（《中国社会及政治学报》）、顾颉刚的《〈古史辨〉自序译注》（恒慕义译）和《古史辨》、陈翰笙的《中国当前土地耕种问题》、冯家昇的《原始时代之东北》（《禹贡》）	1	5

续表

美国汉学著作名称	被引的民国史家著述名称	被引次数	著作数量
《孔子其人及神话》	顾颉刚的《古史辨》	16	1
	郭沫若的《两周金文辞考释》、钱穆的《先秦诸子系年》、冯友兰的《中国哲学史》	9	3
	陈启天的《韩非子校释》、容肇祖的《韩非子考证》	5	2
	朱谦之的《中国思想对于欧洲文化之影响》、梅书平的《春秋时代的政治和孔子的政治思想》(《古史辨》II)、	4	2
	陈梦家的《五行之起源》(《燕京学报》)、冯友兰的《孔子在中国历史中之地位》(《古史辨》II)、林雨堂的《礼：中国社会控制与组织的原则》(《中国社会及政治学报》)、董作宾的《殷历谱》、梁启超的《荀卿及荀子》(《古史辨》IV)	3	5
	张星海的《中国历史思想的某些类型》(刊于《皇家亚洲学会华北分会会刊》)、齐思和的《商鞅变法考》(《燕京学报》)、钱穆的《论语要略》、傅斯年的《性命古训辨证》、容庚的《金文编》、郭沫若的《十批判书》、罗振玉的《贞松堂集古遗文》、程树德的《论语集释》、叶玉森的《殷虚书契前编集释》、张心澂的《伪书通考》、孙海波的《甲骨文编》、梅贻宝的《墨子的政治伦理著述》(英文)、邓嗣禹的《中国对西方考试制度的影响》(《哈佛亚洲学报》)以及胡适的《中国哲学史大纲》《胡适论学近著》《中国的文艺复兴》(英文)	2	15
《孔子其人及神话》	张国淦的《汉石经碑图》、张荫麟的《明清之际西学输入中国考略》(《清华学报》)、齐思和的《战国制度考》(《燕京学报》)、钱玄同的《论诗经真相书》(《古史辨》I)、冯友兰的《中国哲学史补》、郭沫若的《金文丛考》、林语堂的《孔子的智慧》、汤用彤的《王弼对易经和论语的新释》(《哈佛亚洲学报》)、罗振玉的《殷虚书契前编》和《汉熹平石经残字集录》以及胡适的《儒教》(英文论文，收于《社会科学百科全书》)和《王莽：19世纪前的社会主义皇帝》《汉代儒家作为国家宗教的确立》(刊于《皇家亚洲学会华北分会会刊》)	1	13

以提及民国史家的著作数量论之，依次为顾颉刚（5部），冀朝鼎、梁启超、王国维、胡适（各为4部），罗振玉、钱穆、万国鼎（各为3部），马非百、容庚、董作宾、容肇祖、傅斯年、陈垣、张荫麟（各为2部），其他各有一部提及。以参引的著作数量计，被参引最多则依次

为：顾颉刚的《古史辨》（5部）、冀朝鼎的《中国历史上的基本经济区》（4部）、恒慕义译注的《古史辨自序》（3部）、董作宾的《甲骨文断代则例》、罗振玉的《殷墟书契考释》和罗振玉的《殷商贞卜文字考》、梁启超的《要籍解题及其读法》、万国鼎的《中国田制史》、马非百的《秦汉经济史资料》、胡适的《中国的文艺复兴》、钱穆的《先秦诸子系年》、陈垣的《史讳举例》、胡适的《王莽：19世纪前的社会主义皇帝》（各有2部）。可见，顾颉刚等"新史学家"最为美国汉学家关注和熟知。

所以如此，一方面系因他们在华留学期间，对顾颉刚等人多有耳闻与接触。顾颉刚在其日记中不无自豪地记述道，"芝生来，谓华语学校（美国人立）中人都读我所作文"①。另一方面系因理念上的认同。恒慕义即曾言："我以为现代中国的文艺复兴的生机就是对于过去所持的新的怀疑态度和最近学者之醉心于新的假设。"②另外，它们能为美国汉学家如此熟知与关注，亦得益于恒慕义的译介。一些不善中文且对中文学术界了解不多的美国汉学家正是因为他的译介，而对中国学术界动向有所了解。赖德烈即曾言："有关中国学者著作的大部分中文信息，我都是从国会图书馆中文部主任恒慕义先生得来的。"③拉铁摩尔亦曾坦言："我读过的中国现代学者关于古史研究的文献很有限"，对于"中国学者关于古代社会的主要理论"，"恒慕义翻译的《古史辨自序》是其主要凭借之一。④在美国汉学界，英文著述有着中文著述所无法企及的能见度，更易为美国汉学著作所参引。

---

① 顾颉刚：《顾颉刚日记》卷1，中华书局2011年版，第745页。

② Arthur W. Hummel, What Chinese Historians Are Doing in Their Own History, *The American Historical Review*, Vol. 34, No. 4 (July, 1929), pp. 715-724.

③ Kenneth Scott Latourette, Chinese Historical Studies During the Past Nine Years, *The American Historical Review*, Vol. 35, No. 4 (July, 1930), p. 778.

④ Owen Lattimore, *Inner Asian Frontiers of China*, Oxford University Press, 1940, pp. 280-282.

二、美国汉学家引用民国史家著述之特点

学术论著的引用是学人影响力的一种反映。就美国汉学家对民国史家著述的引用而言，颇具复杂性，既有学术认同，亦有致敬、佐证、批驳等旨趣。美国汉学家在参引民国史家著述时，有如下几个颇为值得注意的特点：

其一，民国史家著述时为其立论之基。由于对钱穆的《先秦诸子系年》推崇有加，卜德在撰著《李斯传》时在诸多问题上都遵从钱穆所提出的假设或观点。比如，在考订李斯出生时间时，他"遵循钱穆所提出的假设"，认为是出生于公元前280年；李斯与韩非子之死的关系、齐魏王和齐宣王的统治时期、荀子描述秦朝之书的撰著时间等问题，亦皆援用钱穆之说。[①] 至于是书第六章"帝国之观念"中有关"皇帝"一词的分析，是建立于"顾颉刚与杨向奎在《三皇考》中对基本史实的精彩考辨基础之上"；第七章"封建之废"中郡县与中央政府的关系，根据的是"张荫麟在《周代的封建社会》中的观点"；第八章"文字之统一"中秦朝书写改革问题，则采用"王国维所提出的有趣理论"。[②] 顾立雅的《孔子其人及神话》一书，意在说明孔子到底是一个什么样的人，其思想到底是怎样的。作者在叙述背景及考订孔子本人的故事时，如杨联陞所说"批判性地利用了许多中国学者对这位中国文化主要缔造者的研究结果"[③]。他在该书中最为倚重的是顾颉刚的《古史辨》，不仅多次引用顾氏本人论文，梁启超、胡适、冯友兰、梅书平等收录其内的文章亦多有引用，以致修中诚（E. R. Hughes）批评其过于受"胡适及其追随者所倡导

[①] Derk Bodde, *China's First Unifier, A Study of the Ch'in Dynasty As Seen in the Life of Li Ssu（280?-208 B.C.）*, Leiden: E. J. Brill, 1938, pp. 9, 47, 57, 70, 76, 115, 125.

[②] Ibid., pp. 57, 60, 129-130, 137-138, 150, 152-154.

[③] L. S. Y., Review Confucius: the Man and the Myth, *Harvard Journal of Asiatic Studies*, Vol. 12, No. 3/4 (Dec., 1949), pp.537-540.

的疑古思潮之影响"①。有关《史记·孔子世家》的真伪、孔子门徒之人数、《尚书》辨伪、荀子生平及其思想等问题,皆援引钱穆观点;而其所引铭文之例证及其解释,则取自于郭沫若的《两周金文辞大系考释》;有关韩非子的考据,亦"遵从陈启天和容肇祖的观点"②。宾板桥的《唐代的建立》,是西方第一部从现代历史的角度对隋亡唐兴进行诠释的著作,其有关隋唐时期运河水渠之修筑及作用,大量直接引用或随机性引用冀朝鼎的《中国历史上的基本经济区》;除解释"官方史家对隋炀帝存有偏见"时引用冀氏"中国历史学家这种在道义上的考虑,妨碍了他们从政治意义上去理解炀帝功罪"观点加以佐证外,作者坦承冀著"对隋朝经济计划的解释清晰且具说服力",故全盘接受其所提出的"基本经济区"概念,将其用于解释隋亡唐兴。③ 韦慕庭则称,其《前汉奴隶制度》一书深受冀朝鼎的《中国历史上的基本经济区》和马乘风的《中国经济史》之影响与启发。④

其二,引民国史家著述之观点或史料为佐证。拉铁摩尔在《中国的亚洲内陆边疆》中提出,"汉族社会和国家的兴起与中国草原边缘真正游牧经济之起源是结合在一起"⑤。为佐证这一新解释,他引用蒙文通关于戎

---

① E. R. Hughes, Reviewed Confucius: The Man and the Myth, *Pacific Affairs*, Vol. 22, No. 3 (Sep., 1949), pp. 307-308.

② H. G. Creel, *Confucius: The Man and the Myth*, New York: The John Day Company, 1949, pp. 116, 118, 119, 122, 144-145, 320.

③ Woodbridge Bingham, *The Founding of the T'ang Dynasty: The Fall of Sui and Rise of T'ang*, Baltimore: Waverly Press, Inc., 1941, p. 153.

④ 韦慕庭坦承,除此两书外,魏特夫的《中国经济与社会》对其影响最大,对其有重要启发性的还有二书,即拉铁摩尔的《中国的亚洲内陆边疆》和其导师威廉·林恩·韦斯特曼(William L. Westermann)的《奴隶制研究》。Clarence Martin Wilbur, *Slavery in China During the Former Han Dynasty*, Chicago: Field Museum of Natural History, 1943, p. 245.

⑤ 拉铁摩尔认为,周王室东迁主要是由于新汉族国家的兴起,而非少数民族的压迫,游牧经济则主要是由于汉族不断向有利于精耕农业的地区扩张,导致少数民族被逐入贫瘠地区,最后退至草原边缘,由此被迫发展管理大群牲畜的技术,从而为通往真正草原游牧经济铺平道路。

狄侵周的论述以及钱穆在《西周戎祸考》中的观点，认为"比较钱穆与蒙文通的观点，可以认为，前面提到的从陕西向河南的移民，在很大程度上反映了这样一个假设，由于汉人占据了好地，山里人就变得更加特别，更加艰难了"①。孙念礼为证明"在将不同种族统一为中华民族的文化伦理因素"中，"中国人普遍相信遥远的过去存在一个黄金时代"这一历史观念是最为重要的因素，所引用的即是顾颉刚在《秦汉统一的由来》以及《古史辨》中提出的"传统中国人在叙述其远古历史时所存在的四个错觉"之观点②；在分析班昭所生活时代儒家思想被确立为官方正统思想之原因及其特点时，引为论据的是胡适在《佛教对中国宗教的影响》和《中国的文艺复兴》中有关汉代儒家思想的论述。③富路德在分析《四库全书》与乾隆时期的文字狱之关系时，引用郑鹤声与郑鹤春在《中国文献学概要》中就此问题所提出的八个原因，尤其是第三个"乾隆帝欲借求书之名，行焚书之实"以增强其观点的说服力；至于康乾时期思想有所骤变以及未避国讳和涉东南沿海之地理书亦为查禁书目，则分别引用梁启超的《中国最近三百年文化史大纲》和陈垣的《史讳举例》、朱君毅的《中国历代人物之地理分布》以为论据。④卜德为证明秦实行严酷刑罚，引用邓之诚在《中华二千年史》中所绘制的秦朝刑罚方式列表以为佐证；同时，为佐证秦亡于严苛经济制度的史料，援引马非百的《秦汉经济史资料》。⑤

---

① Owen Lattimore, Inner Asian Frontiers of China, Oxford University Press, 1940, pp. 363-365.
② 所谓的"四个错觉"为：中国人起初都是来自同一地方；他们有一个共同的祖先；他们从一开始就是文明的；他们生活的起始时代是中国文明的黄金时代。
③ Nancy Lee Swann, *Pan Chao: Foremost Woman Scholar of China*, New York, 1932, pp. 4-10.
④ L. Carrington Goodrich, *The Literary Inquisition of Ch'ien-lung*, Baltimore: Waverly Press, 1935, pp. 37, 54-55.
⑤ Derk Bodde, *China's First Unifier: A Study of the Ch'in Dynasty as Seen in the Life of Lisssu (280?-208 B. C.)*, Leiden: E. J. Brill, 1938, pp. 6, 168, 174, 177.

颇为有趣的是，美国汉学家不时引述与民国史家的口头交流以为佐证。例如，孙念礼在《班昭传》中，认为《女宪》是"一部失传已久之书的标题"，并言这是"梁启超和顾颉刚告知于她的观点"①；在评价"班昭是那个时代的一流学者，而现在仍被认为是中国重要的女性文学家"时，她特别加注解释，"在与作者交流时，梁启超接受了关于班昭的这一评价；尽管顾颉刚并不认为班昭对现代女性仍具有道德教育，但他同样认为其是一位女作家的观点。这两位可以说是当代中国学者中最为知名的代表"。②富路德在《乾隆禁书考》中，为证明"四库全书与乾隆文字狱之间的联系，要么不为人所知，要么被完全否认，需要进行再考察"，他以注释形式介绍与陈垣、洪业的口头交流，"1932年5月，陈垣将一篇写于大约十五年前的未刊稿展示给作者，其中他也引用了这句话（指'乾隆帝欲借求书之名，行焚书之实'）作为编撰四库的一个原因；与之相反，《四库全书总目引得》前言的作者，洪煨莲则完全没有提到文字狱，在1932年7月的个人谈话中，他亦告知作者这两者存有联系的观点不可接受"③；在介绍高腔时，则引与郑振铎的口头交流，认为高腔有"每首曲子的结尾，各种锣鼓都应统一齐声合唱"的特点。④

其三，所引民国史家著述中相当部分为"表面引用"或是"无关引

---

① Nancy Lee Swann, *Pan Chao: Foremost Woman Scholar of China*, New York: Century Company, 1932. p. 97.

② Ibid., p. 155.

③ 对于富路德的这一引述，洪煨莲在评介富氏此著的英文书评中予以回应和驳斥，称《四库全书》与文字狱之间的紧密关系无人否认，作者"竭尽全力说服那些否认这两者之间存有相关性之观点的人，实在是没有必要"，并对富氏著述中引述与其口头交流的注释这样写道："'洪业，《四库全书总目引得》这一有价值著作前言的作者，他完全没有提及文字审查，并且在1932年7月的私人谈话中告诉作者，他不相信这两者之间存有联系的观点可以持久。'我对作者所提到的个人谈话之内容已无法清晰回忆，我所能给出的解释或回应是，此著的作者在阅读上述所提由本人撰著之序言时，一定是跳过其中的两页，序言总共不过十页。"参见 William Hung, *Book Review: The Literary Review*, Vol.2(July, 1935), pp.276-277.

④ Luther Carrington Goodrich, *The Literary Inquisition of Ch'ien-lung*, Baltimore: Waverly Press, 1935, pp. 37, 197.

用"①。不少美国汉学家是将民国史家著述视为商榷或批驳的对象而引述。比如,韦慕庭在《前汉奴隶制度》中,即将民国史家视为其对话的对象,常在注释中罗列民国史家之著述及观点。他在讨论罪犯与奴隶的区别时,认为"许多研究汉代奴隶的中国学者都将罪犯视为奴隶",并以注释形式列出梁启超的《中国奴隶制度》、马非百的《秦汉经济史史料·奴隶制度》、武伯伦的《西汉奴隶考》、劳干的《两汉时期的奴隶制度》、马乘风的《中国经济史》、吴景超的《西汉奴隶制度》、王世杰的《中国奴婢制度》等为佐证;有关战俘是否为奴隶,他认为"中国学者对这一问题没有统一的答案",为此他以注释形式列出以劳干、武伯伦为代表的"战俘为奴隶",以梁启超、吴景超、王世杰为代表的"部分战俘可能为奴隶,但其不是奴隶的主要来源"以及以陶希圣为代表的"战俘没有成为奴隶"等三派,并对这三派观点进行评述;在讨论两汉社会是否为"奴隶社会"或"奴隶经济社会"时,其同样以一段相当长之注释详细列出了民国史家在这一问题上所持的不同观点。②

更为值得关注的是,相当一部分民国史家著述仅仅是作为相关背景而被偶尔提及。比如,贾德纳在《中国旧史学》中,引用或提及的民国史家著述有7种,其中姚绍华的《崔东壁年谱》、胡适的《胡适文存》、顾颉刚的《古史辨》、梁启超的《中国历史研究法》及《要籍解题及其读法》,是在注释中对20世纪以来中国新史学运动受到西方巨大影响进行说明时被提及;至于王国维的《古本竹书纪年辑校》和董作宾的《甲骨文断代研究例》,则是以注释形式对《竹书纪年》和甲骨文进行简单介绍

---

① "无关引用",指的是所引内容与文献主题关系不大,甚至是毫无关系,多见于叙述引用,如仅引用一个词,抑或只是为了弄清文献叙述中提及的无关紧要的某一词语、概念、事件等的来龙去脉而需要参考的文献,引文的目的只是为了体现治学的严谨和对前人成果的承认。

② C. Martin Wilbur, *Slavery in China During the Former Han Dynasty (206 B. C.-A. D. 25)*, Chicago: Field Museum of Natural History, 1943, pp.80-82, 174, 244.

时，作为与之相关的文献而被提及。① 孙念礼的《班昭传》共引用了 10 种民国史家著述，其中胡适的《古代中国逻辑方法的发展》、王国维的《中国历代之尺度》、罗振玉的《殷墟书契考释》和《殷商贞卜文字考》，是为说明"学界对汉代节葬有不同看法"、解释"半筲之长度"、介绍"殷商都城所在地为小屯村"及说明"汉代学者对商周占卜已不了解"等与其研究主题并不十分相关的术语或知识性问题时而被提及或引用。② 富路德在《乾隆禁书考》中，引用陈登元的《秦桧评》、容肇祖的《述复社》、王重民的《李清著述考》、谢国桢的《黄梨洲学谱》和《庄氏史案参校诸人考》，则主要是向读者提供进一步了解查阅的线索；至于列出萧一山的《清代通史》，只是提醒读者"萧氏一书关于该主题只有不到一页之篇幅"③。宾板桥在《唐代的建立》中，列出罗振玉的《高昌鞠氏年表》和黄文弼的《高昌国鞠氏纪年》，仅是告知读者可通过此两文了解高昌国鞠伯雅的统治时期，并提醒读者中国学界有不同观点。④ 简言之，因叙述知识背景或解释与主题并不相关的术语甚或提供文献查找线索而被提及的民国史家著述占有相当之比例。

其四，引用民国史家著述时不乏微议甚或批评。美国汉学家对部分民国史家著述有所倚重，并不乏赞赏性评价。顾立雅即如是赞誉道："（他们）正在创造自己的方法，这些方法显然要比传统的中国方法或西方方法更适用于中国的史料。商朝甲骨文的解读，仅仅只是在过去一个世纪中主要学术成就中一个例子。中国考古学家和史家已经获得了殊荣，他们注定

---

① Charles S. Gardner, *Chinese Traditional Historiography*, Cambridge: Harvard University Press, 1938, pp. 5, 10.

② Nancy Lee Swann, *Pan Chao: Foremost Woman Scholar of China*, New York: Century Company, 1932, pp. 1-21, 53, 111, 130.

③ Luther Carrington Goodrich, *The Literary Inquisition of Ch'ien-lung*, Baltimore: Waverly Press, 1935, pp. 14, 18, 59, 75, 224, 26, 37.

④ Woodbridge Bingham, *The Founding of the T'ang Dynasty*, Baltimore: Waverly Press, 1940, p. 28.

要在世界学者中占有一席之地。"① 他对郭沫若的《十批判书》这样评价道："像他的其他许多著述一样，结合了卓越的洞察力和广泛的学术知识。"② 孙念礼认为，梁启超是"一位杰出的学者"，其《要籍解题及其读法》"虽简短"，却是对公元前的 11 部史籍"最为完整的介绍"。③ 在拉铁摩尔看来，王国维是"一位伟大的甲骨文专家，可与那几位考辨传统文献的批评家齐名。那些人研究的是传世的文献材料，而王国维则确立了一套新的文献材料"，罗振玉和在实际考古工作上享有盛名的董作宾、徐中舒、丁山及其他许多人，"不但对新材料进行了分类，并尝试建立了一些考古工作的规范"，并称傅斯年的《夷夏东西说》是"一篇不错的论文"。④

然而，在有所赞赏的同时，美国汉学家对民国史家著述却也普遍存有微议或批评。顾立雅虽对郭沫若的《十批判书》给予了很高评价，但同时认为"在材料的组合和使用方面经常出现令人失望的缺乏批判性之注意"⑤，并称《两周金文辞大系》亦如此，"因为作者的粗心大意，这本书的价值大为受损，他偶尔会漏掉碑文中的几个字符，或者仅仅因为缺乏足够的注意而明显地误译。因此，每次使用时，必须用碑文的原始拓片进行检查"⑥。对于王国维利用甲骨文字对商代诸王世纪系进行的考订，顾立雅认为其所提出的"祖己根本没有被其父亲武丁处死，只是被流放，当其弟弟祖庚继承帝位时，知其是无罪，将他召回皇宫，但并未将王权让给他"这一理论假设，"不仅在传统上毫无根据，更不用说在历史上了，

---

① H. G. Creel, *Studies in Early Chinese Culture*, London: Kegal Paul, 1938, p.xiii.

② 顾立雅在此书中的观点与郭沫若在《十批判书》中的观点基本相似。对此，他特别解释道，"为了不被指控抄袭，我想指出的是，这本书的大部分内容的最初稿，都是写于我读郭的文章之前，而且在郭的作品出版之前，我在教学中已经陈述了很多这些观点，我很高兴他同意这些观点，这证实了我对其正确性的信心"。H. G. Creel, *Confucius, The Man and the Myth*, New York: The John Day Company, 1949, p. 312.

③ Nancy Lee Swann, *Pan Chao: Foremost Woman Scholar of China*, New York: Century Company, 1932, pp. 97, 10.

④ Owen Lattimore, *Inner Asian Frontiers of China*, Oxford University Press, 1940, pp. 280, 312.

⑤ H. G. Creel, *The Man and the Myth*, New York: The John Day Company, 1949, p. 312.

⑥ H. G. Creel, *Studies in Early Chinese Culture*, London: Kegal Paul, 1938, p. 67.

它只能被一个通常非常挑剔之学人看作是一次罕见的、无法解释的幻想之旅"①。拉铁摩尔虽称傅斯年的《夷夏东西说》是"不错的论文",但亦批评傅氏只不过是"善于将别人的观点组合成他自己的更庞大的理论模式",在他看来,"这种做法有纯理论化的危险",并认为"过于哲学化或想象化是其最大问题",并认为其研究工作之价值仅在于"有助于全面了解近期关于古代社会起源研究的中文文献"。②不单傅斯年如此,拉铁摩尔认为陶希圣、郭沫若这些"偏于理论研究的理论家,在将传说时代作为信史研究的工作上都极为大胆"。他直言道,西方学者所应关注的是"中国文献研究学者,而不是中国的理论家"③。在《前汉奴隶制度》中,韦慕庭主要是将民国史家著述作为其商榷或批驳的对象,故通常是以注释的形式罗列民国史家之著述及观点。在他看来,民国史家的奴隶制研究"都是基于一种概念化背景而提出","在创造一种从未存在过的纯粹系人为所想象的历史";有关奴隶制度的史料,民国史家"未经仔细分析就加以引用"。他以公元前202年汉高祖所颁释奴令为例,批评民国史家"没有考虑历史背景,即简单认为此令被完全执行",并认为据此推断出"释放私奴是对商业资本主义的攻击"完全是"无稽之谈"。④

三、余论：中国学人日渐丧失汉学话语权

这些美国汉学著作的作者都曾来华留学,并在留学期间通过各种途径结识中国学人,向中国学人请教。孙念礼即曾向吴宓请教问学,吴宓在日记中写道："至华文学校访Miss Swann允为归校代作一应用书目寄

---

① H. G. Creel, *Studies in Early Chinese Culture*, London: Kegal Paul, 1938, p. 73.
② Owen Lattimore, *Inner Asian Frontiers of China*, Oxford University Press, 1940, p. 312.
③ Ibid., p. 280.
④ C. Martin Wilbur, *Slavery in China During the Former Han Dynasty (206 B. C-A. D. 25)*, Chicago: Field Museum of Natural History, 1943, pp. 59, 197, 224, 47, 210.

来（其人殊精鄙）。"① 在顾颉刚的日记中，则记有更多其与这些美国汉学家交往的记录，"燕京中 Swann 女士近草《班昭》一文，亦欲与我商榷"、"博晨光偕卜德来访"、"C. Martin Welbur 中姓为韦，美国人，来平学于华语学校，今欲转学燕大史学系，欲研究井田制"、"宾板桥来。美国加利福尼亚大学史学研究员，研究隋唐史"、"富路德，舒思德，奥人蔡君来参观，导之"。② 顾立雅则曾如是回忆道，在华留学期间，当遇到无法解决的问题时，"立刻骑上自行车，去找对此问题最有发言权的中国学者，一杯茶的工夫我的问题就迎刃而解了"③。正因为此故，在这些著述中几乎都能看到作者对中国学人的致谢之词。孙念礼在《班昭传》中即言："在研究过程中，美国的和中国的朋友提供了帮助"，要特别感谢的中国学人是杜联喆、冯友兰、江亢虎等人；④ 富路德在《乾隆禁书考》中，对袁同礼、马鉴、马准、陈垣、郑振铎等中国学者怀有深深的感激；⑤ 宾板桥在《唐代的建立》中亦称："此书得益于许多的教授和其他朋友所给予的帮助"，其中要特别感谢国会图书馆的恒慕义和冯家昇，燕京大学的洪煨莲；⑥ 顾立雅在《孔子其人及神话》中同样言道："不少中国学人为我提供许多有价值的建议，其中我要特别感谢邓嗣禹、董作宾、汤用彤等人。"⑦

---

① 吴宓著，吴学昭整理注释：《吴宓日记》，生活·读书·新知三联书店1998年版，第104、105页。

② 顾颉刚：《顾颉刚日记》卷1，中华书局2011年版，第745页；卷3，第13、155、474、637页。

③ H. G. Creel, On the Birth of The Birth of China, *Early China*, 12 (1985-1987), p.3.

④ Nancy Lee Swann, *Pan Chao: Foremost Woman Scholar of China*, New York: Century Company, 1932, p.xv.

⑤ Luther Carrington Goodrich, *The Literary Inquisition of Ch'ien-lung*, Baltimore: Waverly Press, 1935, p.vii.

⑥ Woodbridge Bingham, *The Founding of the T'ang Dynasty*, Baltimore: Waverley Press, 1941, p.xiii.

⑦ H. G. Creel, Confucius, *The Man and the Myth*, New York: The John Day Company, 1949, p.x.

然而，在美国汉学家眼中欧洲汉学才是正统，他们多将其著述奉为权威，在他们看来沙畹（Edouard Chavannes，1865—1918）、伯希和等欧洲汉学家"是不会有错的"。① 故此，美国汉学家更倾向于优先引用欧洲汉学家的著述，在其著作中随处可见其参引沙畹、伯希和、考狄（Henri Cordier，1849—1925）、马伯乐、高本汉、戴闻达（J. J. L. Duyvendak，1889—1954）、翟理斯（Herbert Allen Giles，1845—1935）等欧洲汉学家的著述及其观点。贾德纳即曾坦承："对于沙畹，我未见过的导师，我怀有深深的感激。"② 在《中国旧史学》中，他就主要引用沙畹、马伯乐、伯希和、高本汉等人的著述及观点，以致施赖奥克在评论贾德纳的《中国旧史学》时，即批评作者"没有必要因对法国的汉学太阳神崇拜而妨碍其从事的这一具有原创性工作"③。孙念礼在介绍说明殷墟所在地以及《论语》是否为孔子本人所撰时，特别注明"马伯乐的《古代中国》亦持此说"④；在提及胡适在《古代中国逻辑方法的发展》中对新墨家思想的讨论时，亦专门介绍说"马伯乐在刊于《通报》上的一文中对其进行了驳斥"；至于班昭所生活时代的介绍，则主要引用沙畹的《史记译注》导论、考狄的《中国通史》、马伯乐的《古代中国》和夏德（Friedrich Hirth，1845—1927）的《中国古代史》。⑤ 卜德对《史记·李斯传》文本的考证，援采高本汉的历史语言比较学方法及其观点；有关秦朝状况的阐释，则引用沙畹的《史记译注》导论、马伯乐的《古代中国》和戴闻

---

① 杨联陞著，蒋力编：《哈佛遗墨——杨联陞诗文简》，商务印书馆2004年版，第112页。

② Charles S. Gardner, *Chinese Traditional Historiography*, Cambridge: Harvard University Press, 1938, p.x.

③ J. K. Shryock, Review Chinese Traditional Historiography, *Journal of the American Oriental Society*, Vol. 59, No. 1 (Mar., 1939), pp. 152-153.

④ Nancy Lee Swann, *Pan Chao: Foremost Woman Scholar of China*, New York: Century Company, 1932, pp. 1, 9, 129.

⑤ Ibid., pp. 9-11.

达的《商君书译注》①。韦慕庭概述汉代"主要历史趋势和最为根本的社会体系制度"时,参考的亦主要是马伯乐的《古代中国》、沙畹的《史记译注》、戴闻达译注的《商君书》。②

另外,这八部汉学著作对美国本土汉学家的著述甚为倚重,常将其作为首选的参引著作。例如,宾板桥称贾德纳的《中国旧史学》是"一部既具学术性又具可读性之著,且是这一领域的仅有著作",论及中国史学时皆采其说③;拉铁摩尔在《中国的亚洲内陆边疆》的序言中这样坦承道:"当我对公元前二千年的古史陷入迷惑时,是他(指顾立雅)的《中国早期文化研究》给了我指南。"④韦慕庭在阐述"中文史料性质"和"匈奴"问题时,没有参引民国学人的著作,主要以贾德纳和拉铁摩尔的著作为据,并称拉氏著作"是关于北部边疆最具启发性的著作"⑤。顾立雅论述孔子在秦朝之遭遇时,同样不以中国学人的著作为据,主要参引卜德的《李斯传》。⑥其所以如此,虽部分系因语言,但由此亦可见其对本国汉学著述之倚重。

法国汉学家马伯乐曾如是言道:"来自欧洲的汉学家,为中国学者的权威所镇压,所以接受他们的学说,几于不敢稍有议论。但半世纪以来,欧洲人也开始批评中国学者了。最称脱出中国见解的束缚的是沙畹,他采用了欧洲的语言学方法;和他大略同时的有孔好古,也离开了若干中国人的传统说法,尤其是关于古代史他应用了自由方法;洛费尔则建立

---

① Derk Bodde, *China's First Unifier, A Study of the Ch'in Dynasty As Seen in the Life of Li Ssu (280?-208 B.C.)*, Leiden: E. J. Brill, 1938, pp. 2-10, 89.

② C. Martin Wilbur, *Slavery in China During the Former Han Dynasty (206 B.C.-A.D. 25)*, Chicago: Field Museum of Natural History, 1943, pp. 47-49.

③ Charles S. Gardner, *Chinese Traditional Historiography*, Cambridge: Harvard University Press, 1938, p. 156.

④ Owen Lattimore, *Inner Asian Frontiers of China*, Oxford University Press, 1940, p. lix.

⑤ C. Martin Wilbur, *Slavery in China During the Former Han Dynasty (206 B.C.-A.D.25)*, Chicago: Field Museum of Natural History, 1943, pp. 53, 94-95.

⑥ H. G. Creel, *Confucius, The Man and the Myth*, New York: The John Day Company, 1949, pp. 211-221.

了真正合乎科学的中国考古学。欧洲人的这种治学方法，现在已影响中国人了。此种情形发展很快，欧洲方面的研究和东方学者的研究渐有相得益彰之势。"① 较之马氏，日本汉学家对中国汉学则更为蔑视与不屑。长濑成即言："如果叫日本的学者来说，最近在中国的中国学，只是模写日本的和西洋的方法论而已，尤其是不能逃出日本所予影响的力圈以外。"② 即使是民国学人自身，亦为汉学话语权的日渐丧失而倍感焦虑。黄孝可即云："日本以欧化治东学，已駸駸进展，对于中国史上诸问题，锐意探讨，尤注重于文化与经济，大有'他人入室'之势。"③ 1929年，傅斯年在给陈垣的信中言道："斯年留旅欧洲之时，睹异国之典型，惭中土之摇落，并汉地之历史言语材料亦为西方旅行者窃之夺之，而汉学正统有在巴黎之势。是若可忍，孰不可忍？"④ 郑天挺亦回忆说，北京大学研究所国学门有一次在龙树院集会，援庵慷慨陈词说："现在中外学者谈汉学，不是说巴黎如何，就是说东京如何，没有提中国的。我们应当把汉学中心夺到中国，夺回北京。"⑤ 陈寅恪在《北大学院已巳级史学系毕业生赠言》诗中，开首两句便是"群趋东邻受国史，神州士夫羞欲死"⑥。不可否认，中国人的汉学话语权日渐丧失已是不争事实。时至今日，中国学人在汉学研究的国际场域中依然缺乏应有的话语权。华裔历史学家谭中曾不无愤慨地感叹道："研究中国的竟然不看中国人写的书，却去看美国人写的书。"⑦ 如何挽回对中国的解释权，重塑中国学人在汉学研究这一国际竞技场中的权威性，成为新时代中国学人一道亟待求解之命题。

---

① 方豪：《敬悼马伯乐先生》，《大公报·文艺周刊》1945年5月6日。
② 〔日〕长濑成：《日本之现代中国学界展望》，《华文大阪每日》1939年第2卷第6期。
③ 黄孝可：《1929年日本史学界对于中国研究之论文一瞥》，《燕京学报》1930年第8期。
④ 陈智超：《陈垣先生与中研院史语所》，台北"中央研究院"历史语言研究所《新学术之路》1998年版，第236—237页。
⑤ 冯尔康、郑克晟编：《郑天挺学记》，生活·读书·新知三联书店1991年版，第378页。
⑥ 陈寅恪：《寒柳堂集·陈寅恪诗存》，清华大学出版社1993年版，第18页。
⑦ 2015年11月20日，第六届世界中国学论坛在上海举行，印度尼赫鲁大学终身教授、中国研究所前所长谭中获第三届"世界中国学贡献奖"，他在获奖感言中发表上述看法。

第五章

民国时期美国汉学著作在中美学界的不同回响

如前所述，20世纪三四十年代，美国汉学界相继出版了一批颇具影响的汉学著作，这些汉学著作不仅在美国学界引起热烈回响，雷海宗、洪煨莲、齐思和、王伊同、聂崇岐、杨联陞等中国学人亦都撰有书评。书评是学术的窗口，透过书评，既可了解学术著作本身，亦可借此窥视书评者的学术取向。更为值得注意的是，中美汉学界在评述这些美国汉学家之著述时，以整体性的方式呈现出近乎完全相异的评价，其后所折射的是中美两国不同的汉学研究风景与意趣。

一、民国学人视域中的美国汉学著作

无论是孙念礼的《班昭传》、富路德的《乾隆禁书考》、韦慕庭的《前汉奴隶制度》，还是卜德的《李斯传》、顾立雅的《中国之诞生》、宾板桥的《唐代的建立》、贾德纳德《中国旧史学》，抑或德效骞的《前汉书译注》、恒慕义主编的《清代名人传记》及赖德烈的《中国史与文化》(*The Chinese: Their History and Culture*, 1934)。美国学界出版的这些汉学著作，民国学人多认为并无太多新意或价值。例如，孙念礼所撰的《班昭传》，齐思和虽称"全书大体考证精密，议论平允，足徵作者于汉学造诣之深及其用力之勘"，但系就西方汉学而言，"现今西人研究汉学风气多注重上古与近世，两汉之史，治者尚少"。① 在王伊同看来，德效骞的《前汉书译注》虽"大抵译笔忠实，首尾贯穿，注疏精详，考证明确，贤乎时辈远矣"，然仍"或出入原恉，且译工未细，或伤文气。其注释之部，多所剽夺，以为发明，尤失史家公正之态度"；② 卜德的《李斯传》中有关秦史及李斯思想渊源之论不乏"极精者"，译笔亦"信达，注释详赡"，但秦郡名数与韩非之死，则"摭采异说，令人致惑，不可不论"，尤其是"氏既译斯传，复遂节剖分，验其真伪；虽间有精义，而牵附为多"。③ 对于贾德纳的《中国旧史学》，朱士嘉认为除"精神固自可钦"外，几无可取之处，不仅"中国典籍征引较少"，且著者"仅就校勘学分类法等问题略加论列，似属舍本逐末，隔靴搔痒"。④ "东周以后，在中国从没有以奴隶为生产中心的社会，已经是一般史家所公认的事"，故杨联陞认为韦慕庭的《前汉奴隶制度》"不过从各方面作翔实的分析，使这个论断更加有力"⑤。富路德的《乾隆禁书考》，雷海宗称其所论不过是"综合整理近年来各方面研究的结果，无许多新的贡献"⑥；洪煨莲亦认为，此书所论"与最近几十年来中国学者之间的常识并没有不同"⑦。在民国学人看来，彼时的美国汉学著作主要存有以下问题：

其一，史料难以博雅。"西文与汉语，性质悬殊，故彼等之通读汉籍，本非易事。欲其一目十行，渊贯经史，涉猎百家，旁通当代撰著，

---

① 齐思和：《班昭传》，《燕京学报》1937年第22期，第315—316页。
② 王伊同：《德氏前汉书译注订正》，《史学年报》1938年第2卷第5期，第519页。
③ 王伊同：《李斯传》，《史学年报》1939年第3卷第1期，第129页。
④ 朱士嘉：《中国旧史学》，《史学年报》1938年第2卷第5期，第542页。
⑤ 杨联陞：《评韦尔柏〈前汉奴隶制度〉》，《思想与时代》1943年第28期，第50页。
⑥ 雷海宗：《书评：The Literary Inquisition of Ch'ien-Lung》，《清华学报》1935年第10卷第4期，第954页。
⑦ William Hung, Review The Literary Inquisition of Ch'ien-Lung, *The Chinese Social and Political Science Review*, Vol. XIX, No. 2 (July, 1935), p. 270.

殊为奢望。"① 民国学人认为，乞望美国学人的汉学著作在史料的搜集和审别方面达致博雅实属一种难以企及的奢望。朱士嘉即如是批评贾德纳的《中国旧史学》一书，"全书材料大都取自泰西学者之论文，搜罗尚属详尽，惜于中国典籍，征引较少。顾中国典籍，浩如烟海，西洋学者难竭全力以事稽考，然于其最重要之著作，似亦不应忽略"，如刘知幾的《史通》、章学诚的《文史通义》、张尔田的《史微》、刘咸炘的《史学述林》等②。恒慕义主编的《清代名人传记》亦不例外，王重民认为"诚然很清晰，很有用，胜于 Giles 者不止倍蓰"，但"分纂诸君子未够高明，一则立传之人未有通盘计划，故有传而不必传与当传而无传者；再则取材稍滥，欲为第一流著作，而采用三四流史料，是其可议处"。③ 在郭斌佳看来，富路德在《乾隆禁书考》中"论康、雍两朝之事，颇为得当，但吾人以为作者所述似太简略"，如"锡保举发陆生楠之《通鉴论》，作者不能说明其举发之词，但谓有碍满清，简略了事"。④ 洪煨莲亦认为，富路德"对于材料之审别，亦有可议之处。如对于徐述夔一案，不用掌故丛编而用不足信之清朝野史大观，即是一例"⑤。韦慕庭的《前汉奴隶制度》，在邓嗣禹看来："尽管是一项值得称允的研究，但是它并非没有值得讨论的地方，如材料的遗漏。……大量关于汉代奴隶制的论文没有使用，甚至忽略了刊载在北平历史科学研究会于1933年出版的《历史科学》的'奴隶史特辑'。"⑥ 对此，杨联陞持有相同之观点，认为韦慕庭对《史记》《汉书》里的史料虽然"辑得很齐备"，但"时代断限，未免太浅，后汉

---

① 梁盛志：《外国汉学研究之检讨》，《再建旬刊》1940年第1卷第9期，第24页。
② 朱士嘉：《中国旧史学》，《史学年报》1938年第2卷第5期，第538页。
③ 北京大学信息管理系、台北胡适纪念馆编：《胡适王重民先生往来书信集》，国家图书馆出版社2009年版，第39页。
④ 郭斌佳：《书评：乾隆之禁书运动》，《国立武汉大学文哲季刊》1936年第5卷第3期，第704、707页。
⑤ 洪煨莲：《评古得林著乾隆书考》，《史学消息》1937年第1卷第6期，第32页。
⑥ Ssu-yu Teng, Review Slavery in China During the Former Han Dynasty (206. B. C.-A. D. 25), *The Far Eastern Quarterly*, Vol. 2, No. 4 (Aug., 1943), pp. 408-410.

初的材料，很多没有用，如《后汉书·樊重传》》。①陈恭禄就赖德烈的《中国史与文化》指出："关于中国史料，著者虽在中国多年，但限于言语文字，殆不能多看。故所列举者，或不免于错误，或不免于疏陋。"②在陈受颐看来，梅谷的《满族统治中国的起源》亦同样如此："假如作者能涉猎诸如国立北平故宫博物院、中央历史语言研究所、国立北平图书馆等机构已辑出的原始文献及孟森编撰的明元清史通志和朝鲜实录等重要编撰物中哪怕很少的一部分，将极大地保证其著作的科学价值。"③邓嗣禹认为卡特的《中国印刷术源流史》"似终不失为一巨著"，但其"材料出处不明细、多用间接材料而不求原料以及材料搜罗诸多不备"等皆是可议之处。④

其二，史料颇多误译。汉文史料的英译绝非易事，不仅需要精通古文，还需深厚的中国知识。方志浵批评西方汉学者多半不大了解方块文字的奥妙，认为"不求甚解"可称为他们的标语，并借用英国汉学家庄延龄（Edward Harper Parker，1849—1926）的话认为"西方汉学家就是汉文之摧残者，而自相毁伤为业者"⑤。在民国学人看来，美国学人的汉文史料英译或许即是如此。德效骞翻译《前汉书》时，用 the world/the country/the empire 三词译"天下"，但常存错译或不妥之处。例如，"天下同苦秦久矣"中的"天下"译为"the world"，实际上应译为"the country"；"古之治天下"中的天下译为"the world"，实应译为"the empire"等。故此，王伊同认为该译注"大抵译笔忠实，首尾贯

---

① 杨联陞：《评韦尔柏〈前汉奴隶制度〉》，《思想与时代》1943 年第 28 期，第 50 页。
② 陈恭禄：《评莱道内德（K. S. Latourette）著〈中国史与文化〉》，《国立武汉大学文哲季刊》1934 年第 3 卷第 2 期，第 411 页。
③ Ch'en Shou-Yi, Review The Origin of Manchu Rule in China, *Pacific Historical Review*, Vol. 11, No. 3 (Sep., 1942), p.331.
④ 邓嗣禹：《中国印刷术之发明及其西传》，《图书评论》1934 年第 2 卷第 11 期，第 52—53 页。
⑤ 方志浵：《佛尔克教授与其名著〈中国哲学史〉》，《研究与进步》1939 年第 1 卷第 1 期，第 33 页。

穿，注疏精详，考证明确，贤乎时辈远矣"，然仍"或出入原恉，且译工未细，或伤文气"。① 韦慕庭在《前汉奴隶制度》一书中，将"金"译为"gold"，如第 100 页"2000000 catties of gold"以及第 267 页"Kao-tsu offered a thousand〔catties of〕gold as a reward for the capture of〔Chi〕Pu"。A catty 相当于一磅多，难以相信汉代竟能富有到拥有 2000000 磅黄金；更确切的翻译应该是 metal 或者是 yellow metal。② 聂崇岐在审阅韦慕庭对《史记》《汉书》中有关汉代奴隶制史料的英译后，认为作者治学虽不苟，然"译文讹误甚多"，"仅就翻阅所及，略举第二编不妥处二十则"。③ 杨联陞在校阅后，亦认为"作者似乎狠下了一番功夫"，但仍有二十多条错译。④ 富路德在翻译"此辈在《明史》既不容阑入，若于我朝国史因其略有事迹列名叙传，竟与开国时范文程、承平时李光地等之纯一无疵者毫无辨别，亦非所以昭褒贬之义"时，居然将"承平时"当成了清初的名臣之一。雷海宗在查阅了富路德的翻译后，直言："不求甚解的综述工作，著者还能勉强担当。翻译是另外一回事，著者的中文程度似乎还不能胜任"，"关于此点著者似乎颇费心力，因为后面有注解：'I cannot find this worthy's claim to fame recorded anywhere' 也无足怪，因为'这位老先生'与他的'声名'都是著者自己的产物！…… Goodrich 先生读中文的能力太差，以致占本书四分之三篇幅的下部全不可用"⑤；郭斌佳对于富路德《乾隆禁书考》一书的史料译注部分如是评述道，有关本书之各种材料的翻译是"作者费力最多之部分"，"吾人依次翻阅，觉作者治学

---

① 王伊同：《德氏前汉书译注订正》，《史学年报》1938 年第 2 卷第 5 期，第 519 页。

② Ssu-yu Teng, Review Slavery in China During the Former Han Dynasty (206 B.C.-A.D. 25), *The Far Eastern Quarterly*, Vol. 2, No. 4 (Aug., 1943), p. 410.

③ 聂崇岐：《书评：Slavery in China During the Former Han Dynasty (206 B.C.-A.D. 25)》，《燕京学报》1946 年第 31 期，第 214、219 页。

④ 杨联陞：《评韦尔柏〈前汉奴隶制度〉》，《思想与时代》1943 年第 28 期，第 50—51 页。

⑤ 雷海宗：《书评：The Literary Inquisition of Ch'ien-Lung》，《清华学报》1935 年第 10 卷第 4 期，第 957 页。

之精神十分谨严,令人折服。惜作者对于利用中文材料,常有模糊影响,不能充分了解之苦"。① 周一良在评述魏鲁男英译的《魏书·释老志》时,称其"译文确能简洁明白,尤其关于佛教教义那几段,若非译者对佛学与梵文都有相当素养,一定不能胜任愉快的",但细读一过之后,"觉得魏氏译文尚有可商量的地方",尤其是"《释老志》大体都算明白,魏氏却往往误会原文而错译,偶尔还有脱漏"。② 卡特的《中国印刷术源流史》一书,在张其昌看来"最可惜的是利用中文材料时,由于文字的不甚了解而有几处误译"③。德效骞这样"于吾国学艺,致力甚勤"者,在王伊同看来他所译注的《前汉书》仍"或出入原恉,且译工未细,或伤文气"。④ 夏鼐在阅读完劳费的《汉代的陶器》后不禁感慨道:"氏(指劳费)为西方所崇拜之汉学大师,而此中汉译英之文句多不通句读,不解字义,西方汉学家多如此,又何足怪。"⑤

对于美国汉学家在汉文史籍或史料译注中所存在的误译,民国学者多能以理解与宽容之态度视之。王伊同在评述卜德的著作时如是言道:"氏(指卜德)以西人,治汉学,文字转绕,尤异寻常。遗漏疏略,误译错解,属难尽免。"⑥ 雷海宗就富路德在翻译时所存错误亦这样言道:"本来中国文字一向不加标点,国内读破万卷书的人也不敢自信对前代文字的句读有十分的把握。"⑦ 在陈受颐看来,"由于缺少标点以及对中文原文进行句读,从而在译者的脑海中有可能偶尔引起困惑、混乱,英译的不

---

① 郭斌佳:《书评:乾隆之禁书运动》,《国立武汉大学文哲季刊》1936年第5卷第3期,第707页。
② 周一良:《评魏楷英译〈魏书·释老志〉》,《史学年报》1937年第2卷第4期,第183页。
③ 张其昌:《书报春秋:中国印刷术之发明及其西渐》,《新月》1933年第4卷第6期,第17页。
④ 王伊同:《德氏前汉书译注订正》,《史学年报》1938年第2卷第5期,第519页。
⑤ 夏鼐:《夏鼐日记》卷二,华东师范大学出版社2009年版,第47页。
⑥ 王伊同:《李斯传》,《史学年报》1939年第3卷第1期,第129页。
⑦ 雷海宗:《书评:The Literary Inquisition of Ch'ien-Lung》,《清华学报》1935年第10卷第4期,第957页。

一致""汉代散文风格的晦涩以及汉代习语的独特性",韦慕庭在英译时出现错误在所难免。①杨联陞则在评述韦慕庭的《前汉奴隶制度》时这样指出:"我们现在大学里的研究生,读古籍多少人能有这种成绩,实在很难说。我以为读古书要有翻译的精神,一字不可放过,在大学史学课程中,遇有重要而难读的史料,教授应当在课堂中与学生共同讲读,不可强不知以为知,囫囵混过。中国人写论文引中国书向来不翻译,实在作者读不懂所引的书,有时候真成问题,西洋人引中国书必须翻译,所以他们的学者读书有时候很细,倒是我们应该效法的。"②

其三,史实与史论常有错讹。民国学者在美国汉学家的著述中,常发现其在一般史实方面存有知识性错误。例如,贾德纳称"孔夫子乃最高之官衔",并称"《通鉴纲目》乃朱熹所撰"。朱士嘉认为,这是作者不知"夫子乃普通尊敬之称",而《通鉴纲目》"大抵出于其门人之手,特发凡起例,乃朱子所定"。③孙念礼将班昭谬称为中国唯一女史家,并将班昭所著之赋"俱谓之短赋",齐思和认为这是其"不知女史之职,由来已久",亦不知"汉赋无如此之短者,直至六朝始有此体"。④其他美国汉学家的著述,亦同样多存有类似之错讹。例如,卡特将五代之国都误以为皆在西安,而北宋之国都在长安⑤;富路德将灭蜀的司马昭与篡位及平吴的司马炎混为同一人⑥;赖德烈关于宋代的几个历史家与他们的作品皆没有认清,《资治通鉴》始于公元前五世纪末期而非四世纪初期,《通鉴外纪》的作者为刘恕并非司马光,范围到周为止,并非宋代⑦。

---

① Ch'en Shou-yi, Review Slavery in China During the Former Han Dynasty (206 B.C.-A.D. 25), Pacific Historical Review, Vol. 14, No. 1 (Mar., 1945), p. 83.
② 杨联陞:《评韦尔柏〈前汉奴隶制度〉》,《思想与时代》1943年第28期,第51页。
③ 朱士嘉:《中国旧史学》,《史学年报》1938年第2卷第5期,第539—540页。
④ S. H. Chi, Book Review: Pan Chao: Foremost Woman Scholar of China, The Chinese Social and Political Science Review, Vol. XXII, No. 2 (1938), p. 201.
⑤ 邓嗣禹:《中国印刷术之发明及其西传》,《图书评论》1934年第2卷第1期,第52页。
⑥ 杨联陞:《书评:富路特,中华民族小史》,《思想与时代》1943年第36期,第42页。
⑦ 雷海宗:《书评:Kenneth Scott Latourette, The Chinese, Their History and Culture》,《清华学报》1935年第10卷第2期,第515—518页。

与此同时，由于美国汉学家生活于全然别异之环境，仅凭其所具有的汉籍之部分知识或在华之一时见闻而欲论定千古，常如隔雾看花，难求其情真理得。例如，赖德烈在其书中称孔子不懂幽默，不喜爱儿童，除对已死的母亲略有孝思之外并不尊重女性，连自己的妻子也不恭敬。雷海宗认为，这种说孔子不幽默的论调本身就非常幽默，等于说孔子不是20世纪的美国人。① 又如，德效骞在译注《前汉书》时提出："汉初大臣有重权，天子不甚专裁"之原因在于"儒学之影响"。对于此论，王伊同不以为然，指出"诸臣专制，帝不能堪，故加黜抑。犹之郡国骄恣，则有削地之议，推恩之令。统一增强，天子权集，大势所趋，理有宜然，初与儒学乎何有？"② 再如，贾德纳在书中提出："中国史学家对于史事之可能性甚少加以精密之估计"，朱士嘉认为"此说全非，盖修史者叙述一事，必胪举若干种不同之材料，而加以比较，考订其曲直是非，而后笔之于书；即达官显宦之事迹，亦必有所依据，若非著者所云，彰善引恶，一唯人君之马首是瞻也"。③ 费子智（C. P. Fitzgerald，1902—1992）在其《中国文化史》一书中将司马迁周览天下山川视之为时代风气而比之于英国18世纪绅士阶级的大陆旅行，同时将匈奴视为后来入寇欧洲的匈族完全同族，并认为宋太祖的黄袍加身是被迫而勉强为之，对于陈桥兵变全然不知情。陈受颐认为，这无疑是这位西洋老先生对中国历史的误解，以致被骗。④

　　如上所述，美国汉学固然存在不少缺陷，但在民国学者看来仍有可取之处。傅斯年曾言："西洋人研究中国或牵连中国的事物，本来没有很多的成绩，因为他们读中国书不能亲切，认中国事实不能严辨，所以关

---

①　雷海宗：《书评：Kenneth Scott Latourette, The Chinese, Their History and Culture》，《清华学报》1935年第10卷第2期，第515—518页。
②　王伊同：《德氏前汉书译注订正》，《史学年报》1938年第2卷第5期，第483页。
③　朱士嘉：《中国旧史学》，《史学年报》1938年第2卷第5期，第540页。
④　陈受颐：《费次者洛德的中国文化小史（书评）》，《独立评论》1936年第189号，第19页。

于一切文字审求、文籍考订、史事辨别等等,在他们永远一筹莫展,但他们却有些地方比我们范围来得宽些。我们中国人多是不会解决史籍上的四裔问题的。"① 陈受颐亦如是指出:"外国人习中国史,自然有许多隔膜,然同时也有占便宜的地方。习见习闻的事件,有时不易吸引注意;'旁观者清',不特处世如是,做学问亦然。西洋汉学家不受中国传统学问的牢笼,把中国史看作东亚史的一部,每每有簇新的见解,正是超于象外而得其环中。"② 邓嗣禹则撰文呼吁:"以前有不少老先生觉得中国学问,精深奥妙,绝非外国人所能窥测。所谓'桐阳子苦读四十年,始略窥墨学门径'。到现在,中国学术的确已世界化了,汉学中心林立,所发表的研究作品,不能说全没有贡献。"③ 在民国学者看来,美国汉学主要有以下几个方面的可取之处:

其一,公开合作之精神。中国传统学人治学,多喜欢个人专研而不愿以团队之形式进行合作研究。梁盛志这样批评道:"国人治学多冥往孤索,耻言求助于人,硕学畸士,欲以其著述期知己于后世,而不愿以干当代公卿,忍资料之缺乏,受社会之冷遇,而不以为异。即或求助友生,多为研究方法范围之相近者,奖借之益,多于切磋,精神之交,过于物质。"④ 然而,美国汉学界的风气迥异,他们特别注重团队之合作。美国学者柔克义(William W. Rockhill,1854—1914)就曾与在哥伦比亚大学执掌丁龙讲座的夏德合译赵汝适的《诸蕃志》;德效骞译《前汉书》时,不仅得中国学者潘、崔、任三君佐之,而且还得荷兰汉学家戴闻达及龙彼得(Piet van der Loon,1920—2002)为之修正;卡特的《中国印刷术源流考》一书,由卡特及法国汉学家伯希和、匈牙利汉学家斯坦因

---

① 王汎森、潘光哲、吴政上主编:《傅斯年遗札》(卷一),台北"中央研究院"历史语言研究所 2011 年版,第 250 页。
② 陈受颐:《费次者洛德的中国文化小史(书评)》,《独立评论》1936 年第 189 号,第 19 页。
③ 邓嗣禹:《北大舌耕回忆录》,冯尔康、郑克晟编:《郑天挺学记》,生活·读书·新知三联书店 1991 年版,第 137—138 页。
④ 梁盛志:《外国汉学研究之检讨》,《再建旬刊》1940 年第 1 卷第 9 期,第 19—20 页。

(Lorenz von Stein, 1920—2002)、德国汉学家靳柯克（A. Von Le Coq, 1860—1930）等合而为之；被称之为"美国汉学进步最明显证据"的《清代名人传记》，则是在洛克菲勒基金会资助之下，由恒慕义召集来自中国、日本及美国的五十位学者耗费8年时间完成；魏特夫主持的中国社会史资料搜译，同样仰赖于与冯家昇、瞿同祖、王毓铨、房兆楹、杜联喆等中国学人的合作和协助。此外，如学术刊物之合编，资料之展览、学术之集会、论文之宣读，研究报告之发表，皆公开合作精神之表现。

美国汉学界注重这种团队合作之研究，固然是因为美国汉学基础薄弱，但这种合作研究方式确是推动了美国的汉学研究，保证了美国汉学著述的质量。杨联陞在评价德效骞主持的《前汉书译注》时就曾言道："由于在翻译中，德效骞有潘碖基作为合作者，又得戴闻达和龙彼得的仔细核对。其结果是使这本译注成为高度可信赖的中文文献译本。"[①]恒慕义主编的《清代名人传记》，亦因得到中国学者房兆楹夫妇的帮助与合作，成为在学界颇受赞誉的著作。正如费正清所说，所有美国学者的贡献都远远逊于恒慕义请来的两位高级助理——房兆楹、杜联喆夫妇。他们"按照恒慕义博士的编辑宗旨编纂出版了独一无二的关于中国的最重要的外文著作"[②]。正因为如此，不少民国学界呼吁中国学界也应倡导公开合作精神。胡适在致王重民的信中曾如是解释他之所以高度称赞恒慕义主编的《清代名人传记》，"我若不说几句公道的赞扬的话，将来作书评的人必将吹毛求疵，以抑人为高。如此则八九年苦功将受埋没了。以后谁还敢花十几亿金元，召集四五十学人来做这种学术合作呢？"[③]杨联陞在致胡适的信中亦言道："我觉得中国的史学界需要热诚的合作跟公正地批评。到现在为止，多数的史学同志，似乎偏于闭门造车。谁在那儿研究

---

① L. S. Y., Reviewed The History of the Former Han Dynasty, *Harvard Journal of Asiatic Studies*, Vol. 19, No. 3/4 (Dec., 1956), p. 437.

② 〔美〕费正清著，陆惠勤等译：《费正清对华回忆录》，知识出版社1991年版，第399页。

③ 北京大学信息管理系、台北胡适纪念馆编：《胡适王重民先生往来书信集》，国家图书馆出版社2009年版，第81页。

什么，别人简直不清楚。我觉得：1. 各校的史学系主任，应该常常通讯。至少每校请一位教授专门担任通讯联络；2. 应当常常交换教授跟研究人员，至少作短期访问讲演；3. 应当分区组织史学会，常常开会讨论学术，研究生均得参加，本科生须成绩优异者始得参加，以为鼓励；4. 史学界应该合力整理并发表史料，搜访并保存史迹；5. 出版一个像'史学评论'一类的杂志，特别注重批评介绍；6. 史学界应当合力编辑丛书，如剑桥、牛津所出的各种历史大系，每册由几个人合写或一个人专写都可以，请几位学界前辈认真主编；7. 史学界应当合力编辑工具书，如国史大辞典、中国经济史大辞典之类。"① 梁盛志更是公开倡言中国学术界急需合作之精神，"以学问为天下公器，识个人能力之分际，虚心坦怀，为合理之分工合作。求国际之协助，集海内之英俊，分门别目，共争上流"②。

其二，新颖之视角和方法。由于美国学者身处中国之外，不受中国固有文化传统之束缚，加之常与西方相比较或采用新的视角和方法，故在解释中国历史文化之现象时常有迥异于中国学者之处，颇多新颖之观点和见解。陈恭禄在评述赖德烈的《中国史与文化》一书时如是言道："吾人叙述史迹，常或易为古人成见与史论所拘，著者身为外，论断往往出于比较研究之所得，结论虽或不同于吾人，常有深切考虑之价值。"例如，是书上册末言中国所受地理上之影响中多警切之论，"据著者意见，山川形势不宜于统一，而已往之历史，政治上文化上统一者，多由于人力，其时期长于罗马、西班牙帝国。南北因气候土壤植物之不同，生活迥异，人民多以耕种为业，而人口有增无已可耕之地有限，此为中国穷贫之要因"③。费子智的《中国文化小史》一书，注重利用西史作比较，比如谈到先秦诸子便比较古希腊的哲人时代，讲五胡乱华便比较西洋上古末叶日耳曼诸族之南徙等。在陈受颐看来，"虽然不得完全吻合，也可以

---

① 胡适纪念馆编：《论学谈诗二十年——胡适杨联陞往来书札》，安徽教育出版社 2001 年版，第 71—72 页。
② 梁盛志：《外国汉学研究之检讨》，《再建旬刊》1940 年第 1 卷第 9 期，第 26 页。
③ 陈恭禄：《评莱道内德（K. S. Latourette）著〈中国史与文化〉》，《国立武汉大学文哲季刊》1934 年第 3 卷第 2 期，第 413 页。

增加不少的趣味和读者的了解力"①。在雷海宗看来，富路德的《乾隆禁书考》不乏"有几点很动人的见解"。例如，乾隆时代的中国已经安定，不似以前那样反抗清政府，按理不必有严厉的文字检查；但实际上乾隆时代对于文字的摧残较比清初要严重不知多少倍。富路德对此的解释是根本原因在于心理，认为此时的大清由外表看来虽然极盛，实际这是衰落时期的开始，满人下意识中感觉到这一点，所以对汉族愈发畏忌，因而更加紧的压迫。雷海宗认为："这虽是难以证明或否证的说法，仍不失为一个很有兴趣并很合情理的解释。"②梅谷的《满族统治中国之起源》，致力于从分析和解释社会经济与政治发展中的内在相互作用，揭示满族王朝崛起之动因，冯家昇认为"尽管在史料方面有局限性"，但却是"一部令人耳目一新，使人兴奋的著作，提供了关于满族王朝早期发展史的一幅完整图画"。③拉铁摩尔的《中国的亚洲内陆边疆》，以地理环境解释经济状况及社会组织，更以经济社会情形来解释中国与边疆的关系史。在夏鼐看来，"虽其解释有时不免勉强一点，颇值得一读"④。

值得注意的是，民国学者在肯定美国汉学因新视角或新方法而提出的新颖见解之同时，对于缺乏史实根据或盲目采用新方法所得出的新颖观点则持警惕和批判之态度。陈受颐在评论费子智的《中国文化小史》中富有趣味的见解时即指出："然而见解到底不是空洞的东西，他不能不以史实为根据。"⑤杨联陞对于拉铁摩尔的《现代中国形成之简史》如是评论道："拉铁摩尔是以一种富有想象性的方式来解释中国史；然而，偶尔

---

① 陈受颐：《费次者洛德的中国文化小史（书评）》，《独立评论》1936年第189号，第19页。

② 雷海宗：《书评：The Literary Inquisition of Ch'ien-Lung》，《清华学报》1935年第10卷第4期，第954—955页。

③ Feng Chia-Sheng, Review The Origin of Manchu Rule in China, *Pacific Affairs*, Vol.15, No.3 (Sep., 1942), pp.371-372.

④ 夏鼐：《夏鼐日记》卷三，华东师范大学出版社2009年版，第153页。

⑤ 陈受颐：《费次者洛德的中国文化小史（书评）》，《独立评论》1936年第189号，第19页。

掠过即会发现其缺乏确凿的史实。"① 傅斯年亦曾以"误认天上的浮云为地平线上的树林",嘲讽拉铁摩尔的《中国的亚洲内陆边疆》。

其三,重视组织结构与系统性。邓嗣禹曾这样批评中国学者的著述:"尝见国人著述,旧派多獭祭为书,新派多章节连篇,令人读完之后,非感茫无断限,则觉漫无连贯;而考证文章之艰涩枯燥,尤可畏也。"② 然而,美国汉学家在组织结构的安排方面极为注意,这给民国学者留下深刻印象。例如,邓嗣禹即认为卡特的《中国印刷术源流考》之长"首在组织与结构,实为吾人所当学步",其书"固皆出之于考证,乃其行文,竟若遇之于无形。其结构或组织,仿佛小说。方其首述背景之时,已将结果暗示。……顾其结构之起伏无常,虽似小说,而其行文之谨严不苟,则又异于小说,求之于国人著述,似尚难得"③。在陈恭禄看来,赖德烈在撰著《中国史与文化》时,"对于组织殆费心思,取料亦颇慎重",故方能"叙述上古史迹,迄于现时,综合政治上学术上艺术上等等之发展,成一有统系之著作"。对此,他感慨道:"就吾国史籍而言,著作家用科学方法编著此类书籍尚可一读者,尚不甚多。"④ 胡适认为,富路德之所以能够在短短230页篇幅之中完整展现一部真实而富动感的中华民族及其文明发展之历史,在于"熟练且技艺高超的总括性概述",尤其是"坚决而几乎是冷酷无情地去除朝代和政治史,以便留出充足的空间突出有关中国人生活的物质、技术、社会、思想、艺术、宗教等方面发展的故事"。⑤ 韦慕庭的《前汉奴隶制度》就汉代奴隶的来源、买

---

① Lien-Sheng Yang, Review A Short History of the Chinese People; A Short History of Chinese Civilization by Tsui Chi; The Making of Modern China: a Short History by Owen Lattimore; Eleanor Lattimore, *Geographical Review*, Vol. 34, No. 4 (Oct., 1944), pp. 689-690.

② 邓嗣禹:《中国印刷术之发明及其西传》,《图书评论》1934年第2卷第11期,第40页。

③ 同上。

④ 陈恭禄:《评莱道内德(K. S. Latourette)著〈中国史与文化〉》,《国立武汉大学文哲季刊》1934年第3卷第2期,第412页。

⑤ Hu Shih, Review A Short History of the Chinese People, *Pacific Affairs*, Vol. 17, No. 2 (June, 1944), p. 225.

卖、地位、数量及其生产进行论述，聂崇岐认为其"条理颇为清晰"，"带给我们迄今为止关于这一主题最为全面而透彻的研究"。① 即使是受到严厉批评的费子智之《中国文化小史》，在雷海宗看来其在组织结构及系统性方面亦有可取之处，"在这样一部短小的书中，这种分段分题的方法大致可称恰当。……三四千年间的主要线索都能指出，使前此对中国全不明了的人也可得一个整个的印象。一本小书能做到这种地步，也就算很满人意了"②。

其四，冷僻领域和材料之注意。传统中国学者"自昔侧重经史，而忽视杂书。以治史言，喜究朝章国故，而忽视民间生活。至于四夷会同，海外贸易，宗教变迁，奇技淫巧，则鄙不足道焉"③。然而，外人之治汉学者一反其道，注重与其有关的中国边疆四夷、中西文明交通等多为国内研究者所忽视之领域。民国学者对此方面的著述颇为关注，并多有赞赏。富路德的《中华民族小史》，被胡适评价为是"以任何欧洲语言已出版的中国史著作中最优秀的一本，相信这本著作中的一些特色将使关注这本著作的中国史家从中获益"，其原因之一即在于"整本著作将其重点放在了中华民族与外部更广阔世界之间的历史关系、东西方间的文化思想的交流方面，这些有关中国史的全球性一面经常为中国史家所忽略或者没有足够充分的对待"。④ 张其昌之所以高度评价卡特的《中国印刷术源流考》，亦是因为其"从许多向来不为前人注意的材料中——如印章，摹写，纸牌，释道的典籍等——寻出个很清晰的系统来"⑤。在王重民看来，

---

① 聂崇岐：《书评：Slavery in China During the Former Han Dynasty (206 B.C.-A.D. 25)》，《燕京学报》1946年第31期，第213页。

② 雷海宗：《书评：China: A Short Cultural History》，《清华学报》1936年第11卷第4期，第1181页。

③ 梁盛志：《外国汉学研究之检讨》，《再建旬刊》1940年第1卷第9期，第19页。

④ Hu Shih, Review A Short History of the Chinese People, *Pacific Affairs*, Vol. 17, No. 2 (June, 1944), p. 225.

⑤ 张其昌：《书报春秋：中国印刷术之发明及其西渐》，《新月》1933年第4卷第6期，第15页。

恒慕义主编的《清代名人传记》至少有一大优点，即"清代是与欧美交通的时代，还有一部分史料是外国人用外国文字记下来的。我国的学者，许多没有治外国文字的机会，便把这部分史料忽视了"①。

二、美国学界对本国汉学著作的评议

与民国学人的评价不同，美国学界对这些汉学著作给予了极高的赞誉。孙念礼的《班昭传》被称为是如此"透彻而博学"②；贾德纳的《中国旧史学》被誉为"一部精彩之著"，它为"汉学研究者提供了真正的帮助。……基于广泛且很好消化阅读所获得的大量信息，塞满了这些页面，确实令人震惊"③。卜德关于李斯的研究，被称为"拨开了历史迷雾，重塑了李斯形象，堪称佳作"④。顾立雅的《中国之诞生》，是"迄今西方对于青铜时代中国最好和最完整的描述"⑤。富路德的《乾隆禁书考》，同样被称赞为"证据充分翔实"，"为汉学研究确立了一个非常高的标准"⑥。1945 年，在卡梅伦主持下，《远东季刊》曾组织"最新出版的远东研究优秀著作"评选，由美国 18 位知名远东研究专家从 319 部新近出版的著作中评选出 21 部名著和 28 部"具有价值"之作，德效骞的《前汉书译注》和恒慕义的《清代名人传记》入选 21 部名著之列，韦慕庭的《前汉奴隶制度》则被

---

① 王重民：《书评：清代史人》，《图书季刊》1944 年第 5 卷第 1 期，第 60 页。

② J. K. Shryock, Review of Pan Chao: Foremost Woman Scholar of China, *Journal of the American Oriental Society*, Vol. 53, No. 1 (Mar., 1933), p. 91.

③ J. J. L. D, Review Chinese Traditional Historiography, *T'oung Pao*, Vol. 34, No. 3 (1938), pp. 238-239.

④ Homer H. Dubs, Review of China's First Unifier, *The American Historical Review*, Vol. 44, No. 3 (Apr., 1939), p. 640.

⑤ H. G. Creel, *The Birth of China: A Survey of the Formative Period of Chinese Civilization*, London: Jonathan Cape, 1936, p. 9.

⑥ Carroll B. Malone, Review The Literary Inquisition of Ch'ien-Lung, *Journal of the American Oriental Society*, Vol. 55, No. 4 (Dec., 1935), pp. 477-479.

选入"具有价值的著作"之列。① 这些汉学著作之所以为美国学界所肯定,主要是基于以下原因:

其一,研究课题具有难度。德效骞曾这样言道:"中国一直是一个神秘的国度,这并非是因为缺乏原始文献材料,能够被利用的可信的史料可谓是汗牛充栋;但它是分散的、碎片化的,没有索引,没有被充分解读。要理解中国人的学术风格具有相当的难度,甚至是一般中国大学研究生对其也不能很好理解。另外,缺少一部能够让我们自信地拿起任何史料并透彻理解它的词典,甚至中文界亦不存在这样的词典,这些困难使西方学者望而却步。"② 德氏之言,道出了美国学人对这些汉学著作赞誉有加的原因所在。以韦慕庭的《前汉奴隶制度》为例,毕乃德认为该著"非常富有价值",原因在于"他所面对的研究任务具有非比寻常的困难","有关西汉的同时代记载,虽然绝大多数载于《史记》《汉书》,但这些史籍的编撰者主要关注的是皇家法令和王侯将相等重要人物,有关社会和经济组织仅占很少的篇幅",由于"有关奴隶的材料往往是附带的、片断化的、零散的,作者必须从史籍中将这些零碎的史料爬梳出来,这是相当令人乏味的工作;在此基础上,作者还须以其智慧和严谨去处理这些材料。其结果是,关于西汉奴隶,他所告诉我们的比我们预先所想象的要多得多"。③ 柯睿格持有相同的观点,"中国古代史家在保存对他们而言具有重要意义的主题材料时是如此细致,但对于作为一种制度的奴隶却并没有兴趣。因此,必须将在汉代史籍中关于其他主题记录中所发现的有关奴隶的这些零散性材料收集起来"④。贾德纳的《中国旧史

---

① Meribeth E. Cameron, Outstanding Recent Books on the Far East, *The Far Eastern Quarterly*, Vol. 4, No. 4 (Aug., 1945), pp. 367-369.

② Homer H. Dubs, Slavery in China During the Former Han Dynasty (206 B.C.-A.D.25), *Pacific Affairs*, Vol.17, No.3 (Sep.,1944), pp.343-344.

③ Knight Biggerstaff, Review Slavery in China During the Former Han Dynasty (206 B.C.-A.D.25), *The Journal of Economic History*, Vol.3, No.2 (Nov.,1943), pp.231-233.

④ E. A. Kracke, Jr., Review Slavery in China During the Former Han Dynasty (206B.C.-A.D.25), *The American Historical Review*, Vol.49, No.2 (Jan.,1944), pp.291-292.

学》一书之所以为亚瑟·威利（Arthur Waley，1888—1966）所称赞，是因为"有关可用资料的时间及其作者的观点看法，直到最近都还几乎是神话式的"①。

其二，史料多为中文文献。富路德曾就美国学人的汉语能力如是言道："现在能胜任汉学教师的师资屈指可数；有能力在一流汉学期刊上发表文章之人几乎不存在。在近期美国人所做的西方汉学重要著作调查中，145位作者只有23个美国人，而且其中一半不懂中文。"②1930年代后出版的这些汉学著作，则多能利用中文文献。比如，孙念礼通过查阅《汉书·叙传》及《后汉书》本传等中文史籍，搜集班昭之生平事迹及著作，并将其翻译，恒慕义据此称赞其"史料翔实"③。富路德的《乾隆禁书考》，利用清代档案、传记及文件等与文字狱有关的中文史料，并注意搜集中国有关此问题的研究成果，故麻伦（Carroll B. Malone，1886—1973）称其"史料充分完备，具有很高的学术性"④。在柯睿格看来，韦慕庭的《前汉奴隶制度》在搜集《史记》《汉书》中涉及西汉奴隶的史料方面"做得非常全面而彻底"，"是对这一主题完美而最富有价值的贡献"；⑤魏特夫则认为这种将"翻译原始文献作为社会文化分析的基础，是东方研究最好的传统"⑥。卜德撰著《李斯传》时，主要以《史记·李斯传》以及有关李斯的其他中文文献为史料，毕士博认为："这部精心编撰的著作，充分

---

① Arthur Waley, Review Chinese Traditional Historiography, *Journal of the Royal Asiatic Society of Great Britain and Ireland*, Vol. 3, No. 1 (Jan., 1940), pp. 81-82.

② L. C. Goodrich, Chinese Studies in the United States, *The Chinese Social and Political Science Review*, Vol. XV, No. 1 (Apr., 1931), p. 75.

③ Arthur W. Hummel, Reviewed Pan Chao: Foremost Woman Scholar of China, *The American Historical Review*, Vol. 38, No. 3 (Apr., 1933), pp. 562-563.

④ Carroll B. Malone, Review The Literary Inquisition of Ch'ien-Lung, *Journal of the American Oriental Society*, Vol. 55, No. 4 (Dec., 1935), pp. 477-479.

⑤ E. A. Kracke, Jr., Review Slavery in China During the Former Han Dynasty (206B.C.-A.D.25), *The American Historical Review*, Vol. 49, No. 2 (Jan., 1944), pp. 291-292.

⑥ Karl A. Whittogei, Review Slavery in China During the Former Han Dynasty (206B.C.-A.D.25), *American Anthropologist, New Series*, Vol. 47, No. 1 (Jan.-Mar., 1945), pp. 161-162.

利用了中文史料,富有判断力和敏锐的洞察力。"① 恒慕义主持编撰的《清代名人传记》,则由于大量使用地方志、年谱、日记等非官方中文史料和中文最新学术成果,被梅谷称为"英语世界没有其他著作像它这样使用如此丰富的文献材料"②。

其三,研究著作具有填补空白的价值。20 世纪 30 年代后所出版的这些汉学著作,在美国学界看来至少对西方汉学而言多为填补空白之作,这是他们所以多有肯定与赞誉的另一原因所在。比如,卜德以李斯为中心对秦朝所作的研究,即因其"所涉及的历史时期,不仅是中国历史上最令人困惑的时期之一,同时这一时期亦几乎不为现代学者所关注"③ 而具有价值。富路德关于乾隆文字狱的研究,则因其"几乎完全被西方世界所忽视,甚至也没有被中国学者充分关注"而受到称赞④。宾板桥的《唐代的建立》,其价值并不是作者在书中所提出的解释和概括,而是他将"历史方法合理地应用到研究一个相对被忽视但却非常重要的历史时期"⑤。柯睿格即称,这是"西方第一次从现代历史角度,对隋亡唐兴这一至关重要历史时期进行重新诠释"⑥。卜德亦认为:"尽管对隋唐时期的文学、艺术、宗教等进行了很好地探讨,但对于政治和制度方面的关注却很少,作者对这一新时代形成初期的政治和制度进行了严谨考察,因此值得祝贺。"⑦ 韦

---

① Carl. Whiting Bishop, Review China's First Unifier, *Pacific Affairs*, Vol. 12, No. 1 (Mar., 1939), pp. 87-90.

② Franz Michael, Review Eminent Chinese of the Ch'ing Period (1644-1912), *The Far Eastern Quarterly*, Vol. 3, No. 4 (Aug., 1944), pp. 386-387.

③ E. Edwards, Review China's First Unifier, *Bulletin of the School of Oriental Studies*, University of London, Vol. 9, No. 4 (1939), pp. 1064-1065.

④ Carroll B. Malone, Review The Literary Inquisition of Ch'ien-Lung, *Journal of the American Oriental Society*, Vol. 55, No. 4 (Dec., 1935), pp. 477-479.

⑤ Meribeth E. Cameron, Review The Founding of the T'ang Dynasty, *Pacific Historical Review*, Vol. 10, No. 4 (Dec., 1941), p. 469.

⑥ E. A. Kracke, Jr., Reviewed The Founding of the T'ang Dynasty, *The Far Eastern Quarterly*, Vol. 1, No. 1 (Nov., 1941), pp. 90-92.

⑦ Derk Bodde, Reviewed The Founding of the T'ang Dynasty, *Journal of the American Oriental Society*, Vol. 61, No. 4 (Dec., 1941), pp. 293-294.

慕庭的西汉奴隶制度研究受到关注和肯定的重要原因，亦系因这是"西方第一次对中国奴隶制度做如此系统而深入的研究"①。德效骞译注的《汉书》在美国学术界"备受欢迎"和赞誉，不仅是因为要对"远东的历史、社会、文学真正有所了解"，必须"将大量重要的中文文献翻译过来"②，还因为这是美国学术界第一次如此大规模地翻译中国史籍，是"美国学术界对国际汉学所做的一大贡献"③。顾立雅的《中国之诞生》"对公众有着无法抗拒的吸引力"，既是因为中华文明起源问题一直为西方学者所感兴趣，"每个有思想的人都对这种文明的起源感兴趣，这种文明已经连续3000多年影响着无数人的生活"④，也因为"这是美国汉学界乃至西方学术界仅有的几部对中国上古历史文明做如此系统全面且生动描述的著作之一"⑤。

当然，美国学人在评述时亦多会指出其所存在的小错误。比如，德效骞在评述韦慕庭的《前汉奴隶制度》时，即指出作者英译中几个不妥之处，并就作者忽视农业与园艺有别、错将汉代奴隶区分为官奴与私奴等几个误解史实之处予以指正。⑥卜德在评述宾板桥的《唐代的建立》时，指其所附参考书目的选择不妥，"令人遗憾的是，除了基本的历史文献之外，所列的中国学人著作如此之少"⑦，并就隋炀帝杨广"迷人而又令

---

① Karl A. Whittogei, Review Slavery in China During the Former Han Dynasty (206 B.C.-A.D.25), *American Anthropologist,* New Series, Vol.47, No.1 (Jan.-Mar., 1945), pp.161-162.

② Eduard Erkes, Review The History of the Former Han Dynasty, *Artiubs Asiae,* Vol.9, No.1/3 (1946), pp.229-230.

③ Nancy Lee Swann, Review The History of the Former Han Dynasty, *The Far Eastern Quarterly,* Vol.4, No.1 (Nov., 1944), pp 67-70.

④ W. Perceval Yetts, Reviewed The Birth of China, *The Burlington Magazine for Connoisseurs,* Vol.69, No.404 (Nov., 1936), p.237.

⑤ Theodore D. McCown, Review The Birth of China, *American Anthropologist, New Series,* Vol.40, No.1 (Jan.-Mar., 1938), pp.160-162.

⑥ Homer H.Dubs, Review Slavery in China During the Former Han Dynasty (206 B.C.-A.D.25), *Pacific Affairs,* Vol.17, No.3 (Sep., 1944), pp.343-344.

⑦ 他认为至少邓之诚的《中华二千年史》、王国良的《中国长城的沿革考》、陶希圣和鞠清远的《唐代经济史》这些富有启发性的研究都应列入。

人困惑的个性"①问题与作者商榷。施赖奥克在评述孙念礼的《班昭传》时,指出其存在诸如"汉初的四位皇帝都不是儒家,并没有把儒家学说作为国教的基础"、"作者依照翟理斯的说法认为淮南子去世时间为公元前122年,但其何时去世还有相当大的怀疑"、"王肃并非比班昭年轻几岁,他们之间相隔了近一个世纪"等细小的错误。②毕士博在评述赖德烈的《中国史与文化》时,认为"在一部几乎无所不包的著作中,存在失误在所难免",比如"骑兵开始用于战争并不是始于商朝后期,而是商亡半个多世纪之后"、"大象并非如作者所称在中国被驯化,并在商朝后期用于战争之中,事实上无论是在中国还是在其他任何地方大象都没有驯服过"、"茶在周朝已被用作饮料的说法并没有为同时代文献所证实"、"煤早在唐代就被用于炼铁的说法需要修正,中国一位著名地质学家称煤用于炼铁已经有将近一千年的历史了"。③

美国学人在指正本国汉学著作所存问题时,更多的是基于自身的理解而就著述中某些观点或问题提出商榷和建议。卜德在《李斯传》一书中,认为李斯在秦统一中所起作用远大于秦始皇,并批评其在道德上所具有的缺陷。对此,施赖奥克认为:"本书最大的缺陷是过于强调李斯作为时代英雄是自然而然的结果,他完全夺取了皇帝的光辉。"在他看来,"李斯的成功,是因为他得到一位伟大统治者的支持";故此,他认为不应将秦始皇描绘成一个"卤莽、感情易冲动、迷信、没有文化教养的征服者",并认为"这样的刻画对一个可能是冷酷无情、有缺点、不道德但

---

① 卜德认为,作者"将隋炀帝与秦始皇进行比较令人遗憾,如果将其与斯大林进行比较,或许更有助于理解隋炀帝,因为评价历史人物"完全是根据当下的道德和社会观念"。见 Derk Bodde, Reviewed The Founding of the T'ang Dynasty, *Journal of the American Oriental Society*, Vol. 61, No. 4 (Dec., 1941), pp. 293-295。

② J. K. Shryock, Reviewed Pan Chao: Foremost Woman Scholar of China, *Journal of the American Oriental Society*, Vol. 53, No. 1 (Mar., 1933), pp. 91-92.

③ C. W. Bishop, Reviewed The Chinese: Their History and Culture, *Geographical Review*, Vol. 24, No. 4 (Oct., 1934), pp. 686-687.

却非常伟大人物来说是不公平的"。① 毕士博亦认为其无法同意作者过于强调李斯的作用，而将秦始皇仅视为"傀儡"。在他看来，中央集权帝国的思想观念是如何在中国逐渐形成以及货币经济是如何导致封建崩溃，亦是两个本应关注并值得进行讨论的问题。② 德效骞则不认同作者对李斯道德的评价："这部专著非常出色。我所不赞同的是卜德过于接受儒家通常对李斯的指责。没有任何征服者或其大臣是美德的模范"，并认为"李斯值得从被诽谤包裹的云层中解救出来"。③ 又如，恒慕义在评论孙念礼的《班昭传》一书时，主要是建议作者应"追溯班氏家族的命运，或者一直到最近的班氏崇拜"，认为这"或许会有更多的收获"。④ 孙念礼在评议德效骞的《前汉书译注》时，主要是就汉代赋税的理解提出不同于德氏的翻译和解释。⑤ 赖德烈则基于自身对中西关系重要性的认识，认为《清代名人传记》中"康熙帝与基督教的关系所占篇幅应该更多一些，太平天国运动的领导人洪秀全同样应占更大篇幅"。⑥ 梯加特和宓亨利在评述拉铁摩尔的《中国的亚洲内陆边疆》时，梯加特（Frederick J. Teggart）和宓亨利对作者提出的"创造它们的力量源自社会与环境的相互作用"这一观点提出批评，认为这种过于强调经济因素的历史观念实际上是"对历史事实的过度简化"。⑦

---

① J. K. Shryock, Review A History of Chinese Philosophy, China's First Unifier, *Journal of the American Oriental Society*, Vol. 58, No. 3 (Sep., 1938), pp. 488-492.

② Carl Whiting Bishop, Review China's First Unifier, *Pacific Affairs*, Vol. 12, No. 1 (Mar., 1939), pp. 87-90.

③ Homer H. Dubs, Review China's First Unifier, *The American Historical Review*, Vol. 44, No. 3 (Apr., 1939), pp. 639-640.

④ Arthur W. Hummel, Reviewed Pan Chao, Foremost Woman Scholar of China, *The American Historical Review*, Vol. 38, No. 3 (Apr., 1933), pp. 562-563.

⑤ Nancy Lee Swann, Review The History of the Former Han Dynasty, *The Far Eastern Quarterly*, Vol. 4, No. 1 (Nov., 1944), pp. 67-70.

⑥ K. S. Latourette, Review Eminent Chinese of the Ch'ing Period (1644-1912), *The American Historical Review*, Vol. 50, No. 4 (July, 1945), pp. 803-805.

⑦ Harley Farnsworth MacNair and Frederick J. Teggart, Reviewed Inner Asian Frontiers of China, *American Journal of Sociology*, Vol. 46, No. 3 (Nov., 1940), pp. 390-393.

三、中美学术界存在不同评价的原因

书评呈现的不仅有所评著作的内容和思想,亦包含书评者自身的思想和价值判断。正因为如此,学人的评议会存有一些差异。以贾德纳的《中国旧史学》为例,荷兰汉学家戴闻达认为此书是一部"精彩之著"①;在施赖奥克看来,这项研究"总体而言是出色的",但"书中有太多的遗漏",作者不仅"未涉及中国史家撰史的动机与原则,亦对中国史学的撰述及史家方法没有多少兴趣","诸如中国人的历史观念等西方史家所渴望知道的大量问题,并不能从此书中获知答案";②英国汉学家亚瑟·威利则认为,此著虽是"异常勤奋之作",但"除几处不准确的地方应指出外",更有"令人惊讶的遗漏",即"近代中国史学中关于中国早期文献的研究非常之多,可惜贾德纳并未关注"。③又如,对于拉铁摩尔的《中国的亚洲内陆边疆》,斯库塞斯(F. D. Schultheis)认为作者"建构了一个杰出的理论架构",但对理论的论证令人失望,"本书的框架结构混乱,且经常不合逻辑,充斥了无关紧要的内容和理论。真正有价值的段落与胡说八道交替出现"④;然而,在韦慕庭看来,此书"有时风格是分散的,但其优点远胜于任何偶然的缺点,是十年内关于远东最富启发性的著作"⑤。再如,卜德认为德效骞译注的《前汉书》"准确且非常贴近中文

---

① J. J. L. D, Review Chinese Traditional Historiography, *T'oung Pao,* Second Series, Vol. 34, No. 3 (1938), pp. 238-239.

② J. K. Shryock, Review Chinese Traditional Historiography, *Journal of the American Oriental Society*, Vol. 59, No. 1 (Mar., 1939), pp. 152-153.

③ Arthur Waley, Review Chinese Traditional Historiography, *Journal of the Royal Asiatic Society of Great Britain and Ireland*, No. 1 (Jan., 1940), pp. 81-82.

④ F. D. Schultheis, Reviewed Inner Asian Frontiers of China, *Political Science Quarterly*, Vol. 56, No. 1 (Mar., 1941), pp. 143-144.

⑤ C. Martin Wilbur, Reviewed Inner Asian Frontiers of China, *Pacific Affairs*, Vol. 13, No. 4 (Dec., 1940), pp. 498-501.

原文"①；奥地利裔汉学家闵海芬（Otto J. Maenchen-Helfen，1894—1969）的评价是翻译严谨，但注释过度。②加拿大汉学家杜百胜（W. A. C. H. Dobson，1913—1982）则批评作者"不是一个流畅的译者"，"尽管其努力直译，但忽视了文献语言中所固有的特色"。③

然而，更为值得我们关注的是，面对20世纪30年代美国所出版的这些汉学著作，中美学界却是以整体性的方式呈现出近乎相异的评价。几近相异的评价背后，所折射的乃是中美两国不同的汉学研究风景。

首先，中美学人的汉学素养差异。因经济压力离法赴美出任哈佛燕京学社社长的俄籍汉学家叶理绥（Serge Elisseeff，1889—1975）来美后，曾无奈感叹道："他们这里完全不了解真正的语文学方法，随意翻译汉文文献。你若给他们讲解，他们经常会问 why，叫你无言作答"；不仅如此，作为美国学术团体协会下的中国和日本研究委员会委员，他发现"大部分成员都是业余汉学家，没有接受过真正的语文学素养训练"。④美国学人的汉学素养确如叶理绥所言，拉铁摩尔即曾这样坦承道："我虽然会说中国话，却不能自由阅读。我所读过的，有许多还不能完全理解。尽管我脑子里装满了民间故事和传说，但不知道这些充满历史事件的中国传说究竟有没有正史的根据。"⑤费正清亦就其汉语能力如是言道："我的汉语口语即将登上有能力同仆役、零售商人和宾客处理生活上紧要事务而交谈的高原，但还远远没有走近为理解某一专业术语而必须攀登的连绵不断的山峰，更不用说学者之间在旧式交谈中那些文学典故和不计

---

① Derk Bodde, Review The History of the Former Han Dynasty, *The American Historical Review*, Vol. 44, No. 3 (Apr., 1939), pp. 641-642.

② Otto J. Maenchen-Helfen, Review The History of the Former Han Dynasty, *The American Historical Review*, Vol. 51, No. 1 (Oct., 1945), pp. 120-121.

③ W. A. C. H. Dobson, Review The History of the Former Han Dynasty, *The Journal of Asian Studies*, Vol. 18, No. 1 (Nov., 1958), pp. 120-121.

④ 阎国栋:《俄国流亡学者与哈佛燕京学社——读叶理绥日记与书信》，朱政惠、崔丕编:《北美中国学的历史与现状》，上海辞书出版社2013年版，第525—526页。

⑤〔美〕拉铁摩尔著，唐晓峰译:《中国的亚洲内陆边疆》，江苏人民出版社2005年版，第2页。

其数的比兴语句了。"①韦慕庭的汉语能力同样如此:"当我开始翻译没有标点的中文史籍时,我发现需要帮助,于是找到芝加哥大学的研究生虎矫如来帮我。尽管他的专业是地理学,但接受过良好中文教育。"②寻求中国助手在美国汉学界颇为流行,拉铁摩尔曾这样描述道:"在美国职业汉学家中流行的姿态是,声称或者有时假装自己的汉字写得如此之好,以致他们亲自做全部的工作。事实上,他们大多数人依靠懂英语或法语的中国人来承担为其搜集材料的主要工作,自己只是将其润色一下。"③

正是因为如此,民国学人对美国学人的汉学素养多有不屑。吴宓在与来华留学的毕格交流后,认为"所谈极泛泛,其人亦无多学识"④。雷海宗则直指富路德"读中文的能力太差"⑤。即使是西方汉学界享有盛誉的名家,在民国学人看来亦不过"桐阳子苦读四十年,始略窥墨学门径"。例如,夏鼐在阅读完劳费的《汉代的陶器》(Chinese Pottery of the Han Dynasty,1909)后,发现"译文错误之处甚多",不禁感慨道:"氏为西方所崇拜之汉学大师,而此中汉译英之文句多不通句读,不解字义,西方汉学家多如此,又何足怪。"⑥即使通晓汉文和汉籍,在民国学人看来依然难以达到所期许的化境。擅长译事的理雅格(James Legge,1815—1897)曾言:中国文字"不是字的代表,而是思想的符号,其于文中的结合不是来表现作者要说的,而是作者所思想的"⑦。能够翻译中国的句

---

① 〔美〕费正清著,陆惠勤等译:《费正清对华回忆录》,知识出版社1991年版,第44页。

② C. Martin Wilbur, *China in My Life: A Historian's Own History*, Armonk, New York: M. E. Sharpe, 1996, p.45.

③ 〔美〕拉铁摩尔著,〔日〕矶野富士子整理,吴心伯译:《蒋介石的美国顾问——欧文·拉铁摩尔回忆录》,复旦大学出版社1996年版,第42页。

④ 吴宓著,吴学昭整理注释:《吴宓日记》(第四册),生活·读书·新知三联书店1998年版,第182页。

⑤ 雷海宗:《书评:The Literary Inquisition of Ch'ien-Lung》,《清华学报》1935年第10卷第4期,第957页。

⑥ 夏鼐:《夏鼐日记》卷二,华东师范大学出版社2011年版,第47页。

⑦ 恒慕义著,郑德坤译:《近百年来中国史学与古史辨》,《史学年报》1933年第1卷第5期,第161页。

文，却并不意味着能理解和阐释中国思想。1931年，吴宓访欧与伯希和这位欧洲汉学大师交谈后慨叹："然彼之工夫，纯属有形的研究，难以言精神文艺。"① 其中原因，或如日本学者长与善郎（1888—1961）所说："关于中国一国知识的深邃、详尽的地方，无论如何，自有其本土人的独擅。在一件调查上，关于文献，大抵不外既有之物，但每每在他国人不得寓目的事物里，却含有那民族性格之文化的真面目与时代相的神髓的。"②

其次，书评中寄寓有不同的意趣。就民国学人的评述而言，他们在评述中颇为注意维护民族文化之自尊。胡适在评述富路德的著述时，即专门就作者所提出的"中国古代棺木的使用以及在城墙四周修筑护城河以作为防御工事和利用矿井等军事技艺皆借用于外来文明"之观点进行辩驳③；雷海宗在评述顾立雅的《中国之诞生》时同样如此，他专门就作者所提出的"商代拥有如此高超的青铜铸造技艺，证明青铜铸造技术显系不是起源于中国，而系外来传入"之观点详加驳斥，批评作者"似乎没有意识到自己仍旧处于进化论的教条主义者的影响之下"。④ 朱士嘉在评述贾德纳的《中国旧史学》时，特别注意对诸如"中国史学家对于档册均认为极可信之史料，而不加以审定与选择"等带有西方偏见的论断进行指正。⑤ 民国学人之所以对西人所持的中国文明外来说以及西方中心论等带有文化偏见的观点多敏感，当然与彼时中国处于积贫积弱状态下学人多具有强烈的民族文化自尊心有关。面对西方对民族文化的曲解与歧视之观点，捍卫民族文化自尊即成为民国学人的必然所为。

另外，民国学人在评述时多有与之争胜之意味。王伊同为《前汉书

---

① 吴学昭：《吴宓与陈寅恪》，清华大学出版社1992年版，第78页。

② 桑兵：《国学与汉学——近代中外学界交往录》，浙江人民出版社1999年版，第27页。

③ Hu Shih, Review A Short History of the Chinese People, *Pacific Affairs*, Vol.17, No.2 (June, 1944), p.225.

④ H. T. Lei, Review The Birth of China, *The Chinese Social and Political Science Review*, Vol. XXI, No.2 (July, 1937), p.274.

⑤ 朱士嘉：《中国旧史学》，《史学年报》1938年第2卷第5期，第540页。

译注》这部被美国学人评为"经典名著"撰有45页书评，王氏在评述时主要是就"导论意有所晦"、"译文不无贻误"、"注释有所出入"、"附录有所未及"进行增补、考证、雠校、添益。① 雷海宗、洪煨莲、齐思和则不仅分别就赖德烈的《中国史与文化》、富路德的《乾隆禁书考》、孙念礼的《班昭传》撰有中文书评，还撰有英文书评刊于《中国社会及政治学报》（*The Chinese Social and Political Science Review*）②。饶有意味的是，他们在英文书评中不仅就中文书评中所言问题进行了更为细致和翔实地说明，还添补了一些欲与西方学人对话的内容。比如，雷海宗在英文书评中即增补了中文书评中所没有列出的其他错误，更意有所指地认为是书出现"汉文帝废除了田税"这样的错误，"一定是我们的作者或他所咨询的权威专家被文帝本纪中一晦涩难懂的语句所误导"③；洪煨莲则不仅翔实解释了作者在乾隆禁书数量、材料审别等方面存在的错误，还就作者如何曲解他的观点以证明其所提出的四库全书与文字狱存有关系之论颇具有新意进行详细说明，并语带讽刺地指出："我们的作者在阅读上述序言时（指《〈四库全书总目〉引得序》），一定是跳过了十页中的两页。"④ 在民国学人看来，如果"连自己的先民所创造或记述下来的学术遗产，都研究得不及人家，这真是顾亭林所谓'亡天下'之痛了"⑤。故此，民国学人多将书评视为捍卫学术自尊的场域和方式，欲通过书评使外人认识到汉学之正统在

---

① 王伊同：《德氏前汉书译注订正》，《史学年报》1938年第2卷第5期，第475—519页。

② 《中国社会及政治学报》（*The Chinese Social and Political Science Review*），系中国社会政治学会会刊，于1916年创刊，刊名由胡适题写。富路德等美国学人亦多在此刊刊发论文。

③ 即"除田之租税"，具体见 H. T. Lei, Review The Chinese, Their History and Culture, *The Chinese Social and Political Science Review*, Vol.xviii, No. 4 (Jan., 1935)，p.603.

④ William Hung, Review The Literary Inquisition of Ch'ien-Lung, *The Chinese Social and Political Science Review*, Vol. XIX, No. 2 (July, 1935), pp. 268-277.

⑤ 龚鹏程编：《读经有什么用？》，上海人民出版社2008年版，第99—102页。

中国。

美国学人在书评中同样寄有其意趣,他们在评述时多突出所评之著在国际汉学界的地位与贡献。比如,德效骞的《前汉书译注》,即被评价为"西方史学家将对德效骞和美国学术团体理事会感激不尽"①;恒慕义的《清代名人传记》,不仅是"美国汉学进步的最明显的证据"②,而且"这部有着很高学术水准的著作将对西方世界的现代中国历史研究做出不可估量的贡献"③;卜德的《李斯传》,被认为"超过了西方语言中所有已知的任何一本著作"④;宾板桥的《唐代的建立》,系"西方第一次从现代历史的角度出发,对隋亡唐兴这一至关重要历史时期进行重新诠释"⑤。如此强调,意在向国际学界彰显美国汉学的进步及其对汉学界的贡献。另外,美国学人在评述中多强调这些汉学著作的价值和意义。恒慕义的《清代名人传记》,被认为其价值不仅在于"丰富了我们的中国知识。更为重要的是,它所关注的这一时期正是西方在中国发挥重要影响的时期"⑥。卜德的《李斯传》,亦被认为"值得每一个读者关注",因为"给我们提供了有关中国历史上一段重要历史时期的许多知识";⑦宾板桥的《唐代的建立》,则被认为系关于"中华帝国兴衰的标本性研究,对此感兴趣的人

---

① J. K. Shryock, Review The History of the Former Han Dynasty, *Journal of the American Oriental Society*, Vol. 58, No. 3 (Sep., 1938), pp. 485-488.

② K. S. Latourette, Review Eminent Chinese of the Ch'ing Period (1644-1912), *The American Historical Review*, Vol. 50, No. 4 (July, 1945), p. 803.

③ Franz Michael, Review Eminent Chinese of the Ch'ing Period (1644-1912), *The Far Eastern Quarterly*, Vol. 3, No. 4 (Aug., 1944), p. 387.

④ J. K. Shryock, Review A History of Chinese Philosophy China's First Unifier: A Study of the Ch'in Dynasty as Seen in the Life of Li Ssu, *Journal of the American Oriental Society*, Vol. 58, No. 3 (Sep., 1938), pp. 488-492.

⑤ E. A. Kracke, Jr., Reviewed The Founding of the T'ang Dynasty, *The Far Eastern Quarterly*, Vol. 1, No. 1 (Nov., 1941), pp. 90-92.

⑥ K.S. Latourette, Review Eminent Chinese of the Ch'ing Period (1644-1912), *The American Historical Review*, Vol. 50, No. 4 (July, 1945), pp. 803-805.

⑦ E. Edwards, Review China's First Unifier, *Bulletin of the School of Oriental Studies, University of London*, Vol. 9, No. 4 (1939), pp. 1064-1065.

不容错失"①。之所以如此强调,乃是希望借此提高美国社会对汉学研究的重视。太平洋战争前,汉学研究并不为美国人重视。卡梅伦沮丧地发现,"不关注东亚的美国教育,使那些受过教育的美国人理所当然地认为没有理由关注东亚","既定的学术成见漠视甚至敌视远东研究"。②

由上可见,跨国学术评议时,所关注的并不限于所评著作本身,亦涉及对本国学术及其所处环境的关切。葛兆光曾就"历史的旅行"指出,"一个历史事件,在旅行过程中不断夺形换貌,穿上不同的衣衫"③。学术著作的评议亦存在相类似的情形,因为评议者都有自己的学术传统及学术关怀,带着这种学术的"先结构"去评议域外著作,必然会出现不同于其本国的评价。在国际化已成学术评议之底色的当下,无疑需要高度重视中国学术在国际学术场域中的回响,但亦需要注意国际学术评价本身带有的"民族性"烙印,或者说其评价在一定程度上是其本国学术及其历史、文化和价值观的反映。

---

① E. A. Kracke, Jr., Reviewed The Founding of the T'ang Dynasty, *The Far Eastern Quarterly*, Vol. 1, No. 1 (Nov., 1941), pp. 90-92.

② Meribeth E. Cameron, Far Eastern Studies in the United States, *The Far Eastern Quarterly*, Vol. 7, No. 2 (Feb., 1948), pp. 115-116.

③ 葛兆光:《一个历史事件的旅行——"文艺复兴"在东亚近代思想和学术中的影响》,《学术月刊》2016年第3期,第127页。

第六章

民国学人的域外汉学著作阅读史及其特点

众所周知,作为私人叙事的日记,一般来说具有记载的连续性及偏重日记主体内心感悟等特点,这就使之能够鲜活地呈现日记主人的阅读生活;更为重要的是,日记具有私密性的特征,日记主人在记述时往往率性操觚,一任本真,多将其本真的阅读体验笔之于日记中。正是因为如此,通过日记对民国学人的域外汉学著作阅读史进行考求,就不失为探视民国时期中外汉学交流面相的一扇绝好窗口!

一、民国学人所阅域外汉学著述之概况

如梁启超所说,海通之后的中国已卷入世界体系之中,开始由"亚洲之中国"进入"世界之中国"[①]。由是,西学渐成中国学人所无法忽视之学。1911年,王国维在《国学丛刊序》中这样言道:"且居今日之世,讲

[①] 梁启超在《中国史叙论》中认为,历史上依次存在过三个"中国":史前至秦统一为"中国之中国",秦统一至清朝乾隆末年为"亚洲之中国",乾隆末年起为"世界之中国",载《清议报》1901年第90册,收于《饮冰室文集之六》,台湾中华书局1978年版,第1页。

今日之学，未有西学不兴，而中学能兴者；亦未有中学不兴，而西学能兴者。"[1]受此风气之熏染，民国学人对于域外汉学著述甚为关注。有学人即这样倡言道："我们在现今来治中国史，若不先知道西洋汉学界与日本支那学界的动向，那是不能及格的。"[2]《浙大学生》在"复刊辞"中更是直率言道："居今日而治中国学术，苟未能读西洋书，恐终难有卓异之成就。"[3]

由民国学人的日记，亦可窥知民国学界的这一取向。笔者以胡适、吴宓、顾颉刚、金毓黻、钱玄同、朱希祖、容庚、邓之诚、夏鼐、郑天挺等十位学人的日记为样本，就其所阅域外汉学之著述进行考察，具体结果如表6-1所示：

表6-1 十位民国学人所阅域外汉学著述之数量及国别情况表[4]

日记名称	日记的起止时间	域外汉学论著之数量	域外汉学论著之作者国别							
			日本	法国	德国	英国	美国	瑞典	俄国	其他
《胡适日记》	1906—1949	23	5	2	2	6	3	4	0	1
《顾颉刚日记》	1913—1949	21	20	0	0	0	0	1	0	0
《静晤室日记》	1920—1949	53	47	3	1	2	0	0	0	0
《邓之诚日记》	1933—1949	5								

---

[1] 王国维：《国学丛刊序》(1911)，王国维著：《观堂集林》(外二种)，河北教育出版社2003年版，第702页。

[2] 张好礼（杨堃）：《中国新史学运动中的社会学派》，《读书青年》1945年第2卷第4期，第13页。

[3] "复刊辞"，《浙大学生》1941年第1期，第1页。

[4] 资料来源：曹伯言整理：《胡适日记全集》，台北联经出版事业股份有限公司2004年版；顾颉刚：《顾颉刚日记》，台北联经出版事业股份有限公司2007年版；金毓黻著，编辑整理组点校：《静晤室日记》，辽沈社1993年版；邓之诚著，邓瑞整理：《邓之诚日记》(外五种)，北京图书馆出版社2007年版；吴宓著，吴学昭整理：《吴宓日记》，生活·读书·新知三联书店1998年版；杨天石主编：《钱玄同日记（整理本）》，北京大学出版社2014年版；朱希祖著，朱元曙、朱乐川整理：《朱希祖日记》，中华书局2012年版；容庚著，夏和顺整理：《容庚北平日记》，中华书局2019年版；夏鼐：《夏鼐日记》，华东师范大学出版社2009年版；郑天挺著，俞国林点校：《郑天挺西南联大日记》，中华书局2018年版。

续表

日记名称	日记的起止时间	域外汉学论著之数量	域外汉学论著之作者国别							
			日本	法国	德国	英国	美国	瑞典	俄国	其他
《吴宓日记》	1910—1949	11	3	3	1	1	0	1	1	1
《钱玄同日记》	1905—1939	19	15	0	1	0	0	3	0	0
《朱希祖日记》[①]	1906—1943	33	27	5	0	1	0	0	0	0
《容庚北平日记》	1925—1946	14	8	0	1	3	1	0	0	0
《夏鼐日记》	1931—1949	113	24	26	9	14	7	26	3	4
《郑天挺西南联大日记》	1938—1946	12	7	4	0	1	0	0	0	0

由表6-1可见，民国学人所阅域外汉学之著述的总数并不多，但无一例外都有所关注。从民国学人所阅域外汉学著述之国别来看，日本汉学家的著述最为民国学人所关注和重视，其次是法国。即使是曾留学欧美的胡适、吴宓和夏鼐，对于英美和欧洲的汉学家著述虽较其他学人要更为青睐，但日本汉学家的著述在其所阅域外汉学著述中同样占据着相当的比重。饶有意味的是，十位民国学人中仅有胡适、容庚和夏鼐阅读过美国汉学家的著述，且数量非常之少。胡适所阅的美国汉学著述仅为明恩溥（Arthur H. Smith，1845—1932）的《中国人的气质》、芮恩施的《远东的思想与政治趋向》、卡特的《中国印刷术源流考及西传》等3部[②]；在容庚的日记中，亦仅见其阅读过福开森（John C. Ferguson，1866—1945）的《匋斋旧藏古酒器考》《古禁全器》和《齐侯四器考》等

[①] 朱希祖的日记，因年代久远，又经战、文两祸，散佚不少。尤其是其北京期间（1913至1932年）的日记，已散佚殆尽。现知存于世的日记有，1906、1908年留学日本日记，1913年2月5日至4月15日日记，1929年1月1日至3月25日日记，1932年10月5日至1933年9月23日的《粤行日记》，1934年2月21日至1937年5月8日的南京日记，1937年6月9日至12月30日辗转于宣城、屯溪、重庆日记以及1938年1月1日至1943年8月4日的重庆日记。

[②] 曹伯言整理：《胡适日记全集》第1册，台北联经出版事业股份有限公司2004年版，第206—207页；第四册，第624页。

3部①；夏鼐所阅的美国汉学家著述较其他人为多，也仅有顾立雅的《中国之诞生》、拉铁摩尔的《中国的亚洲内陆边疆》、马士的《中华帝国对外关系史》、赖德烈的《基督教在华传教史》、毕士博的《中国南北文化的起源》、毕格的《中国近代史研究的史料》等。

受治学兴趣和研究领域等因素的影响，民国学人所阅域外汉学著述呈现出与其治学兴趣存有紧密联系之倾向和特点。比如，金毓黻早年关注东北史地尤其是渤海国史，所阅读即主要是稻叶君山的《清朝全史》和《满洲发达史》、鸟山喜一的《渤海史考》、津田左右吉的《渤海考》、箭内亘的《蒙古史研究》、菊池贞二的《东三省古迹遗闻》、和田清的《明初蒙古之经略》、治田赖辅的《渤海国与日本之交通》以及法国汉学家闵宣化的《东蒙古辽代旧城探考记》等与其研究兴趣相关的著述；夏鼐的学术旨趣在考古学，阅读的多是德裔汉学家劳费的《中国古玉考》、日本汉学学家滨田耕作的《东亚文化之黎明》、美国考古学家毕士博的《中国南北文化的起源》、加拿大汉学家怀履光（William Charles White，1873—1960）的《洛阳故城古墓考》、俄罗斯汉学家罗斯托夫策夫的《汉代的镶嵌铜器》以及瑞典汉学家高本汉的《中国青铜器中的殷与周》和考古学家安特生（Johan G. Andersson，1874—1960）的《中华远古之文化》《西域考古记》《古代中亚的通道》《中国史前史研究》等同考古研究相关的域外汉学著述；容庚以古文字和青铜器学为研究兴趣所在，因此滨田耕作的《支那古明器泥象图说》、内藤虎次郎的《乐浪遗迹出土之漆器铭文》、田泽金吾的《乐浪古坟发掘》、高本汉的《中国铜器之新研究》、福开森的《齐侯四器考》、明义士（James Mellon Menzies，1885—1957）的《殷虚卜辞》以及香川默识的《西域考古图谱》等成为其主要阅读的域外汉学著述。

民国学人所阅域外汉学著述虽存有差异性，但考十位学人之日记可发现，他们在域外汉学著述阅读方面还是存有交集，具体情况见表6-2：

---

① 容庚著，夏和顺整理：《容庚北平日记》，中华书局2019年版，第26、187页。

表 6-2 十位民国学人共同关注与阅读的域外汉学著述表[①]

域外汉学家	国籍	著述名称	阅读的民国学人
高本汉	瑞典	《中国语与中国文》	钱玄同、胡适、夏鼐、吴宓
		《中国音韵学研究》	钱玄同、胡适
		《左传真伪考》	顾颉刚、胡适
		《中国铜器之新研究》	夏鼐、容庚
斯坦因	瑞典	《西域考古记》	夏鼐、金毓黻、顾颉刚
西尔伦	瑞典	《中国早期艺术史》	胡适、夏鼐、金毓黻
多桑	法国	《多桑蒙古史》	金毓黻、胡适、郑天挺、夏鼐
鄂卢梭	法国	《秦代初平南越考》	朱希祖、夏鼐
闵宣化	法国	《东蒙古辽代旧城探考记》	金毓黻、夏鼐
费赖之	法国	《入华耶稣会士列传》	朱希祖、郑天挺
迈葛文	英国	《佛家哲学通论》	朱希祖、钱玄同
明义士	加拿大	《殷虚卜辞》	吴宓、容庚
羽田亨	日本	《西域文明史概论》	金毓黻、胡适、夏鼐、郑天挺
桑原骘藏	日本	《蒲寿庚之事迹》	金毓黻、郑天挺、顾颉刚
香川默识	日本	《西域考古图谱》	邓之诚、容庚、顾颉刚
常盘大定	日本	《支那文化史迹》	邓之诚、容庚、朱希祖
		《支那佛教史迹》	邓之诚、顾颉刚
小川琢治	日本	《支那历史地理研究》	朱希祖、顾颉刚
		《穆天子传考》	朱希祖、顾颉刚
本田成之	日本	《中国经学史》	钱玄同、顾颉刚、金毓黻
滨田耕作	日本	《考古学通论》	金毓黻、夏鼐、容庚
江侠庵（编译）	日本	《先秦经籍考》	顾颉刚、朱希祖
高村泷川	日本	《支那史》	钱玄同、顾颉刚
今关寿麿	日本	《宋元明清儒学年表》	钱玄同、胡适
箭内亘	日本	《蒙古史研究》	朱希祖、金毓黻、夏鼐
		《元代三种阶级考》	朱希祖、金毓黻
		《元朝制度考》	朱希祖、夏鼐、金毓黻

① 表 6-2 所依据的资料来源与表 6-1 相同。

续表

域外汉学家	国籍	著述名称	阅读的民国学人
藤田丰八	日本	《西域研究》	郑天挺、夏鼐、金毓黻
内藤虎次郎	日本	《章实斋年谱》	胡适、金毓黻
鸟居龙藏	日本	《满蒙古迹考》	金毓黻、夏鼐
梅原末治	日本	《中国青铜器时代考》	金毓黻、夏鼐

由表6-2不难发现，藤田丰八的《西域研究》、羽田亨的《西域文明史概论》、稻叶君山的《满洲发达史》、鸟山喜一的《渤海史考》、箭内亘的《蒙古史研究》、小川琢治的《支那历史地理研究》、常盘大定的《支那佛教史迹》以及冯承钧所译的《多桑蒙古史》《昆仑及南海古代航行考》《交广印度两道考》《入华耶稣会士传》《东蒙古辽代旧城探考记》《秦代初平南越考》《西域南海史地考证译丛》等成为民国学人的主要共同阅读著述，这在某种程度上折射出民国学人治学之取向与趋向。众所周知，自清末民初以来，缘于甲骨卜辞、汉晋简牍、敦煌文书及异族古文字等新史料的不断发现，民国史学界呈现明显的"四裔倾向"。① 葛兆光就此如是指出："对于四裔历史的重视、对于比较语言学的研究、对于社会史与文化史的偏重，对于考古发现以及其他新材料的发掘，这些本来都是现代东洋和西洋汉学的风气，到了1929年却已经成为中国历史学界的共同取向。"②

事实上，民国史学界的这一取向在十位民国学人的日记中亦有着鲜明的体现。除吴宓、钱玄同和专研金石及古器物的容庚外，其他民国学人对于中西交通、四裔及边疆史地方面的域外汉学著述都有所涉猎，且金毓黻、朱希祖、郑天挺、顾颉刚等民国史家所阅域外汉学著述主要集中于此，具体情况见表6-3③：

---

① 桑兵：《国学与汉学：近代中外学界交往录》，浙江人民出版社1999年版，第1页。
② 葛兆光：《新史学之后：1929年的中国历史学界》，《历史研究》2003年第1期，第86—87页。
③ 表6-3所依据的资料来源与表6-1相同。

表 6-3　民国学人所阅域外汉学著述之所属研究领域表

日记名称	日记的起止时间	域外汉学著述之数量	域外汉学著述之所属研究领域			
			四裔及边疆史地	中西交通史	金石古物及考古	其他
《胡适日记》	1906—1949	23	3	7	2	11
《顾颉刚日记》	1913—1949	21	3	5	5	7
《静晤室日记》	1920—1949	53	37	5	2	9
《邓之诚日记》	1933—1949	5	1	1	2	1
《吴宓日记》	1910—1949	11	0	1	1	9
《钱玄同日记》	1905—1939	19	0	0	2	17
《朱希祖日记》	1906—1943	33	10	9	6	8
《容庚北平日记》	1925—1946	14	1	0	10	3
《夏鼐日记》	1931—1949	113	12	13	57	31
《郑天挺西南联大日记》	1938—1946	12	7	5	0	0

二、民国学人阅读域外汉学著述之特点

如上所述，民国学人所阅的域外汉学著述，呈现出鲜明的时代气息。就其阅读特点而言，有如下值得关注之处：

其一，注意从域外汉学著述中抄录所值得关注之观点或史料。自清末民初以来，域外汉学发展迅速，成果丰硕，"近数十年，欧洲人所谓东方学，日本人所谓支那学，研究甚力，进步甚速，对于专题研究，往往突过吾国硕学"①。域外汉学所以取得如此成就，其原因如梁启超所说："盖彼辈能应用科学方法以治史，善搜集史料而善驾驭之，故新发明往往而有也。"②正因为如此，胡适在《国学季刊》的发刊词中倡议，今后的国学研究实应"博采参考比较的材料"，认为"材料上，欧美、日本学术界

---

① 陆懋德：《筹办历史系计划书》，《清华周刊》1926 年第 25 卷第 16 期。
② 梁启超：《梁启超史学论著四种》，岳麓书社 1985 年版，第 164—165 页。

有无数的成绩可以供我们参考比较,可以给我们开无数新法门,可以给我们添无数借鉴的镜子"。①

缘于此,民国学人颇为注意从域外汉学著述中抄录其认为值得注意之观点或史料。在顾颉刚的日记中,即见"钞市村瓒次郎《中国历史史观》一文"(1926年11月24日)、"钞小川琢治《支那历史地理研究》目录,毕"(1930年11月3日)、"抄《先秦经籍考》序"(系日本内藤湖南所撰,1932年2月11日)等记录。②在朱希祖的日记中,亦见其有抄录之情形,"至图书馆借书,中有日本人藤田丰八所撰《中国南海古代交通丛考》,内载古代华人关于棉花、棉布之知识一篇,考袁国之帛叠布特详,阅之终篇,抄录"(1938年12月23日)、"摘录《入华耶稣会士传》中南明史料"(1943年3月12日、13日)等。③郑天挺同样颇为注意从域外著述中抄录史料,在其西南联大时期的日记中即记有:"昨日自学校借得日本《史学杂志》两册,中有中村久四朗《明末之日本乞师与乞资》一文。昨夜摘译未竟,今日补译之,迄下午九时始毕"(1939年4月12日)、"九时始起,读日本《史学杂志》,录其有关明代者"(1940年8月17日)、"下午读日本《史学杂志》,有万历二十五年朝鲜僧松云致日本书,斥其借道伐明及求割四道事,毕录之"(1940年8月18日)等。④在夏鼐的日记中,则有"上午赴校将高本汉的论文(指《中国青铜器中的殷与周》)作一提要,摘记下来"(1936年1月2日)等记录。⑤可见,抄录域外汉学著述之观点或史料已成为民国学人中一种较为普遍的阅读习惯。

其二,常率性评点所阅域外汉学著述或汉学家。受知识结构、治

---

① 胡适:《国学季刊·发刊词》,《国学季刊》1923年第1卷第1号,第1页。
② 顾颉刚:《顾颉刚日记》卷一,台北联经出版事业股份有限公司2007年版,第819页;卷二,第456、610页。
③ 朱希祖著,朱元曙、朱乐川整理:《朱希祖日记》,中华书局2012年版,第962、1353页。
④ 郑天挺著,俞国林点校:《郑天挺西南联大日记》,中华书局2018年版,第145—146、300页。
⑤ 夏鼐:《夏鼐日记》卷二,华东师范大学出版社2009年版,第1页。

学兴趣等因素之影响,民国学人对于域外汉学著述之态度,或以开放姿态吸收融汇,或新旧夹杂在西人所论和个人认识之间犹豫,或以西人认识片面而批判否定。他们之于域外汉学著述的态度,多在日记中率性表达。朱希祖在阅读小川琢治的《支那历史地理研究》后,称其"颇有发现,盖用科学方法出于实验,非纸上空谈可比"①;和田清所撰《世界文化史大系》之明史部分,"颇有独到之处";神田喜一郎的《汲塚书出土始末考》,"关于编缀写定始末毫无发明"②。钱玄同在阅完美国学者迈格文(Wm. M. Megovorn)所著《佛家哲学通论》(*A Manual of Philosophy*)后称"此书实不见佳",对于日本汉学家中岛竦的《书契渊源》则称"书殊精也"③。译完日本汉学家田泽金吾的《乐浪古坟发掘》中释彤字这一段后,容庚称其"殊不了了"④。邓之诚借阅日本汉学家《支那佛教史迹》后的评点是:"所载者亦多未备,北京未及法源寺,其陋可知。"⑤吴宓则对与其交往的汉学家多有颇为尖刻的评论,如称曾请其帮忙查找资料的孙念礼"其人殊粗鄙";至于经人介绍前来拜访他的美国哥伦比亚大学历史系讲师毕格,他在日记中记述称"因见宓关于孔教之演说,故来谈。但所谈极泛泛,其人亦无多学识云"⑥。

  胡适在日记中,对域外汉学家同样有直率评论。例如,在与早稻田大学教授内个崎作三郎交流后,其评价是"这位先生颇通英语,高谈人类学,其实肤浅得很";对于神田喜一郎,则称"此君是支那学者,读书甚多";至于来自沙俄的流亡汉学家钢和泰,更是大加称赞,"钢先生

---

① 朱希祖著,朱元曙、朱乐川整理:《朱希祖日记》,中华书局2012年版,第123页。
② 朱希祖著,朱元曙、朱乐川整理:《朱希祖日记》,中华书局2012年版,第841、1016页。
③ 杨天石主编:《钱玄同日记(整理本)》,北京大学出版社2014年版,第755、1038页。
④ 容庚著,夏和顺整理:《容庚北平日记》,中华书局2019年版,第82页。
⑤ 邓之诚著,邓瑞整理:《邓之诚日记(外五种)》,北京图书馆出版社2007年版,第741页。
⑥ 吴宓著,吴学昭整理:《吴宓日记》第三册,生活·读书·新知三联书店1998年版,第105页;第四册,第182页。

是俄国第一流学者"①。胡适与伯希和有着非常密切的交往，且对其颇有好评，曾在1926年8月24日的日记中称其"是西洋治中国学的泰斗，成绩最大，影响最广，我们谈了两点钟，很投机"②。即便如此，他在日记中亦坦率指其治学之讹误：1926年9月4日，他去看Pelliot，"谈起我看的敦煌卷子，他送我他的旧作 Notes Sur quelques artistes des six Dynasties et des T'ang。我检他论达磨的一段看了，他能用《洛阳伽蓝记》，甚难得，但他的材料还不够"；1926年9月26日，"回寓把巴黎读书的notes用英文写出，寄予Pelliot，使他可以修正写本目录上的错误"；1926年10月18日，"今天我到B. M. 重检《续僧传》的达摩传，全行抄出，更觉道宜可信。Pelliot之不注重此传，似因为他看不懂此传全文，……Pelliot的结论是不错的，但他说此传'tres vague'，则甚不公道"③。

其三，常由域外汉学著述之阅读而引出新思考或新问题。顾颉刚曾如是言道："近来欧美日本学者对于汉学的研究，极有贡献，他们的成绩传入中国，很与国内学者以刺激，使中国的史学也随之而进步。这在中西交通史和蒙古史的研究上，最有帮助。"④如其所说，民国学人在阅读域外汉学著述时，常借由质疑、商榷或启迪而生发新思考。朱希祖在阅读完重松俊章所撰《宋代之均产——揆及其系统》后，有感于"该文上半篇述北淳化四年四川青城之王小波及李顺等事，下半篇述南宋建炎四年鼎州武陵之钟相及杨么等事"，他在日记中即称："余前撰《杨么事迹考证》仅述南宋，而北宋之事虽无教义可称，然渊源所自，亦当叙述，暇当专撰一文以补其遗。"⑤由于"适与余研究《竹书纪年》有关"，朱希祖对江侠庵选译的《先秦经籍考》中的神田喜一郎之《汲冢书出土始末考》

---

① 曹伯言整理：《胡适日记全集》第3册，台北联经出版事业股份有限公司2004年版，第27页；第6册，第218页；第3册，第62页。
② 曹伯言整理：《胡适日记全集》第4册，台北联经出版事业股份有限公司2004年版，第354页。
③ 同上书，第383、477、516页。
④ 顾颉刚：《当代中国史学》，上海古籍出版社2006年版，第3页。
⑤ 朱希祖著，朱元曙、朱乐川整理：《朱希祖日记》，中华书局2012年版，第541页。

和小川琢治的《穆天子传考》颇感兴趣。对于神田氏在文中通过引述中井履轩的《左传雕题略》以证《左传后序》疑系后人伪作，朱希祖称其"未能遽信，但不言其可疑何在"。为此，他在日记中将认为值得怀疑处详细列出。① 另外，朱希祖刊于《东方杂志》的《驳李唐为胡姓说》一文，亦系有感于金井之忠在《李唐源流出于夷狄考》之说"固以为妄"，同时对陈寅恪驳金井氏所论时仍主张赵郡李氏非叱李之李"亦不以为然"，故此"拟作文以驳之"②。

不惟朱希祖，其他民国学人亦多如此。例如，卡特在《中国印刷术的发明及其西传》一书中，征引柳玭于883年夏观蜀中印书之记载，认为其系"第一次提到文学中的活版印刷"问题，并由此推断"印刷术起于道院僧寺，早期的印刷中心在四川省"。1927年1月24日，胡适阅读此书后，在当天的日记中称"钦佩之至"，但对上述论点提出质疑。为此，他用英文专门撰写了题为《小论中国早期印刷》的简短注释进行商讨。在注释小文中，胡适以《白氏长庆集序》为论据，认为活版印刷的书籍出现的年代上限为公元800年，并据此推论"元稹显然注意到，早期书籍的印刷产生于长江下游三角洲地区，即现在的江苏和浙江两省"③。缘于要给夏剑丞先生的新著《古音通转例证》和《经转师读通假例证》作序批评，胡适找来高本汉的书进行研读。研读后，他认为"Karlgren 的研究限于《切韵》，而不很注意秦汉以前的古音。他的方法虽很精密，然而他的演绎部分也偶有错误"。为此，胡适就高氏之说提出新的假设，"我猜想入声之变去声，皆由脱去 -g-d 的声尾。我初深信其说。后来思之，此说殊可不必有。-k-t，也都可脱去，正不必借径于 -g-d 一个阶级也"。④ 郑天挺曾撰有《发羌之

---

① 朱希祖著，朱元曙、朱乐川整理：《朱希祖日记》，中华书局2012年版，第1016、1022页。
② 同上书，第633页。
③ 曹伯言整理：《胡适日记全集》第4册，台北联经出版事业股份有限公司2004年版，第624—626页。
④ 曹伯言整理：《胡适日记全集》第5册，台北联经出版事业股份有限公司2004年版，第455—456页。

地望与对音》一文,刊于《历史语言研究所集刊》(1939年第8卷第1期)。由日记观之,此文在很大程度上源于其读《西域研究》《西域南海史地考证译丛》等译籍之所得。从1938年5月20日"在图书馆借译籍五册"后,郑天挺每天都在"读译籍";至6月9日,他在日记中如是写道:"上午读隋唐史及译籍。……余前读《新唐书·吐蕃传》,疑发羌即西藏土名Bod之对音,近日思之,觉其理颇长,因拟参考群书,作为论文。"6月13日,"以地理证发羌之地望与西藏相当,以古音证'发'字与Bod可相对"为主要旨趣的文稿即草成。在文稿草成当天的日记中,郑天挺感慨道:"以古音证地理,此法西人若伯希和、沙畹之流用之,已三十余年;日本若白鸟、藤田之流,亦用之二十余年。而中国反无其人,此文岂其嚆矢乎?"① 1944年10月31日,郑天挺借同事兼好友李莘田理物之机,得以抄录李氏摘抄于日本汉学家所编的《满洲语学史料补遗》《朝鲜司译院日满蒙语学书断简解说》《女真语研究之新资料》《桑原博士还历纪念:东洋史论丛》等著述中的满洲语资料。录后,郑天挺在当天的日记中如是写道:"旬前偶检《清文启蒙》,知满文姓氏之姓(如'贵姓'、'我姓王'之类。)皆作ᡥᠠᠯᠠ,读为哈hala,则余前谓'《太祖武皇帝实录》注"觉罗,姓也"之姓,非谓普通姓氏之姓,乃谓"觉罗"一字为姓氏之一'之一假设得确证矣。屡思写入文内,未得暇,亦附于此"②。

三、余论:日记中的民国学人域外汉学观

由日记观之,民国学人在域外汉学的倾向上存有个体性差异。披览夏鼐日记,即可见其对几乎所有的西洋汉学名家都有所批评。他在阅读完劳费的《汉代的陶器》后,批评其"氏为西方所崇拜之汉学大师,而

---

① 郑天挺著,俞国林点校:《郑天挺西南联大日记》,中华书局2018年版,第62—69页。
② 同上书,第945—946页。

此中汉译英之文句多不通句读，不解字义，西方汉学家多如此，又何足怪"；阅毕法国汉学家蒂扎克（Henri d'Ardenne de Tizac，1877—1932）的《中国古典艺术》，称"蒂扎克不懂汉文之人，侈谈中国艺术，徒显其陋而已"①。即使颇受民国学界推崇的高本汉，夏鼐同样有严厉的批评之语。例如，他在阅毕高本汉的《中国青铜器中的殷和周》后，称"此书极佳，作者费几年之工夫，始得此结果。但以材料关系，故结论有时或未免站不住"；对于高氏另外一著作《语音与符号》，他在阅后称："此书为通俗性质之书。关于音韵学一部分，虽极简略，颇多作者创见。文字学部分，则甚浅薄。"②夏鼐认为："西洋学者研究中国的东西，并未见如何高明，惟以其较富实验精神及文字方面之便利，有时所得较富。"③故此，他在阅读到丁文江痛批葛兰言的《中国的文明》一文后，称"骂得颇为痛快"④。饶有意思的是，夏鼐对于美国学人的汉学著述虽亦有批评，但却不乏颇多肯定。例如，他称毕士博的《中国南北文化的起源》一文，"虽仅寥寥20余页，颇耐深思"⑤；顾立雅的《中国之诞生》之商代部分，"叙述亦能得其要领，颇佳；周代则未见佳，惟态度尚谨严"⑥；拉铁摩尔的《中国的亚洲内陆边疆》，"是以地理环境来解释经济状况及社会组织，更以经济社会情形来解释中国与边疆的关系史，从史前一直到汉代，颇值得一读"⑦。

与之不同，金毓黻对日本汉学颇为推崇，常对其所阅日本汉学家之著述赞赏有加。他在阅读稻叶君山的《清朝通史》时，即如是感慨地言道："吾国通博之士匪少，以言清史，乃不如稻叶创获之多，视之洵有愧

---

① 夏鼐：《夏鼐日记》卷二，华东师范大学出版社2009年版，第47、126页。
② 夏鼐：《夏鼐日记》卷一，华东师范大学出版社2009年版，第402页；卷二，第215—216页。
③ 夏鼐：《夏鼐日记》卷一，华东师范大学出版社2009年版，第380页。
④ 夏鼐：《夏鼐日记》卷二，华东师范大学出版社2009年版，第91页。
⑤ 夏鼐：《夏鼐日记》卷一，华东师范大学出版社2009年版，第267页。
⑥ 夏鼐：《夏鼐日记》卷二，华东师范大学出版社2009年版，第75页。
⑦ 夏鼐：《夏鼐日记》卷三，华东师范大学出版社2009年版，第153页。

色矣";"此等史料为他书所罕见,而稻叶氏之史识亦可称矣";"以异国人叙中土事,提要钩玄,语皆有据,虽秉笔修清史者,亦不能不取材于是书,其为有数之名著可知已。"① 即使是在将此著与民国学人所撰的《清代通史》和《东北史纲》进行比较时,仍对其多有肯定,而对民国学人之著则颇不以为意。例如,他称萧一山的《清代通史》"叙清初建国事甚略,于称后金易满洲之原委全取日人稻叶氏之说,别无发明,则其大略可知"②;对于傅斯年、徐中舒诸君所撰《东北史纲》,其评价是"大抵取材于东籍,极似稻叶氏之《满洲发达史》,特异其旨趣,而稍增其内容耳"③。观金氏日记,随处可见其对稻叶氏的称赞之语,"日本稻叶君山研究辽东史地及朝鲜掌故极熟,名著甚多","日本稻叶君山先生研究辽东及朝鲜史地,富有心得","读稻叶氏近著,中多创获,心为之开"、"又见稻叶氏新有《考铁岭卫》一文,必能有新意,宜购读之"。④ 以致稻叶氏每至沈阳,金氏都亲至车站迎接,与之长谈。对于其他日本汉学家及其著述,金毓黻同样多有赞誉。例如,他称津田左右吉的《渤海考》,"考证天门岭甚详。余所引《新唐书·安禄山传》之语,彼亦引之,人言已先于我,深佩其读书之多";治田赖辅的《渤海国与日本之交通》一书,"撰次綦详,凡余书之所有者无一不具,且有三四篇关系渤海文献为余书所未载者,亟取而补缀之";箭内亘的《元代三种阶级考》,"颇能源源本本,委曲详尽,足为研史之助";本田成之所撰《支那经学史论》,"如细细阅之作,颇多精辟之论,盖其分析之处多于综合,凡吾国

---

① 金毓黻:《静晤室日记》,辽沈书社1993年版,第1778、1800、1801、1869页。
② 金毓黻:《静晤室日记》,辽沈书社1993年版,第2094页。有意思的是,一年后,他对萧氏著作的评价有所改变,称"赡而有法,择言能精,所谓词尚体要者,殆谓是欤? 乍阅萧书,似不如稻叶岩吉之作,迨细参之,则萧作为胜。选材精当,一也;采摭繁复,二也;摘词安雅,三也。特稻叶为创作,萧氏为因成。创作者难为功,因成者易为力耳"。参见金毓黻:《静晤室日记》,辽沈书社1993年版,第2323页。
③ 金毓黻:《静晤室日记》,辽沈书社1993年版,第2916页。
④ 同上书,第2838—2840、3593页。

含混立论之处，而此编皆详为疏解"①。正因为如此，他在 1935 年 6 月 5 日的日记中这样感慨道："大抵东邦学者于东北地理多所阐发，剩义甚少，如近顷余考得之扶余城及通州城等地，虽为东士所未言及，亦不过一鳞一爪而已。"②

就同一域外汉学著述，民国学人的阅读评价亦不时存有不同。以西尔伦（Osvald Sirén，1879—1966）的《中国早期艺术史》为例，胡适与夏鼐的阅读评价即颇为不同。在胡适看来，西尔伦"很推崇中国画，所言亦有独到处"③。夏鼐则认为"此书尚佳，虽偏重美术，实则亦可作考古学教本读，惟氏似不识华文，更谈不到甲骨金石文字，未免隔膜一层。而材料方面，因为出土地及出土情形多不清楚，更未免混入不可靠的材料"；在 1936 年 3 月 3 日的日记中，夏鼐再次记述其阅读此书后的评价，"西尔伦这部 4 大册定价 16 先令的书，插图颇丰，但并无崭新的见解，怪不得叶兹教授说西尔伦的著作，并非 serious study 缜密研究的结果"。④ 二人的阅读评价之所以存有不同，原因当然是多方面的，其中之一可能与作者的交往不无关系。由夏鼐日记可知，除 1936 年 2 月 14 日曾听过西尔伦在伦敦大学艺术研究所做演讲外⑤，夏氏与其并无什么直接交流。胡适与西尔伦则不仅颇为熟稔，且在学术上有相近的取向与旨趣。胡适在 1922 年的日记中，三次记述了与西尔伦交往的情形，并表达对其治学取向的称许与肯定：3 月 18 日，"到六国饭店访斯托洪（Stockholm）大学教授西尔伦。此君专治美术史，很注意中国的美术，他说中国的美术品所代表的精神的意境，比西洋美术品更多，因为中国美术不拘守物质上的限制，技术更自由，故能表现抽象的观念更深刻。我们谈得很畅快，他把他的书 Essentials in Art 送给我"；3 月 22 日，"到六国饭店

---

① 金毓黻：《静晤室日记》，辽沈书社 1993 年版，第 2813、3161、3309、3593、3976 页。
② 同上书，第 3593 页。
③ 曹伯言整理：《胡适日记全集》第 3 册，台北联经出版事业股份有限公司 2004 年版，第 27 页；第 6 册，第 218 页；第 3 册，第 473、503 页。
④ 夏鼐：《夏鼐日记》卷一，华东师范大学出版社 2009 年版，第 394 页；卷二，第 17 页。
⑤ 夏鼐：《夏鼐日记》卷二，华东师范大学出版社 2009 年版，第 12 页。

Professor Siren 西伦教授处吃饭";4月13日,"晚间为 Siren 译述他的讲演:Characteristic of Western and Eastern Painting"。①

就民国学人的域外汉学观而言,并非一成不变。以胡适为例,民初之际的他对域外汉学虽不乏些许认可②,但以质疑鄙薄为主。1914年8月2日,胡适在日记中称翟林奈的《敦煌录译释》,"所记敦煌地理古迹,颇多附会妄诞之言,抄笔尤俗陋,然字迹固极易辨认。不意此君(解儿司)所释译,乃讹谬无数。……彼邦号称汉学名宿者尚尔尔,真可浩叹! 余撷拾诸误,为作文正之,以寄此报"③。1916年4月5日,他在日记中更是称:"西人之治汉学者,名 Sinologist or sinologue。其用功甚苦,而成效殊微。然其人多不为吾国古代成见陋说所拘束,故其所著书往往有启发吾人思想之处,不可一笔抹杀也。……然此学(Sinology)终须吾国人为之,以其事半功倍,非如西方汉学家之有种种艰阻不易摧陷,不易入手也。"④ 20世纪20年代后,胡适对域外汉学之态度大为改变。1925年,他在华北协和华语学校所发表的题为《当代的汉学研究》演讲中,认为西方汉学在拓展研究范围、系统的材料建构及引入新材料进行比较研究等方面取得了令人瞩目的成就。他提醒中国学人,无论是材料还是研究方法,现今的域外汉学都做出了值得我们关注的贡献。⑤ 对于域外汉学,钱玄同有相类似的变化。1909年11月22日,他在日记中记述日本学者

---

① 曹伯言整理:《胡适日记全集》第3册,台北联经出版事业股份有限公司2004年版,第473、478、503页。

② 例如,胡适在1914年4月10日的日记中对域外学者所写的《王阳明中国之唯心学者》这样评价道,"殊有心得,志之于此,他日当与通问讯也";该年11月6日的日记中提到梅耶斯(Wm. F. Mayers)于1874年出版的《中国读者手册》时说,"其书甚佳,考证详悉,非率尔操觚者之比也"。见曹伯言整理:《胡适日记全集》第1册,台北联经出版事业股份有限公司2004年版,第307、534页。

③ 曹伯言整理:《胡适日记全集》第1册,台北联经出版事业股份有限公司2004年版,第431—432页。

④ 曹伯言整理:《胡适日记全集》第2册,台北联经出版事业股份有限公司2004年版,第290页。

⑤ 《胡适全集·英文著述二》第36册,安徽教育出版社2003年版,第53—54页。

对古汉字的解释，称"谬有极可笑者"，并质疑"今之西学果可恃乎？"在他看来，"日本自唐以来沐浴中国文化者千年而犹然，况其治西学止三四十年以来乎？其不足信固也"①。20世纪20年代后，钱玄同对于域外汉学一改过去的认识，称"域外智识愈丰富者，其对于本国学问之观察亦愈见精美"，故"欲倡明本国学术"，应"旁搜博采域外之智识，与本国学术相发明"。②

如前所述，金毓黻对于日本汉学家的著述，可谓是推崇之至；然而，20世纪30年代末后，他对日本汉学著述虽总体上仍持有好评，但有细微之变化。例如，他在阅读完青山定男所撰《读史方舆纪要索引》后，称其"虽便检寻，实未精善"；对津田左右吉的《安东都护府考》，虽评价其"诚胜《满洲历史地理》所说"，并因其"不信有辽东新城，与余说合，诚为卓见"，但认为是书"检索古籍尚未能尽，余拟别撰一文以补津田氏之所未备有"；至于羽田亨的《西域文明史概论》，虽称其"此至可称述之令绩也"，但对其以宗教和美术为依据所提出的西域之文化"颇受西来之影响，汉代以来东方文化，虽亦传播西域，然于其土人无何影响。自唐以后，回鹘一族代伊兰人种而兴，濡染唐文化最深，于是东方文化渐能夺西方文化之席"的观点持有怀疑，称"斯坦因在敦煌所见之有翼天使之壁画，此书中亦述之，谓为受希腊及基督教之影响，即以基督教之美术取入佛教美术之中，亦为东西文化交流化合之表征。唯余所见三台琴泉寺天王造像背亦有翼，岂以受有基督教之影响耶"。③尤有意思的是，他对稻叶君山之著亦开始有所怀疑。他曾导引稻叶阅《清实录》，并将天一阁书目之歧疑质诸稻叶。事后，他在当天日记中称，君山"谓撰文时未检原书，系据他人所引，如此则其正误不能定矣"；对于稻叶氏所持"舍利为乞乞仲象之姓，非官名"之主张，"余撰《渤海国志》不取是说，而君山不以为然"。④金氏对日本汉学家及其著述之态度的微妙变化，

---

① 杨天石主编：《钱玄同日记（整理本）》上册，北京大学出版社2014年版，第194页。
② 杨天石主编：《钱玄同日记（整理本）》上册，北京大学出版社2014年版，第303页。
③ 金毓黻：《静晤室日记》，辽沈书社1993年版，第3557、4579—4580页。
④ 同上书，第3404—3405、3685页。

或许系因中日关系紧张所激发的民族主义情感所致。他在1937年1月1日的日记中曾如是感慨道:"吾喜论学,尤好研史,惟愈研史,则愈与保国爱乡之思,否则父母之邦,讵宜轻去,北望故宇,不禁潸焉。"①

颇为有意思的是,新中国成立之后这些学人对于域外汉学著述的关注大为改变。以金毓黻为例,在其1949年至1960年的日记中,没有任何阅读域外汉学著述的记录;顾颉刚在1949年至1957年间所阅域外汉学著述则仅有岛田翰的《古文旧书考》、小川琢治的《穆天子传考》、鄂卢梭的《秦代初平南越考》、足立喜六的《法显传考证》、马伯乐的《书经中的神话》等十部,且全部为民国时期所译之旧作②;夏鼐在1949年至1958年间所阅的域外汉学著述虽多达30部,但其所阅的这些著述不仅为民国时期所译之旧著,且其阅读的主要目的系为撰著相关文章搜寻材料:1955年9月26日,"阅萨尔滋曼、贝克:《远东的古代玻璃》(《远东古物馆馆刊》10期一文)及梅原末治《支那汉代的玻璃》一文",其所阅系为撰写《中国古代的玻璃》而阅,如其在9月27日的日记所记,"写作《中国古代的玻璃》,约3000字,赴所查书";1956年7月23日,"为《汉代新疆》收集资料,阅贝格曼及黄文弼有关罗布淖尔之书";1958年4月2日,"下午在家翻译莫尔《1550年以前中国的基督教徒》,为泉州也里可温墓碑考释做准备工作"③。对于域外汉学著述的阅读,之所以呈现出这种巨大变化,显然系因时代环境变化所致。众所周知,受冷战所引发的意识形态斗争的影响,新中国成立之后的学术界多对域外汉学持批判的态度,认为其"基本上都是为帝国主义服务"④。由此,学人对于域外汉学著述的阅读兴趣当然不可避免地随之发生变化,正所谓一时代有一时代的学术潮流!

---

① 金毓黻:《静晤室日记》,辽沈书社1993年版,第3953页。
② 具体见《顾颉刚日记》卷七,台北联经出版事业股份有限公司2007年版,第209、318、403、407—408、472页;卷八,第228—229页。
③ 夏鼐:《夏鼐日记》卷五,华东师范大学出版社2009年版,第180、240、363页。
④ 周一良:《西洋汉学与胡适》,《历史研究》1955年第2期,第7页。

第七章

民国学人对域外中国文明外源说的回应及其原因

中国文明是从未中断而绵延传承至今的文明，其起源问题一直是域外学人的兴趣所在，正如著名美籍德裔汉学家劳费所言，"在对中国展开科学研究的诸多问题中，中国文明的起源与发展是最为重要也最为迷人的问题"[①]。明清鼎革之际，随着欧洲耶稣会士来华，中国文明起源即成为西人讨论的话题，"力言中国文化渊源西土，以示西洋人之有功于中国"的各种"新说蔚起"。[②]然而，西方思想传入以前，中国文明起源并不成为一个学术上的论题，很早以前中国就有开天辟地、三皇五帝这一套体系予以充分说明。鸦片战争以降，随着中西文明交流碰撞的加剧，"中外文化之间是否存在源流关系"这一时代课题遂揭橥而出，引发中国学人的关注与讨论，成为清末民初以来一道引人注目的学术现象。因此，就国内学人如何看待与回应域外学人所主张的中国文明外源说这一问题展开探讨，不仅可厘清他们对此问题的态度及时代演化之概况与轨迹，更可管窥近代以来

[①] Berthold Laufer, Some Fundamental Ideas of Chinese Culture, *The Journal of Race Development*, Vol. 5, No. 2 (Oct., 1914), p. 160.

[②] 有关民初之前域外学人所提出的诸种中国文明起源说，详见法国学者考狄（Henri Cordier）1920年出版的《中国通史》（*Historie Generale de la Chine et de ses Relations avec les Pays Etrangers*）第一章；1929年，何炳松在《东方杂志》26卷2号上以《中华民族起源之新神话》为题，详述考狄书中所引所注的中国文明起源诸说，并对其加以分析批判。

中国学术和文化思潮的递嬗演进之面相，因为国内学人对中国文明外源说的回应并不只是单纯的学术问题，它还关涉彼时的文化思潮之趋向。

有关域外之中国外源说在民国知识界的流布与回应，国内学术界虽有学人以吕思勉为个案探究其对"汉族由来问题"的认识嬗变①，但主要还是集中在拉克伯里（Terrien de Lacouperie，1844—1894）"中国文明西来说"在清末中国的传布及其为中国学人所认同接受之原因的探讨②，以及围绕安特生之"仰韶文化西来说"展开论争的梳理③，兼及安特生与中国学人的学术互动④。

一、中国文明之"西来说"在晚清民国知识界的回响

1921年仰韶文化发现以前，域外有关中国文明外来之说名目繁多，有埃及说、巴比伦说、中亚说、印度说、印度支那说、新疆说等等。彼

---

① 王传：《变与常：吕思勉与"汉族的由来"问题研究》，《史学理论与史学史学刊》2021年下卷，社会科学文献出版社2021年版。

② 具体可参见：杨思信的《拉克伯里的"中国文化西来说"及其在近代中国的反响》（《中华文化论坛》2003年第2期）、孙江的《拉克伯里"中国文明西来说"在东亚的传布与文本之比较》（《历史研究》2010年第1期）、邹诗鹏的《文明的自识与自信——"中国文明西来说"及其评论》（《中国社会科学评价》2018年第1期）以及李帆的《民族主义与国际认同之间——以刘师培的中国人种、文明西来说为例》（《史学理论研究》2005年第4期）、《关于拉克伯里学说进入中国的若干问题》（《西南民族大学学报》2008年第2期）、《西方近代民族观念和"华夷之辨"的交汇——再论刘师培对拉克伯里"中国人种、文明西来说"的接受与阐释》（《北京师范大学学报（社会科学版）》2008年第2期）等。

③ 陈星灿的《中国史前考古学史研究》（生活·读书·新知三联书店1997年版）、王东平的《中华文明起源和民族问题的论辩》之第一章"中华文明起源的争鸣"（百花洲文艺出版社2004年版）、周书灿的《仰韶文化西来说的形成及论争——学术史视野下的考察》（《河北师范大学学报》2016年第4期）等。

④ 陈星灿、马思中的《胡适与安特生——兼谈胡适对20世纪前半叶中国考古学的看法》（《考古》2005年第1期）、《李济与安特生——从高本汉致李济的三封信谈起》（《考古》2007年第2期）等。

时域外关于中国文化起源之说，主要是使用文字和语言材料，以文字学方法研究中国文化起源问题，通过文字语言等方面的异同比较论证中国文化源自外来。传布最广、影响最大的当属拉克伯里的"西来说"。1894年，拉氏出版《中国古代文明西源论》，他在书中称巴克即百姓，黄帝即巴克民族之酋长，神农即巴比伦之莎公，仓颉即但克，巴克本该地首府之名；又谓学术、技术、文字、文学，中国当上古时，无不与巴比伦迦克底亚相同。① 为论证其观点，拉氏即采用比较语言学方法，将中国的语言、文字、历法、神话、古史传说和西方亚述学关于古巴比伦的研究成果进行比较，旨在说明"整个中国文明只不过是巴比伦文明的退化模仿"②。

拉克伯里之说于19世纪末20世纪初经由日本始传布于清末知识人的话语世界。③ 对于拉氏之说，彼时中国学人中不乏嗤之以鼻者。夏曾佑在1904年出版的历史教科书中即言，"欧人云云，亦以偏概全"，并言"近人言吾族从巴比伦迁来，据下文最近西历一千八百七十余年后，法、德、美各国人，数次在巴比伦故墟掘地所发见之证据观之，则古巴比伦人与欧洲人之文化相去近，而与吾族之文化相去远，恐非同种也"。④ 然而，多数学人"骇其说之新奇，先后从风"⑤。蒋智由著《中国人种考》，首倡拉氏"西来说"。刘师培、章炳麟等依据其丰富的中国古文献知识，通过对不同语言的勘音释义，积极呼应拉氏之说。金为翻译桑原骘藏的著作时，特以注解的方式在译文中加进"西来说"内容。⑥ 缪凤林如是言

---

① Terrien de Lacouperie, *Western Origin of the Early Chinese Civilization from 2300 B.C. to 200 A.D.*, London: Asher, 1894, p.24.

② 徐艳主编：《朗宓榭汉学文集》，复旦大学出版社2013年版，第29页。

③ 孙江：《拉克伯里"中国文明西来说"在东亚的传布与文本之比较》，《历史研究》2010年第1期，第128页。

④ 夏曾佑：《最新中学中国历史教科书》，商务印书馆1904年初版，转引自夏曾佑：《中国古代史》，河北教育出版社2000年版，第10页。

⑤ 缪凤林：《中国民族西来辨》，《学衡》1925年第37期，第3页。

⑥〔日〕桑原骘藏著，金为译：《东洋史要》，商务印书馆1908年版，第14页。

道："乃者自前世纪中叶以降，西人或考察东亚地质人类，或探索中国文化。因溯及吾国民族之由来，于是周秦以来学人所未论列者，一时甚嚣尘上，异说纷纭，莫可究诘。……而其最占势力者，莫如法人拉克伯里自美索布达米亚西来之说。"①柳诒徵亦谓："法人拉克伯里著《支那太古文明西元论》，引据亚洲西方古史，证中西事物法制之多同，而彼间亦实有民族东迁之事。于是中东学者，翕然赞同，初无异词。且搜采古书，以证明其说。如刘光汉之《华夏篇》《思故国篇》，黄节之《立国篇》，章太炎之《种姓篇》，蒋观云之《中国人种考》，及日本人所著之《兴国史谭》等，虽各有主张，要无不以人种西来之说为可信。"②

民初，拉克伯里的"西来说"在中国知识界仍不乏信奉者。创刊于1910年的《地学杂志》，刊载了《中国种族考》《中国民族溯源论》等不少袭取"西来说"之文。③例如，熊秉穗在《中国种族考》一文中即谓："综观亚洲各大民族及欧洲白种，无一不有迁徙，且能徙善地则盛强。然则黄帝来自西方之说，不为无理。"④1915年，浙江学者丁谦出版的《中国人种从来考》以《穆天子传》为主要资料考证中华民族西来之有关史迹，称"五大洲立国最早者，莫如埃及与迦勒底。埃及弗论，而迦勒底朝八十六代，均在西元前二千三四百年以上，是先于吾国五帝数千年矣。故五帝之世所称为神圣创造之物，无一非彼间所已有，用是知中国人种，由彼而来，非同臆说"⑤。1918年，章鸿钊在所著《三灵解》中称，"朔轩辕氏东征之迹，其必由衡山钟山复逾昆仑，而后入于中夏，繁衍其子孙民族，以肇造此泱泱古大邦"⑥。吕思勉在其最早的史著《白话本国史》

---

① 缪凤林：《中国民族西来辨》，《学衡》1925年第37期，第2页。
② 柳诒徵：《述学：中国文化史》，《学衡》1925年第46期，第12页。
③ 具体可参见《地学杂志》1911年第8期、1912年第3、4期以及1914年第10期至1915年第3期。
④ 熊秉穗：《中国种族考》，《地学杂志》1912年第3卷第3、4期，第9页。
⑤ 丁谦：《中国人种从来考》，附在《蓬莱轩地理学丛书》第三册，附在《穆天子传地理考证》之后，台北正中书局1962年版，第1401页。
⑥ 章鸿钊：《三灵解》，北京法轮印刷局1918年排印本，第26页。

（1923）中，亦完全接受拉氏的"西来说"。他在是书的开篇即指出，回答"汉族由来"问题"最为有力"的是"西来说"。为进一步证明拉氏"西来说"，吕思勉还举出中国古书提及"昆仑"的文字甚多及"汉族"二字系"古代汉族自称"这两条自认为更为"严谨"的证据。[1] 对此，缪凤林评论道："一般讲述历史、编纂地理者，大率奉为圭臬。"[2] 陈嘉异亦谓："吾国人之编历史地理教科书籍者，则几无不奉西来说为根据。"[3] 张星烺也持有类似之论："十余年前，国内赞同拉克伯里之说者众，可谓是'全国学子，翕然景从'。"[4]

拉克伯里的"西来说"之所以在清末民初"最为学者所信"[5]，盖因排满革命之需要，借"西来说"以确立汉族对自身历史的认同。[6] 诚如方豪所言："此说最受清末民初中国学人之欢迎，以当时反满之情绪甚高，汉族西来之说，可为汉族不同于满族之佐证。"[7] 当然，更为主要的原因还在于维护民族文化的自尊，以求立身于世界之林。当时民族危机日深，民气低沉，国人的文化自信力大为下降，唯西是尚甚至成为风气。在此种情形之下，如果能证明中西文化同出一源，"皆为有德慧术知之氓"[8]，则无疑有助于提振国人的文化自信。正是这种"借历史以论证现实"的文化民族主义心态，使得彼时的知识分子对于中国文化外来论极表赞成，并曲尽附会，希冀强化民族自豪与自信力，这即是蒋智由所谓"讲明吾种之渊源，

---

[1] 吕思勉：《白话本国史》(1923)，《吕思勉全集》第1卷，上海古籍出版社2015年版，第7—8页。

[2] 缪凤林：《中国民族西来辨》，《学衡》1925年第37期，第3页。

[3] 陈嘉异：《东方文化与吾人之大任》，《东方杂志》1921年第18卷第1号，第23—24页。

[4] 张星烺：《中西交通史料汇编》，辅仁大学图书馆1930年版，第77页。

[5] 柳诒徵：《述学：中国文化史》，《学衡》1925年第46期，第11—12页。

[6] 孙江：《拉克伯里"中国文明西来说"在东亚的传布与文本之比较》，《历史研究》2010年第1期，第137页。

[7] 方豪：《中西交通史》（上册），岳麓书社1987年版，第32页。

[8] 章炳麟：《原人》，朱维铮编校：《訄书》初刻本、重印本，生活·读书·新知三联书店1998年版，第22页。

以团结吾同胞之气谊,使不敢自惭其祖宗,而陷其种族于劣败之列焉"①。

颇为值得注意的是,曾撰文积极呼应拉克伯里"西来说"的章炳麟于1907年开始在《民报》上刊文对"西来说"提出质疑和批判。他称:"世言昆仑为华国者,特以他事比拟得之。中国前皇曾都昆仑以否,于史无明征,不足引以为质。"②进入民国后,章氏再次修订《訄书》时,将其赞成"西来说"之内容"方夏之族,自科派利考见石刻,订其出于加尔特亚。东逾葱岭,与九黎、三苗战,始自大皡,至禹然后得其志。征之六艺、传记盖近密矣",改为"征之六艺,非也"。③主张排满革命、倡导黄帝纪年的宋教仁,亦有类似之转变。他在撰于1905年的《汉族侵略史·叙例》一文中曾称:"太古之汉族,自西南亚细亚迁徙东来。"④一年后,他在1906年12月29日的日记中则如是写道:"观《中国人种考》,系诸暨蒋观云所作,搜罗众说颇众,但不免失之支蔓而已。至其主张汉族西来说中,黄帝系迦勒底帝廓特奈亨台与否之问题,汉族系丢那尼安族与否之问题,神农系塞米底族之吾尔王朝之沙公与否之问题,则犹无确切之解释也。"⑤

质疑与批判拉氏之说,到五四之后则已成为民国知识界的主潮。1922年,梁启超对中国文明西来说质疑道:"吾以为在现有的资料下,此问题只能作为悬案。中国古籍所记述,既毫不能得外来之痕迹,若拾文化一二相同之点,攀引渊源,则人类本能不甚相远,部分的暗合,何足为奇。"⑥在朱希祖看来,"晚近言汉族西来者,大都取证于汉魏以来伪造之纬书神

---

① 蒋智由:《中国人种考》,新民社光绪三十年(1906)版,第171页。
② 章太炎:《中华民国解》,《民报》1907年第15号。
③ 朱维铮点校:《章太炎全集》(三),上海人民出版社1984年版,第360页。
④ 《二十世纪之支那》1905年第1期,陈旭麓主编:《宋教仁集》上册,中华书局1981年版,第3页。
⑤ 《宋教仁日记》,1906年12月29日,陈旭麓主编:《宋教仁集》下册,中华书局1981年版,第702页。
⑥ 梁启超著,吴松等点校:《中国历史上民族之研究》,《饮冰室文集》(点校本),云南教育出版社2001年版,第3213页。

话，一二欧人士亦都接近此辈，不学无术，妄相附会，驯至积学之士，亦震其新奇，从而附和之"，他从文字学角度对"西来说"及章太炎之附会大加驳斥，力证中国人种实发生于本部，"西来说之无确证"。① 对于朱希祖的驳斥，陈钟凡大加赞赏，称经其所证，"拉氏之言，实未足信。卓哉此说，足以释诸家之惑矣"②。在深表赞誉之同时，他亦从文字学角度为朱氏之驳斥提供补充证据，并慨言"学术贵自发抒，不取依傍门户，以彼殊方旅人，津津言吾国古代史迹，其谬误在所不免，吾人岂宜随声附和"③。1923 年，顾颉刚在与王钟麒合编的《现代初中教科书·本国史》中对华族之来源的诸说如是评论道，无论是"东来说"还是"西来说"，"都不免牵强附会。东来说取材于不可凭信的谶纬传说，更不可靠。西来说较为近情，然也不能必验"④。1925 年，缪凤林在《中国民族西来辨》一文中对信奉"西来说"者进行尖锐地批判，认为："诸家所称东迁（夏族东迁）证据，其不根大率类是，缘彼等本无真知灼见，能于载籍中发见西来之迹，从事立说，乃先认西来说为天经地义，因捕风捉影，任情附会，书之是否足据，言之是否衷理，皆所不顾，惟求其能完满其论。卒之毫无佐证之谈，言之凿凿，宛若实事，一般人见其然也，益奉其说为不磨，所谓吠影吠声者非耶。"⑤ 1929 年，何炳松则将域外关于中国文明起源诸说斥之为"新神话"，称："彼西洋学者欲借一部分之文字再辅以文学上之神思以谋解决此种困难之历史问题，则其结果之劳而无功博而寡要，盖亦意计中事"，其所提出的各种中国文明外来说"皆属想入非非之原理，吾人应视

---

① 朱希祖：《文字学上之中国人种观察》，《北京大学社会科学季刊》1922 年第 2 期，第 269 页。

② 陈钟凡：《文字学上之中国人种起原考》，《国学丛刊》1923 年第 1 卷第 2 期，第 88 页。

③ 陈钟凡：《文字学上之中国人种起原考》，《国学丛刊》1923 年第 1 卷第 2 期，第 94 页。

④ 顾颉刚、王钟麒编辑，胡适校订：《现代初中教科书·本国史》，商务印书馆 1923 年版，第 9 页。

⑤ 缪凤林：《中国民族西来辨》，《学衡》1925 年第 37 期，第 14 页。

为无根之说而摈弃之"。①

彼时的学人还对那些曾著述认同拉克伯里"西来说"者提出了颇为严厉地批评。缪凤林即如是批评道:"中土学者于此新说之来,复不能审思明辨,或阙疑慎言,惟知巧为附会,助之张目,甚且并巴比伦史亦不知研究,徒拾彼等所说之一二以相矜夸,奉西戎为宗国,诬先民而不恤,今观此,其亦足以扪其舌欤。"②在柳诒徵看来,拉克伯里之说"羌无确证,不足成为信献也"③;然令其不解的是,国内学人对此"穿凿附会之说"却"翕然赞同,初无异词。且搜采古书,以证明其说"。他以丁谦的《中国人种从来考》为例,谓丁氏在书中称"西史谓徙中国者为巴克民族,巴克乃盘古转音。中国人谓盘古氏开天辟地,未免失实,而盘古氏之为中国始迁祖,则固确有可考矣"。据此,他不无嘲讽道:"此等荒诞之说,丁氏亦知失实,然犹信盘古为中国始迁祖,则傅会之过也。"④何炳松对于国内学人附会拉克伯里"西来说"的批评,则更为尖锐。他认为,"西人之热心吾国古史者颇欲凭博言学或考古学上之方法以谋解决吾华民族起源之问题。一时众说纷纭,是非各执。终以材料不足,探讨未深之故,所得结果非属武断妄言,即同梦中呓语"。对此,国内学人"每每不分皂白,活剥生吞",以致"堕入此辈学术界'帝国主义者'之玄中而不自觉"。⑤

五四之后的学人之所以对凭借文字学方法考证中国文明起源之说由"翕然赞同,初无异词"转为全然否定,疑古之风的兴起是其原因所在。在科学思潮的洗礼下,怀疑和批判精神渐成中国古史研究的主潮。在这一思潮的影响之下,人们对三皇五帝及记述此类神话传说之古书的真伪开始产生怀疑。由此,以盲信古书为据的中国文明"西来说"为当时学

---

① 何炳松:《中华民族起源之新神话》,《东方杂志》1929 年第 26 卷第 2 号,第 91 页。
② 缪凤林:《中国民族西来辨》,《学衡》1925 年第 37 期,第 28 页。
③ 柳诒徵:《自立与他立》,《学衡》1925 年第 43 期,第 2 页。
④ 柳诒徵:《述学:中国文化史》,《学衡》1925 年第 46 期,第 10—12 页。
⑤ 何炳松:《中华民族起源之新神话》,《东方杂志》1929 年第 26 卷第 2 号,第 80 页。

人所唾弃。缪凤林即谓:"考昆仑之有黄帝遗迹,见于《山海经》《穆天子传》《庄子》《列子》《新语》。……是诸书皆后人伪作(《庄子》虽不伪,《天地》篇疑伪)。其所称述,要属史公所谓荐绅先生难言之类,固未足据为典要。"① 吕思勉在反思自己误信"西来说"之原因时亦言道:"予昔亦主汉族西来之说。……自谓所据,皆为雅言。由今思之,盖古代谬悠之说。……夫民族缘起,必远在有史之前,而诸说皆以故书为据,且多不可信据之书,其无足采,不俟言矣。"② 在何炳松看来,仅通过文字、语言的比较无法考知中国文化之起源,因为"中华民族之起源问题本属未有文字以前之历史上问题","吾人既无考古学上之发见为推理之根据,则无论何种学说均属可能;而同时亦无论何种学说均属臆测。盖不从实质入手,徒从文字功夫,所谓在故纸堆中讨生活也,虽立论极其动人,亦于史学奚裨乎?"③

由此,"增进我们对古代中国了解的唯一希望,就在于铁铲",成为当时中国学人的共识所在,陆懋德即言:"欲考其文化之真相,必上溯人种来源之始,石器时代之初,文字未兴之前。凡此各种问题……而其材料,则不仅凭文字之记载,须有赖地下之发掘。"④ 何炳松亦言:"假使吾国考古学上发掘之事业不举,则吾国民族起源之问题即将永无解决之期,而吾人亦唯有自安愚鲁之一法。"⑤ 正因为如此,拉克伯里之说于20世纪30年代渐趋消歇,诚如齐思和所说,皆"附会穿凿,所论毫无科学上之价值可言"⑥。陈登原亦谓:"西来南来之说,就文字以证明民族来自者,当无以免于捕风捉影之嘲也。"⑦

---

① 缪凤林:《中国民族西来辨》,《学衡》1925年第37期,第12页。
② 吕思勉:《先秦史》,开明书店1941年版,第17页。
③ 何炳松:《中华民族起源之新神话》,《东方杂志》1929年第26卷第2号,第88页。
④ 陆懋德:《中国文化史》,《学衡》1925年第41期,第1页。
⑤ 何炳松:《中华民族起源之新神话》,《东方杂志》1929年第26卷第2号,第91页。
⑥ 齐思和:《评马斯波罗中国上古史》,《史学年报》1935年第2卷第2期,第277页。
⑦ 陈登原:《中国文化史》,世界书局1935年版,第72页。

二、中国文明之新西来说在民国知识界的回响

19世纪末20世纪初,考古学渐兴,域外学人陆续到中国进行探险和考古调查[①],中国文明起源的讨论即由语言文字学拓展到转入"考古学"。劳费就多次到中国探险调查,收集陶器、玉器及汉代陶俑等古代遗物。基于对所收集古物的考辨与分析,劳费认为:"往时中国境内,似亦非无用石器者。然与其谓出于中国人之手,毋宁谓为出于异族人之手之为当也;而此异族人固尝生息长养于中国者,故令谓为中国之石器犹可,谓为今中国人之石器则不可也。"[②]日本学人鸟居龙藏亦先后多次到中国辽东、辽南等地进行考古调查,他同样基于在该地区采集的石器、陶片的分析,认为其均"非华人旧物",而是"现居蒙古人先祖之遗物"。[③]在以考古学方法探讨中国文明起源问题的域外学人中,安特生基于仰韶等地的考古挖掘所提出的中国文化起源说最为民国学人所关注,其在民国知识界的影响亦最深巨。

1914年,安特生应北洋政府的邀请来到中国,协助中国地质学家寻找铁矿和煤矿。不过,得益于广阔的学术视野,安氏亦注意石器的搜寻,于1920年发表《中国新石器类型的石器》一文。此后,中国史前文化成为他的兴趣所在。1921年,安特生开始在河南仰韶进行考古发掘。根据仰韶发掘所得,他于1923年发表题为《中华远古之文化》的考古学报告。在讨论"仰韶文化与古代外国文化之关系"时,安氏通过比较仰韶彩陶与安诺和特里波列的彩陶纹饰后认为,"吾人就考古学上证之,亦谓此等著采之陶器,当由西来,非由东去也"。[④]为进一步验证其仰韶彩陶源

---

① 有关外人在中国的探险和考古,参见陈星灿:《中国史前考古学史研究》,生活·读书·新知三联书店1997年版。

② Berthold Laufer, Jade: A Study in Chinese Archaeology and Religion, *Field Museum of National History*, Vol.10, 1912. 译文转引自章鸿钊《石雅》,地质专报乙种第2号,中国地质调查所1927年印行,第392页。

③ 安特生著,袁复礼译:《中华远古之文化》,《地质汇报》1923年第5号,第8页。

④ 安特生著,袁复礼译:《中华远古之文化》,《地质汇报》1923年第5号,第22—25页。

于西方的假设，他又于1923—1924年间亲赴甘肃进行考古调查。基于考察，安氏认为此种文化之发源地，非于新疆详加研究，不能判定。但就河南采集所得，颇觉此种文化之行程，实可由中亚细亚经南山及北山间之孔道东南而达于黄河河谷，以至现代甘肃之兰州①。与拉克伯里之说不同，安特生是以最新考古学成果论证中国文明自西而来，故其说被民国学人称之为"新西来说"。其阐述考古挖掘及阐释之著述，如《中华远古之文化》《中国北部之新生界》《奉天锦西县沙锅屯石穴层》及《甘肃考古记》等，经由袁复礼、乐森璕译出后②，凡讨论中国之史前史，几乎无不提及其著述，甚至马克思主义史家在讨论中国原始社会时，亦同样多有提及。③

对于安氏的考古挖掘，李济以"功过参半"加以评价，认为"他的方法还不精密，非科学者最成功的方法"④，但其他民国学人则多有肯定与赞赏。1922年4月1日，胡适在日记中如是写道："安君是地质学者，他的方法很精密，他的断案也很慎重，又得袁复礼君的帮助，故成绩很好。"⑤诒荪则就安特生的考古挖掘之于中国文明起源研究的意义予以高度肯定，认为："中国远古的历史记载，除一些荒谬妄诞的神话外，绝无可考，这些的发掘，实为我国石器时代的文化第一次的真确发现，将来有益于中国远古文化的说明，更非浅鲜了。"⑥卢绍稷亦谓："是则吾国石器时代

---

① 安特生著，乐森璕译：《甘肃考古记》，《地质专报》1925年甲种第五号，第36—37页。

② 安特生著，袁复礼译：《中华远古之文化》(《地质汇报》1923年第5号)、《中国北部之新生界》(《地质专报》1923年甲种)、《奉天锦西县沙锅屯石穴层》(《古生物志：丁种》，1923年)；安特生著，乐森璕译：《甘肃考古记》，《地质专报》1925年甲种第五号。

③ 如吕振羽《史前期中国社会研究》，人文书店1934年版；吴泽《中国原始社会史》，文化供应社1943年版；尹达《中国原始社会》，作者出版社1943年版等。

④ 李济讲，余永梁笔述：《中国最近发现之新史料》，《国立中山大学语言历史学研究所周刊》1929年第5卷第57、58期，第2—3页。

⑤ 曹伯言整理：《胡适日记全集》第3册，台北联经出版事业股份有限公司2004年版，第489页。

⑥ 诒荪：《晚近中国史学界之一瞥》，《桐声》1926年第2卷第1期，引自李孝迁编校：《中国现代史学评论》，上海古籍出版社2018年版，第5—6页。

文化之真确发现，实始于此；进而考研，必且有益于中国远古文化之说明。"① 傅斯年虽批评安氏的考古挖掘工作存在不能利用中国的材料；走马看花，不能充分的考验；粗心挖掘，随便毁坏；如掘不得，即随便购买等可议之点，但他仍高度评价安特生的考古方法"确实是比中国人有进步，所得的有趣味的材料，亦为不少"，称其对于考古的功劳，"着实不小"。②

对于安特生基于考古所提出的中国文明西来说，以李济、梁思永、徐中舒等为代表的考古学界则颇表怀疑，他们力图通过在中国其他地方的考古挖掘以驳斥其说或找寻到怀疑之证据。1926年冬，李济和袁复礼前往山西考察古迹，发现夏县西阴村的史前遗址后即组织考古挖掘。③李济就挖掘这一史前遗址之动机这样言道："这文化的来源（指中国北部新石器时代晚期的文化）以及它与历史期间中国文化的关系是我们所最要知道的。安特生在他的各种报告中对于这两点已有相当的讨论。他所设的解释，好多还没有切实的证据。……我们现在的需要，不是那贯串一切无味的发挥；我们的急需是要把这问题的各方面，面面都作一个专题的研究。这个小小的怀抱就是我们挖掘那夏县西阴村史前遗址的动机。"④基于西阴村的史前遗存，李济认为："我们还没得着十分可靠的证据，使我们断定在中国所找的带彩陶器确发源于西方。"⑤ 1929年11月8日，李

---

① 卢绍稷：《现代中国史学之发达》，载卢绍稷：《史学概要》，商务印书馆1930年版，转引自李孝迁编校：《中国现代史学评论》，上海古籍出版社2018年版，第9页。

② 傅斯年讲，王培棠记：《考古学的新方法》，《史学杂志》1930年第1期，第200—201页。

③ 1927年1月10日，清华国学研究院举行欢迎李济、袁复礼自山西夏县西阴村考古发掘归来的茶话会。是日夜，梁启超参加完茶话会后，给身在美国哈佛大学的次子梁思永写信，信中如是言道："（瑞典人安特生）力倡中国文化西来之说。自经这回的发掘，他们想翻这个案"（参见具体见中华书局编辑部编：《梁启超未刊书信手迹》，中华书局1994年版，第712—713页）。

④ 李济：《西阴村史前的遗存》（清华学校研究院1927年版），载李济：《中国早期文明》，上海人民出版社2007年版，第127页。

⑤ 李济：《西阴村史前的遗存》（清华学校研究院1927年版），载李济：《中国早期文明》，上海人民出版社2007年版，第142页。

济在中山大学讲演时对安氏所提出的"带彩者为自西方，不带彩者为原有的"再次详加驳斥。李氏认为："它们的土质都相似，带彩与不带彩并没有这样大的区分。"他引述亨利·法兰克福（Henri Frankfort，1897—1954）的观点称，"带彩陶器并不来自一源"，"怀疑仰韶彩陶与 Anau 没有关系。所以现在仰韶期已不可靠，安特生的结论根本动摇"，并特别强调："中国带彩与不带彩的有密切关系。以经验而论，如带彩色的来自西方，则彩色细致的陶器应当在来源先及的地方，但事实上恰反，愈西愈粗，仰韶的精细，甘肃的粗。所以带彩陶器来源不能不怀疑了。个人研究所得，中国在有文字之史前已有文化，为固有文化，这在山西南部有十几处。"① 1928 年，梁思永在其硕士论文《山西西阴村史前遗址的新石器时代的陶器》中，亦对中国文化西来之说表示存疑，认为："中国新石器时代彩陶的发祥地及其与安诺报告中所载彩陶间明显关系的真实意义迄今仍不易解决。"② 徐中舒《再论小屯与仰韶》一文对安特生依据阿尔纳（T. J. Arne，1879—1965 年）意见推算仰韶时代约在公元前三千年持有相当的怀疑，认为"此种推断可信的程度也很薄弱"③。与此同时，他从交通史视角就仰韶与苏萨、安诺两地间彩陶的关系提出具有说服力的疑问，"纵使苏萨、安诺与仰韶有若何显著的关联，我们只看有记载以来的交通，从小亚细亚传播到黄河流域，也需要相当的时日，何况这两方面的关系，我们还无从明了呢？"④ 另外，他还结合文献资料力证："仰韶与小屯为两种不同的，各自发展的文化"、"仰韶似为虞夏民族遗址"、"大月氏、大夏为虞夏民族西徙后的名称"，借此否定安特生的新西来说，并推断"环渤海湾一带，或者就是孕育中国文化的摇床"。⑤

---

① 李济讲，余永梁笔述：《中国最近发现之新史料》，《国立中山大学语言历史学研究所周刊》1929 年第 5 卷第 57、58 期，第 2—3 页。
② 梁思永：《山西西阴村史前遗址的新石器时代的陶器》，载中国科学院考古研究所编辑：《梁思永考古论文集》，科学出版社 1959 年版，第 47 页。
③ 徐中舒：《再论小屯与仰韶》，《安阳发掘报告》1931 年第 3 期，第 523 页。
④ 徐中舒：《再论小屯与仰韶》，《安阳发掘报告》1931 年第 3 期，第 523—524 页。
⑤ 徐中舒：《再论小屯与仰韶》，《安阳发掘报告》1931 年第 3 期，第 556—557 页。

以胡适、傅斯年等为代表的新史家，对安特生的仰韶文化西来说同样多表质疑。胡适在1922年4月28日的日记中虽称安特生的"立论甚谨慎，很可佩服"①，但对于仰韶文化西来说，胡适则明确表示反对。他在1923年4月1日的日记中写道："袁君与安特森皆以为古代陶器之有色泽花样的，是受西方文明的影响。我颇不以为然。我以为，与其用互相影响说，不如用平行发展说。前说可以解释那相似的花样与相同的用轮作陶器之法，而终不能解释那中国独有之空脚鬲。后说则既可以用'有限可能'之理说明偶合，又可以用独有之样式为其佐证。"②缪凤林则谓："西亚民族之历史较中国民族为后。由年代种族文化及地理上之阻碍等考察，西来之说为事理所必无。中国民族即自外来，亦必不自巴比伦迁入。"③对于"安氏等所自立说"，金兆梓"为正其曲解"，特撰《中国人种及文化由来》一文。他在文中质疑道："若彩色陶器而果自西东来，则首受其影响者，当属甘肃，何以略先于仰韶期之齐家期，竟未之见？乃竟同发见于仰韶。即果如安特生氏所谓传播甚速，何以河南之彩陶，无论质地、制法、图案、设色，又在在胜于甘肃也？果吾人亦如安氏之以独断的论证，根据河南之鼎鬲既早于甘肃，谓其由西而东传，河南之彩陶，论质而不论量，又在在有胜于甘肃，因更谓就陶器论，实为中国文化之西行。可乎，不可也？"在金氏看来，"在彼可证为由而东，在我亦可以之证明由东而西"。④金兆梓感慨称"西人之好包办世界文明也！"⑤1934年，傅斯年在《城子崖序》中对安氏之说同样提出强烈质疑与批判："在中国遍求于中央及西方亚细亚彩色陶器有亲属关系之中国彩色陶器之分布，诚然是一

---

① 曹伯言整理：《胡适日记全集》第3册，台北联经出版事业股份有限公司2004年版，第548页。

② 曹伯言整理：《胡适日记全集》第4册，台北联经出版事业股份有限公司2004年版，第3页。

③ 缪凤林：《中国民族西来辨》，《学衡》1925年第37期，第34页。

④ 金兆梓：《中国人种及文化由来》，《东方杂志》1929年第26卷第24号，第79—80页。

⑤ 金兆梓：《中国人种及文化由来》，《东方杂志》1929年第26卷第24号，第73页。

件绝重大的考古工作。然中国史前及史原时代之考古，不只是这么一个重大问题，若以这个问题为第一重心，则仿佛觉得先秦二三千年间中土文化之步步进展，只是西方亚洲文化之波浪所及，此土自身若不成一个分子。我们现在所有的知识，已使我们坚信事实并不是如此的。……总而言之，西洋人作中国考古学，犹之乎他们作中国史学之一般，总是多注重在外缘的关系，每忽略于内层的纲领，这也是环境与凭借使然。"①

陈恭禄曾就安特生之说这样评价道："虽或为人所指摘，推论并为人所怀疑，然其于学术上之有贡献，则为不可否认之事实。"② 如其所言，安氏的考古挖掘及其所做出的推论，民国知识界虽有所指摘和质疑，但其学术影响深巨。有学人即谓："一般人总以为中国民族与文化源于中央亚细亚，或者在中国的西北部，由此而定中国民族及中国文化发展之路线，为由西北而东南。其实这是一个绝大的错误，至于所以造成此绝大错误的原因，主要者就是安特生、阿尔纳、步达生等人所创的'彩陶分布说'。"③ 事实确乎如此，安氏之说在民国知识界中有相当的认同和支持者。1924年，吕思勉在《新学制高级中学教科书（本国史）》第一章"汉族之由来"中开篇即言汉族始迁自今中亚西亚高原，进入黄河上游之昆仑，其后，再沿新疆至甘肃之路径，徙入中国本部。④ 章鸿钊在《石雅》一书中即谓，安特生和阿尔纳所言着色陶器自中亚输入黄河流域，而取道于甘肃北山南山之间经兰州而下，"固可信也"，并谓"综览先后考古所获，虽民族所自，远未能详，而文化肇兴，秩然可纪，即如安特生氏所述甘肃文化各期均云中国有史前后不远者，斯言固大略可信也"⑤。张星烺在

---

① 傅斯年：《城子崖序》，载刘梦溪主编：《中国现代学术经典·傅斯年卷》，河北教育出版社1996年版，第352页。
② 陈恭禄：《中国通史讲义》，金陵大学史学系1944年，转引自陈恭禄：《中国通史》，中国工人出版社2014年版，第14页。
③ 荆三林：《安特生彩陶分布说之矛盾》，《新中华》1948年第6卷第7期，第42页。
④ 吕思勉：《新学制高级中学教科书（本国史）》（1924年），《吕思勉全集》第20卷，第16页。
⑤ 章鸿钊：《石雅》，中央地质调查所1927年版，第332、336页。

《中西交通史料汇编》的自序中言道:"瑞典人安特生近查河南渑池仰韶村出土古器之器工花纹,与意大利西西里岛及希腊北部启罗尼波兰国格雷西亚、俄国西南基辅城附近脱里波留、俄属土耳其斯坦安诺(Anau)等地所发见者极相似,令人不能不起同出一源之感想。两地艺术,彼此流传也,河南距安诺道里极远,然两地之间,实不乏交通孔道。"①曾友松则根据"中央亚细亚为人种起源之圣地",主张"汉族之由中亚迁入更是无疑";②他还引安特生的"考古学上的证据",认为"只要我们略为考究器物之形式及陶器之色彩",尤其是"河南与安奴所采掘之新石器时代之陶器",便可证明"中国的文化无疑是和中亚发生一个最密切的关系";在他看来,"新疆是一个中亚与远东文化交通的孔道",中国文化"是直接或间接从中亚文化区域分播去的"。③

甚至在1937年全面抗战爆发后,民国知识界中仍不乏持安氏之说的学人。例如,赵心人在讨论"古代民族的迁徙"时即称:"历史开始以前,现世各主要民族的祖先,大概都聚居于中亚草原上,其后因分散至各处,受了各该地的影响,遂形成不同的民族与文化。那些人民向东越葱岭而迁至黄河流域的是中国民族。"④陈安仁亦以安氏考古及推论为据,认为"新石器时代的新疆,是一个中亚与远东文化交通的孔道,因为古代的新疆并无现在沙漠连绵,同时山岭亦不能阻止两种的民族接触,所以甘肃、河南一带的文化,皆和中亚发生了密切的关系",并言"人类起源的地方如确定是在中亚细亚,中国民族与文化的来源,依据于中亚细亚,亦较有可凭的地方"。⑤

然而,如果说此前民国知识界对安特生之说还存在认同、接受或质疑乃至否定之分歧,那么到20世纪30年代末之后,质疑与批判则已成

---

① 张星烺:《中西交通史料汇编》,辅仁大学图书馆发行1930年版,第11页。
② 曾友松:《中国原始社会之探究》,商务印书馆1935年版,第28页。
③ 同上书,第62—63、69页。
④ 赵心人:《初中新外国史》(上),世界书局1937年版,第67、68页。
⑤ 陈安仁:《中国上古中古文化史》,商务印书馆1938年版,第27、29页。

为普遍之势。考古学家们对安氏之说尤其是其"六期说"提出强烈之质疑。1938年,吴金鼎在其博士论文《中国史前陶器》中从陶器特征出发,认为安特生关于仰韶文化分期之划分显系错误,提出齐家文化可能是一支独立的地方文化。①1943年,尹达在《中国原始社会》一书中称:"齐家坪遗址是否早于仰韶遗址,还不能即刻得到解答。现有材料告诉我们,它晚于仰韶村遗址的可能性比较大些,早于仰韶村遗址的可能性比较小。安特生的推测正是可能性比较小的一方面",并认为安特生的错误是"由于不曾仔细分析遗物和其堆积的关系,混淆了仰韶文化和龙山文化,所以在分期问题上就犯了相当大的错误"。②1947年,裴文中在对齐家坪遗址进行调查发掘后亦认为:"安特生氏谓齐家坪之产物,代表彩陶文化系统最早之一期,在仰韶时期之前。吾人此次由地层及所采陶器之观察,皆不能证明之。若再参考吾人在他处之观察,则吾人暂时认为,居住和埋藏于齐家坪之人类,除辛店期者外,似为另一民族,有不同之另一种文化,名之为'齐家文化',与彩陶文化为不同之系统。"③夏鼐持有与裴氏相似之观点:"从陶器方面来研究,齐家陶与仰韶陶是属于两个系统,我们不能说齐家陶是由仰韶陶演化而来,也不能说仰韶陶是由齐家陶演化而来。"④

不唯考古学家如此,此时其他民国学人亦同样有所质疑,以至彻底否定和批判。曾认同并接受安氏之说的吕思勉即言:"夫文化果自西来,则必愈东而愈薄。甘肃陶器,安特生固谓其采色、图案,皆胜河南,然又谓陶质之薄而坚,及其设色琢磨,皆在河南之下,因此不敢坚执二者之相同,则谓其来自西方,似无确据。又中国文化,苟与西方关系甚深,

---

① Wu Ghin-ting, *Prehistoric Pottery in China*, London: Trubner, 1938, p.50.
② 尹达:《中国原始社会》,作者出版社1943年版,第36页。
③ 裴文中:《甘肃考古报告》,载《裴文中史前考古学论文集》,文物出版社1987年版,第234—236页。
④ 夏鼐:《齐家期墓葬的新发现及其年代之改订》,《中国考古学报》1948年第3册,第111页。

则种族之间,亦必有关系,何以仰韶村、沙锅屯人骨,步达生又谓与今华北人相同乎？然则新西来说,似亦未足据也。"①在吴泽看来,"因为甘肃出土的彩色陶器和在波斯萨苏出土的彩色陶器极其相似,所以安特生就说,原始的中国民族原来是住在土耳其斯坦地方,接受西方文化,后来向西域甘肃一带移动,最后才迁到河南等地,这也是胡说。我们知道一个民族和另外一个民族发生交通关系,固可相互模仿,互相影响其文化,反之,纵令这民族不受其他民族的文化影响,也有完全独立产生出某一定的文化的可能"②。荆三林则先后撰有《从秦王寨出土着色陶器上对安特生及阿恩之质疑》《安特生彩陶分布说之矛盾》等文,在批驳安氏之说存在谬误和矛盾之同时,提出中国文化西行之论,认为"如以彼所找之材料而论",恰可证明"正是中国古代文化经甘肃之兰州,沿黄河河谷西行,经南北两山之间而至中央亚细亚,西方人受东方人或东方文化之影响,而向西移动。由西亚而至欧洲"。他颇为自信地称"此说至为合理,且证据比较确实"。③吕振羽不仅对安氏之说提出质疑,更对安氏颇为尖锐地批判道:"安君对中国考古工作上的努力和贡献,我自然对他表示相当的敬意,但对他这种故弄玄虚的勾当,也不能不提出抗议。易言之,安君是从帝国主义的侵略立场上来研究中国文化的,在他看来,只有成了帝国主义的白种各民族,才有着创造文化的能力,在他看来,中国是半殖民地,中国民族是劣种民族,自己并没有创造文化的能力。这就是安君的'西来'说的隐衷。"④到20世纪40年代初,安氏的中国文化新西来说可以说已基本上为知识界所抛弃。1943年,安特生自己在其著作中这样反省道:"当我们欧洲人在不知道和缺乏正确观点的优越感的偏见的影响下,谈到把一种什么优越文化带给中国的统治民族时,那就不

---

① 吕思勉:《先秦史》,开明书店1941年版,第19页。
② 吴泽:《中国原始社会史》,文化供应社1943年版,第19页。
③ 荆三林:《安特生彩陶分布说之矛盾》,《新中华》1948年第6卷第7期,第46页。
④ 吕振羽:《中国原始社会史》,耕耘出版社1943年版,第179页。

仅是没有根据的，而且也是丢脸的。"①

三、中国文明之"渗入说"在民国知识界的回响

1930年代以来，中国考古学者相继在山东龙山城子崖和河南安阳殷墟等地组织考古发掘，出土了中国以外地区所不存在的史前时代之遗物，这昭示着中国存在着一个不同于以彩陶文化为代表的古老文化。②由此，域外学者放弃了纯粹的"西来说"，转而多采"渗入说"或"影响说"，即认为中国固然有起源于本土的文明，但推动其文明发展的根本性或基础性要素则多系西来或受到西方文明之影响。③美国考古学家毕士博即将中国文化称之为"渗入型文明"。基于对牛、羊、马、鸡、水牛、骆驼、小米、高粱、大麦以及彩陶、穴居、复弓、青铜器、战车、文字等考察，他认为"没有外方文化的帮助，中国的文化无论如何是不能发展的"，因为"作为文化基础的家畜及能产生食物的植物"，主要来自近东和印度。④由此，他得出结论：在东亚建立起来的文明，其起源与基本类型必须归因于从古代近东来的文化传播所致的刺激。⑤在日本考古学家滨田耕作看来，"中国人至少在新石器时代，已经住在中土，及其末期，乃有彩画陶器的文化，随同新人种侵进来"，而"关于铜和青铜的知识，就说是从西方传

---

① J. G. Anderson, Researches into the Prehistory of the Chinese, *Bulletin of the Museum of Far Eastern Antiquities*, No. 15, 1943, p. 291.

② 陈星灿：《中国史前考古学史研究》，生活·读书·新知三联书店1997年版，第170页。

③ 张光直：《考古学专题六讲》，生活·读书·新知三联书店2010年版，第134页。

④ Carl Whiting Bishop, The Beginnings of North and South in China, *Pacific Affairs*, Vol. 7, 1934 (3), 译文转引自毕士博著，黄泽浦译：《中国南北文化的起源》，《集美周刊》1935年第18卷第2期，第307页。

⑤ Carl Whiting Bishop, *The Beginnings of Civilization in Eastern Asia*, Annual Report of the Smithsonian Institution 1939, 译文转引自张光直：《考古学专题六讲》，生活·读书·新知三联书店2010年版，第136页。

到中国，也是大可以有的事"。① 在彼时中国文明起源争论中，彩陶与青铜这两个最为显要的元素，他均认为系外来，以此解释中国文明的起源。

在20世纪三四十年代的域外学界，中国文明起源之"渗入说"几成公认之说。② 以美国学界为例，不论是专门性著作还是通识性著作均采此说。顾立雅在探讨中国早期文明之起源时，虽认为"新石器时代伊始，中国东北地区已存在一个独特的文化区"，因为"在这个文化中，我们可以找到在商代文化中也存在，而在欧洲或近东却不能发现的制品"，但

---

① 滨田耕作著，张我军译：《东亚文明之黎明》，《辅仁杂志》1931年第2卷第2期，第34—35、39页。

② 彼时，域外学界关于中国文明起源之分歧，仅在于中国文明中哪些元素是土生土长的，又有哪些是从外面来的，以及它们在中国文明发展中的地位与作用。比如，美国学者毕士博认为中国文明重要的因素都是外来的，"这些侵入性因素是推动中国文明发展的主导因素，尤其是它们将古代中华文明与所有其他东亚文化区分开来，并使其超越了它们"。[C. W. Bishop, Reviewed Work(s): The Terrain of Early Chinese Civilisation, *Geographical Review*, Vol. 29, No. 4 (Oct., 1939), pp. 695-696] 在罗士培（Percy M. Roxby, 1880—1947）看来，"中国文明在基本要素上与所有其他文明相同，已知最早的中国文明本质上是史前黑陶文化的发展，它起源于黄河流域，是在中国北方独立进化的，但受到来自西方的各种影响，因为它位于横贯大陆的'草原走廊'东端，这条走廊历经岁月成为东西方之间动物、植物和思想观念迁徙的天然高速公路。"（Percy M. Roxby, The Terrain of Early Chinese Civilisation, *Geography*, Vol. 23, 1938, pp. 235-236）拉铁摩尔（Owen Lattimore, 1900—1989）则持更审慎之观点，"我并不否认引进是一个文化发展因素，而且常常是很重要的因素。我只是强调在中国历史上主要的发展是向外的，最终导致了与中亚的密切联系，而不是从中亚引进而向内发展的。……这并不是说中亚与在黄河河曲地区发展的汉族文化中心之间有一个未曾超越的鸿沟。我想，这里所要说的是曾有一个原始的居住地带，它包括新疆的绿洲及中国初民所在的黄河河曲及附近的谷地，在这个地带中也许存在迟缓的文化交换与人口移动"。（Owen Lattimore, *Inner Asian Frontiers of China*, New York: The American Geographical Society, 1940, pp. 164-165.）外来文化影响的途径，则是另一分歧所在。有关文化之移动，域外学界有北线、南线、中线等诸说。例如，澳大利亚汉学家费子智即认为，"仰韶文化与东欧的特里波列—库库泰尼（Tripolje-Cucuteni）文化存在遗传的关系，两者很可能都源于一些尚未发现的亚洲祖先遗址"（C. P. Fitzgerald, *China: A Short Cultural History*, London: The Cresset Press Limited, 1935, pp. 19, 30.）有的学者则认为是沿欧亚大陆的草原地带，从南俄草原经由突厥斯坦和亚洲中部传入，如艺术史家巴奇霍夫尔（Ludwig F. Bachhofer, 1894—1976）、瑞典考古学家贝格曼（F. Bergman, 1902—1946）、法国汉学家格鲁塞（René Grousset, 1885—1952）、德裔汉学家萨尔蒙尼（Alfred Salmony, 1890—1958）等即皆持此说。

他亦承认"青铜铸造可能不是中国发明的，而是从西方的某个地方引入进来的"，[1] 并就中国文化之特性如是言道："和所有伟大的文化一样，是兼收并蓄的，孕育于来自各个方面的影响；但当这些影响和技术被接受时，它们遭遇了同样的命运，即根据中国国情而被加以吸收和发展，并转化为中国文化的有机组成部分。"[2] 富路德在《中华民族简史》中援采毕士博之观点，认为中国有其土生的文明，但"完全不提及遥远的西方渊源"亦非正确，牛拉犁、狮子、棺木、护城河、矿井、骡、驴和骆驼等显然受到外来文化的影响。[3] 费正清在其出版于1948年的成名作《美国与中国》一书中亦采毕氏之说，直言："中国有早期的土著文化，但新石器时代的文化特征也从近东通过中亚路线进入中国。……中国的本土文化似乎是从西北部不断注入的接收者。"[4] 美籍德裔汉学家艾伯华（Wolfram Eberhard, 1909—1989）则认为，仰韶文化是由各种不同的文化成分组成的，"西方"的文化成分是其中的一部分，"中国文明乃是自古就在亚洲中部、东南亚和远东的各个地区存在与发展的一系列文化相互作用之结果"[5]。同为美籍德裔汉学家的卫德明（Hellmut Wilhelm, 1905—1990）持相似观点，认为构成中国文化发展的基础要素主要是原始通古斯的中国北部文化、原始土耳其的中国西北文化、原始西藏的西部文化以及三个南部文化，这几种文化之间"并非只发生一种混合，乃是他们彼此的补益，彼此的施与"[6]。

---

[1] Herrlee G. Creel, *Studies in Early Chinese Culture*, New York: The American Council of Learned Societies, 1938, pp. 253-254.

[2] Ibid., pp. 253-254.

[3] Luther C. Goodrich, *A Short History of the Chinese People*, New York: Harper & Row, 1943, pp. 10-19.

[4] John King Fairbank, *The United States and China*, Cambridge, Mass: Harvard University Press, 1948, pp. 25-27.

[5] Wolfram Eberhard, *Early Chinese Cultures and Their Development: A New Working Hypothesis*, Washington: Annual Report of the Smithsonian Institution, 1937, pp. 78-79.

[6] 卫德明著，杨丙辰译：《中国之史前史与原始史》，《国民杂志》1943年第3卷第6期，第16—17页。

这些以"影响"或"渗入"解释中国文明起源之说，亦为民国知识界所关注。毕士博的《中国文化之初源及其地理背景》一文于1932年发表，次年即被译为中文，译者朱炳海谓"著者之臆说，为吾国史学专家所不能赞同者当属不少，唯其方法颇有可采，故介绍之，以供有志研究上古历史地理者之借镜"①；1934年10月17日，夏鼐读完毕氏刊于《太平洋事务》（Pacific Affairs）上的另一文《中国南北文化的起源》后②，在日记中感慨道："毕士博此文虽仅寥寥20余页，颇耐深思。"③此文中译文于次年刊出，译者黄泽浦特别强调："本文作者毕士博氏，为一有名之美国中国史学家，曾到我国做考古工作多年。本篇为其研究我国文化起源之总结论。从本篇中，我们也可以看出外人研究我国古史之态度如何。故颇足为研究中国古史者参考。也可帮助一般学生明了中国文化起源的状态。"④对于日本考古学家滨田耕作，民国学人于式选这样评价道："先生学问渊博，持论纯正，凡谈有关中国之问题，向系鉴空衡平，忠实论究，绝不似喜田贞吉、矢野仁一、鸟居龙藏等之御用学者，负有政治使命，故为曲解事实，代野心家作凌辱中国之'学术的根据'也。"⑤故此，其著述在中国知识界有着更为广泛的流布，不仅考古学方面的诸多著述相继被译成中文⑥，其《东亚文明之黎明》甚至出现张我军、徐翔穆、汪

---

① C. W. Bishop, The Rise of Civilization in China with Reference to Its Geographical Aspects, Geographical Review, Vol. 22, No. 4 (Oct., 1932), pp. 617-631. 中译文见弼萧普原著，朱炳海译：《中国文化之初源及其地理背景》，《方志月刊》1933年第6卷第2期，第25页。

② Carl Whiting Bishop, The Beginnings of North and South in China, Pacific Affairs, Vol. 7, No. 3 (Sep., 1934), pp. 297-325.

③ 夏鼐：《夏鼐日记》卷一，华东师范大学出版社2009年版，第267页。

④ 毕士博著，黄泽浦译：《中国南北文化的起源》，《集美周刊》1935年第18卷第2期，第1页。

⑤ 于式选：《介绍日本考古学者》，《考古社刊》1937年第6期，第62页。

⑥ 滨田耕作被译为中文的著述有：《鼎与鬲（附图）》（闻宥译，《东方杂志》1929年第26卷第3期）、《中国古代文化鸟瞰》（汪馥泉译，《青年界》1931年第1卷第5期）、《考古学通论》（俞剑华译，商务印书馆1931年版）、《古玉概说》（胡肇椿译，1936年上海中华书局）、《史地小丛书：古物研究》（杨炼译，商务印书馆1936年版）等。

馥泉、杨炼等四个译本。①1935年9月23日的《早报》，对杨炼的译本进行专门推介："这本书是研究东亚古代的著作，对于旧石器时代、新石器时代等都有精到的认证。对于东亚的人种亦有独特的见解处，实在增加我们古代智识的一本简明、正确的书籍！"②顾立雅研究中国早期文明的《中国之诞生》，则有雷海宗撰著书评予以评介。③卫德明曾于1941年至1942年在北京为其同胞做有关中国历史的演讲多达十次，其中第一次讲演系《中国之史前史与原始史》。民国学人杨丙辰"以其第一次所讲，颇有异我国学者见解不同之处，因特译出"④。

自九一八事变爆发，伴随着民族危机的加剧，借历史文化激发民族精神和爱国之心，成为彼时民国知识人的主要取向。1934年，李济即提出："我们若要发扬民族主义，对于民族的历史绝对的不能漠视"，并强调："要发扬这个主义，除了历史的训练，又有什么别的方法呢？"⑤傅斯年亦曾这样言道："本国史之教育的价值，本来一大部分在启发民族意识上"，在他看来，"当前的问题，只在用何方法使历史教育有效的、有益的启发民族思想"。⑥钱穆成书于抗日战争期间的《国史大纲》之开篇，即向读者提出对待本国历史要持有一种"温情与敬意"，意在借历史激励国人之民族意识与民族精神，"欲其国民对国家有深厚之爱情，必先使其国民对国家以往历史有深厚之认识。欲使其国民对国家当前有真实之改进，必先使其国民对国家以往历史有真实之了解。我人今日所需之历史

---

① 这四个译本分别为：张我军译本，《辅仁学志》1931年第2卷第2期；徐翔穆译本，神州国光社，1934年7月；汪馥泉译本，黎明书局1932年版；杨炼译本，商务印书馆1935年版。

② 《书报介绍：史地小丛书之东亚文明的曙光》，《早报》1935年9月第3版。

③ H. T. Lei, Book Review: The Birth of China, *The Chinese Social and Political Science Review*, Vol.XXI, No.2 (July, 1937).

④ 卫德明著，杨丙辰译：《中国之史前史与原始史》，《国民杂志》1943年第3卷第6期，第14页。

⑤ 李济：《中国考古学之过去与将来》，《东方杂志》1934年第31卷第7号，第16—17页。

⑥ 傅斯年：《闲谈历史教科书》，《教与学》1935年第1卷第4期，第109页。

智识，其要在此"①。1939年，国民政府教育部中学教科书编辑兼教科书审查委员姜季辛在审阅了各大书局所出版的九种中学历史教科书后更是直言："有些历史教科书中，对于中华民族的起源，依旧含混其词，不说'异说纷纭、莫衷一是……只有存疑'，便公然仍旧主张'西来说'。"在他看来，这将间接"动摇国民对于'保卫领土，爱护祖国'的决心"。他认为："今日编著历史，应着眼于全民族共同的'民族意识'"。②

正因为如此，中华民族及其文化起源之本土说成为当时学界的主流议题。缪凤林即在《本国史》中明确指出，今日国人之祖先有史以前便已生息于东亚，"有史以来之民族绝无外来之可能"，无论种族与文化均为祖先自创。③金兆梓的《高中本国史》（上册）、杨东莼的《高中本国史》、白进彩的《高中本国史》、陈登原的《高中本国史》、钱穆的《国史大纲》等中国通史类教材与缪氏之书的观点基本相一致，均持本土起源说，并通过详细梳理中国考古学之成果对外来说大加驳斥。④陈登原更是倡言，中国文化在世界可谓"开创之早也"；其在亚东之地位，"盖为亚洲文化之祖先"，并"尝有所启迪异族，煦育外国也"。⑤全面抗战爆发后，中国文明本土说更是成为不容置疑之说，无论是保守派还是马克思主义史家皆持此说。郭斌佳强调："中华民族的发源地就在中国这片土地上，它在没有外来影响的情况下，从野蛮走向文明。"⑥马克思主义史家尹达亦言："中国社会不是孤立的东西，在某一时期或某一地区受到外来民族的影

---

① 钱穆:《国史大纲·引论》,《国史大纲》（上册），商务印书馆1994年版，第2—3页。
② 姜季辛:《略论中学历史教科书的缺点》,《教育通讯》1939年第2卷第16期，第9—10页。
③ 缪凤林:《本国史》，钟山书局1932年版，第32—34页。
④ 金兆梓:《高中本国史》（上册），中华书局1947年版，第15页；杨东莼:《高中本国史》，北新书局1935年版，第26页；白进彩:《高中本国史》，文化学社1935年版，第18页；陈登原:《高中本国史》，世界书局1933年版，第28页；钱穆:《国史大纲》，国立编译馆1940年版，第4页。
⑤ 陈登原:《中国文化史》上册，世界书局1935年版，第58页。
⑥ P. C. Kuo, Folkways in Prehistoric China, *T'ien Hisa Monthly*, Vol. IV, No. 2 (Feb., 1937), p.119.

响,民族的混合,以及民族文化的交流都是不可避免的事;但是,这并不能否认基本上中华民族及其文化之来源有其独立和自别的特点。欧美和日本的学者为着他们的统治阶级的利益,在证明'中华民族和其文化是从他处移植过来的'这种谬论已经被事实击得粉碎了。"①尤为值得一提的是,《东方杂志》1937年第7号特别推出"中国文化问题特辑",此特辑刊载了11篇讨论中国文化问题的文章,具体为:杨幼炯《我国政党政治之蜕变及其对于近代文化之影响》、曾仰丰《中国盐政之动向》、李俨《中算之起原及其发达》、陈顾远《中国婚姻制度之发生并其发展》、陈邦贤《中国医学之起原及其发达之状况》、冯承钧《中国南洋之交通》、卫聚贤《中国文化起原于东南发达于西北的探讨》、贾丰臻《中国文化起原和发达》、李长傅《中国文化起源于世界文化移动之研究》、林惠祥《中国文化之起源及发达》、王云五《编纂中国文化之研究》,其中讨论中国文化起源的文章,无一例外都强调中国文明的本源性。贾丰臻认为:"说到文化问题,那个不知道世界各国中文化的起原和发达,要算中国为最早了"②;李长傅在对外来说大加驳斥后,强调:"谓其受外来文化一部分之影响,容或有之,若以其遗物之一端,遂附会其文化自外移动而来,此在科学上历史上立场上,绝对不容许者也。"③卫聚贤则认为,殷为本土之苗民,其文化是独立起源,"中国的文化以殷人的文化为最高,而且由殷人传播于夏周,但殷人是由东南向西北的,故余以为中国的文化起原于东南而发达于西北"④。曾盛赞安特生的"方法甚精,推论应有一部分可信"的林惠祥认为:作为中国文化之基本势力的华夏文化"似以本土说为近似也"。⑤谓"中国之文化,一部分由西而来,似无可否认"的王云五

---

① 尹达:《中华民族及其文化之起源》,《中国文化》1940年第1卷第5期,第22页。
② 贾丰臻:《中国文化的起原和发达》,《东方杂志》1937年第34卷第7期,第159页。
③ 李长傅:《中国文化起源与世界文化移动之研究》,《东方杂志》1937年第34卷第7期,第175页。
④ 卫聚贤:《中国文化起原于东南发达于西北的检讨》,《东方杂志》1937年第34卷第7期,第176页。
⑤ 林惠祥:《中国文化之起源与发达》,《东方杂志》1937年第34卷第7期,第181页。

亦言："中国人类有独自创造之文化，后且传播于东西辽远之地域，则更属可信也。"①

由于饱受欺凌，文化民族主义成为此时中国知识界的主导性思潮。即使是被左派指责为"醉心于欧化"的学人，亦对中国文化"渗入说"大加质疑与批判。胡适即依据平行发展之理论批评富路德，"在对待如此遥远过去的文化对象时，经常犯有过于倾向'文化借用'理论而甚少承认文化'独立或平行发展'的错误"。在他看来，"归因于文化借用似乎牵强附会，而且也并非历史事实"，因为"面对类似的需要和困惑，人类心灵通常能够而且实际上也确实发明了或多或少相类似的解决方法"。②雷海宗在评述顾立雅的《中国之诞生》时，对作者的"青铜铸造的关键技术可能起源于西方"这一观点进行批驳，认为作者"似乎没有意识到自己仍旧处于进化论的教条主义者的影响之下"，"尽管没有任何文化特征可以被证明是从蓝色天空中掉下来的，然而，突变不仅在生物学上，而且在文明史上都是不争的事实。古代埃及人的防腐技术和中世纪大教堂的彩色玻璃窗都是失传艺术，这些艺术似乎在很短时间内就达到了完美"。③李济虽不否认"今日或过去所有伟大文明的发生都是由于文化接触的结果"，但认为"在应用此种理论于某一特殊文明之前，我们必须不惜余力搜集资料来详细考察文明实际成长中的每一个细节"。④故此，他特别致力于"揭破西来说中包含的无根据臆测"⑤。在讨论中国上古史的文章中，李济即直言批驳毕士博的观点，认为至少就骨卜、蚕丝与殷代的装饰艺术看，"外国人讨论东方文化时，只管可以不提，却不能不承认是

---

① 王云五：《编纂中国文化史之研究》，《东方杂志》1937年第34卷第7期，第197页。

② Hu Shih, Book Review: A Short History of the Chinese People, *Pacific Affairs*, Vol.17, No.2 (Jun., 1944), p.225.

③ H. T. Lei, Book Review: The Birth of China, *The Chinese Social and Political Science Review*, Vol.XXI, No.2 (July, 1937), pp.273-275.

④ 李济：《中国早期文明》，上海人民出版社2007年版，第18页。

⑤ 李光谟：《从清华园到史语所：李济治学生涯琐记》，商务印书馆2016年版，第410页。

远东独立发展的东西"①。

饶有意味的是，到20世纪30年代后期，疑古时代亦让位于复古时代。在讨论中国文明之起源时，文字史料和古代传统说法的权威性在一定程度上似乎又逐渐被恢复。王伯平在《再论中国民族起源问题》一文中就传说在历史研究上的价值指出："固然有些传说是后人为了某种目的伪造的，完全为无稽之说。另一方面也不能否认有些传说是有真实的历史事实为其基础。所以，在历史研究上利用传说做某种论断的根据，不能说全能无用。"②高潜子在探讨中国文化之起源时，认为"中国上古大事，信而有征者，为洪水之灾"。他依据《山海经》《系辞传》《尚书》等古书之记述，将上古洪水、伏羲造字、神农教民耕稼等神话传说皆视为信史。③吴泽基于考古挖掘出土之遗物明确指出："根据上述出土物所示的各种现象，再把古籍传说记载与之作严谨的联结的发展的相互范围的科学运用时，可知神话传说内容亦有部分的历史性，并非全属荒唐无稽。"他称："就《史记》《尚书》《左传》等正史所列传说人物的次序，主要的几个是：有巢氏、燧人氏、伏羲氏、神农氏、尧、舜、禹以及夏代。而附着于这些传说人物身上的神话传说，其发展规律与上述出土物几乎完全一致。"④郭斌佳在《中国史前民俗》一文中则就此前所流行的疑古思潮进行了颇为尖锐地批评："今天的中国历史学家不仅质疑某些文献的真实性，而且对古老的中国传统进行了全面的猛攻。这种事态是现代批判性学术最令人遗憾的滥用之一。虽然怀疑精神在寻求真理方面很有用，但过度的怀疑可能会像轻信一样令人不快。"⑤基于这一认识，郭斌佳根据古籍记载的神话传说详述火、农耕、渔猎、家畜驯养、文字、钱币、衣服等都是燧人、伏羲、神农、黄帝这些中国圣贤豪杰所创造发明的。

---

① 张光直：《考古学专题六讲》，生活·读书·新知三联书店2010年版，第137页。
② 王伯平：《再论中国民族起源问题》，《前途杂志》1934年第2卷第9期，第2页。
③ 高潜子：《中国文化之起源》，《中外文化》1937年第1期，第1—2页。
④ 吴泽：《中国原始社会史》，文化供应社1943年版，第7页。
⑤ P. C. Kuo, Folkways in Prehistoric China, *T'ien Hisa Monthly*, Vol. IV, No. 2 (Feb., 1937), p. 115.

最后，他还特别强调这些神话传说中的人物是"我们种族"创造天才的象征，我们不用怀疑古圣先贤的存在，最好还是对那些曾为中国文明的奠基付出过努力的人们抱持尊重之姿为好。①

四、余论：文化认同危机下的回响及启示

五四之后的民国学界曾批评认同拉克伯里"西来说"的中国学人，认为其"唯知巧为附会"，以致落入"'帝国主义者'之玄中而不自觉"。② 到20世纪30年代末之后，对于接受或一定程度认同中国文明外源说之学人的批评，则更趋严厉。荆三林即这样批评道："固然安特生及阿恩等是自欺欺人，而我们无条件的崇拜外人，没有一点自信心，没一点自主的判断，便盲从外人，也不能不引为遗憾。"③ 华白沙则如是指责李济、徐中舒等中央研究院的学者："以本国学人研究本国史地文化，而要这样推崇英美人不成熟的见解，不但是无聊，而且是可耻的！"④ 徐中舒在1950年的先秦史讲稿中就中国青铜器之源起进行解释时，曾就左翼学人的批评这样回应道："中亚地区的铜器，比我们产生得早，这可能与中国铜器有关。要是历史事实是这样，我们肯定这一点，是足以证明我们民族是善于吸收其他民族文化的精华而加以丰富和发展的，这并不是非爱国主义的提法。"⑤ 由前述考察亦可知，民国知识界对于域外中国文化

---

① P. C. Kuo, Folkways in Prehistoric China, *T'ien Hisa Monthly*, Vol. IV, No. 2 (Feb., 1937), pp. 119-123.

② 何炳松：《中华民族起源之新神话》，《东方杂志》1929年第26卷第2号，第80页。

③ 荆三林：《从秦王寨出土着色陶器上对安特生及阿恩之质疑》，《学术评论月报》1940年7月17日创刊号，王星光主编：《荆三林文集》，中州古籍出版社2019年版，第8—9页。

④ 华白沙：《古史及古史研究者》，《杂志》1942年第9卷第6期，转引自李孝迁编校：《中国现代史学评论》，上海古籍出版社2018年版，第430页。

⑤ 徐中舒著，徐亮工整理：《徐中舒先秦史讲义》（1950年讲稿），天津古籍出版社2008年版，第58页。

外源说之质疑与驳斥呈渐趋强化和普遍之势。早在民初之际，知识界对于中国文明之起源，可谓是"众说纷呈"，既有持本土说者，亦有众多学人赞同外来说；20世纪30年代后，域外之中国文明外来说虽仍不乏信奉者，但质疑与批判渐趋上升；全面抗战爆发后，即便是胡适、雷海宗、李济等自由派学人，在评述域外有关中华文明外来说之著述时，亦明显夹有浓厚的文化民族主义之情绪，更遑论马克思主义史家，本土说已成不容置疑的普遍之说。

民国知识界对域外之中国文明外来说的认知与回应之所以呈现这样的嬗变，学术本身的发展是其中的原因之一。有学人曾就民国学人对于安特生之说的回应指出，它们"总体上都不出学术范畴，而且往往停留在技术的层面上"[1]。在某种程度上，这可谓是事实之反映。民国学人之所以抛弃拉克伯里之说，转而关注乃至认同与接受安特生之说，既受彼时疑古思潮之兴起影响，更与考古学在中国的展开是分不开的。童书业曾言道："史前文物的研究，这差不多是考古派专有的成绩。至彩陶和黑陶文化的发现和研究，尤使我们明白古代文化确有东西两系，而且受有外来的影响。"[2] 正是随着考古挖掘的推进，中国有其发端于本土的文明不断得到确证，本土说由此渐趋成为主流之说即属当然。林惠祥即言："土著说初亦无确证，然近来华北一带史前遗址发现日多，铜器新石器时代之遗址最多，旧石器之遗址亦有之，甚至极古远之人类遗骸亦发现于北京附近，故土著说有逐渐得势之希望。"[3] 李济亦曾就民国知识界对于古史所记载的传说与神话由疑古转为信古这样分析道，很多以前被推翻的历

---

[1] 具体探讨可见马思中、陈星灿：《安特生在中国的命运：从学者到学者的回归》，载陈星灿：《20世纪中国考古学史研究论丛》，文物出版社2009年版，第179页；周书灿：《仰韶文化西来说的形成及论争——学术史视野下的考察》，《河北师范大学学报》2016年第4期等。

[2] 童书业：《略论近年来国内史家史前史研究的成绩》，《光华年刊》1939年第14期，转引自李孝迁编校：《中国现代史学评论》，上海古籍出版社2018年版，第414页。

[3] 林惠祥：《中国文化之起源与发达》，《东方杂志》1937年第34卷第7期，第180页。

史为考古发现所证实,"这些新发现鼓励中国人为他们民族历史的悠久而骄傲,也使国人对传统记载的可靠性恢复了信心"①。由此可见,不仅是民国学人对于域外之中国文明外来说的回应,即便是疑古思潮逐渐为信古思潮所取代,亦与考古之发展存有紧密的内在联系。

然而,我们不能将民国知识界对于域外中国文明外来说的回应及其所呈现出的嬗变仅归因于学术,其后有更深层次的原因,即文化认同危机。张灏曾指出,1895年至1925年是中国思想文化的转型时代,身处转型时代的中国知识分子出现了空前的文化取向危机,不仅传统的基本社会价值取向受到严重侵蚀,同时在文化认同上亦出现危机。②确如其所说,自19世纪初叶与西方接触以来,中国人发现其已置身于一个与华夏中国全然不同的新世界。面对一个以西方霸权为主导的新世界,中国人存在严重的文化失重感,其文化自信与自尊亦大受打击,因为中国学人曾一度自认为是天下之中心,现在却沦落为文化边缘与落后之国度。由此,拒斥域外之中国文明外源说,坚守文化之民族本位主义,即成为部分学人的选择,他们希望借此找回应有的文化自信与自尊。陈嘉异即言,其所以撰著《东方文化与吾人之大任》,系驳斥"东方文明决无足与西方文明对等并称之理"的谬论,他在文中强调:"吾国文化实为独立地创造的文化,而与欧西文化其起源为传承的因袭者实大有别",此"已足成为对峙之二元而有余。"③何炳松则将域外所出现的诸种中华民族外来说归结于西方人的自大,"西洋人自大轻人之心事并亦流露于学术研究之中,殊出吾辈崇拜西学者之意外,而各种新神话之兴起,此或即其主要之原因"④。与此同时,中国学人深切认识到必须更新对新世界的认知地图,

---

① 李济:《中国古器物学的新基础》,载《李济考古学论文集》下册,台北联经出版事业股份有限公司1976年版,第870页。

② 张灏:《幽暗意识与民主传统》,新星出版社2006年版,第140—146页。

③ 陈嘉异:《东方文化与吾人之大任》,《东方杂志》1921年第18卷第1、2期,第26页。

④ 何炳松:《中华民族起源之新神话》,《东方杂志》1929年第26卷第2号,第80页。

方能在这个新世界里找寻到文化自我定位。丁文江1931年发表《中华民族是如何获得其文明》一文，在强调中华文明之"渐进而持续发展"的同时，用相当之篇幅梳理中华文明"在很大程度上受益于外来的影响"，并据此申言唯有"最终在政治上和文化上融入国际大家庭"才能找寻到"民族救赎"，"适应这种工业文明是我们民族生存的唯一途径"。① 无论是源自情绪扭曲还是发自文化自我定位的认知需要，实质上都是文化认同需求在转型时代的普遍散布。正是这种文化认同需求，使得民国知识界面对中国文明外源说时，呈现的是多声部的大合唱，或认同或怀疑或驳斥。

九一八事变之后，文化认同的需求变得更为迫切。王汎森即言："面临外国的入侵，被侵略者开始寻找他们的民族精神。在一个反传统和西化盛极一时的时代，从民族危机中生发出的第一个问题就是：我们是谁，我们的民族是什么？"② 值得注意的是，此时文化认同需求不再是多声部的大合唱，而是转换为只有一种声部的大合唱，强化民族认同以激发民族精神成为唯一之旨趣所在。保守派学者对西化及新文化运动后所兴盛的反传统大加批判，认为这不仅造成了中国社会的失序，从长远看更招致日本的入侵。③ 1935年1月，王新命、何炳松、武堉干等十位教授更是联名发表《中国本位的文化建设宣言》，公开倡导文化本位主义。④ 马克思主义史家同样持文化本位主义，主张中国文化本土说，并借此增进民族认同，激励民族精神。尹达在1940年所发表的《中华民族及其文化

---

① V. K. Ting, How China Acquired Her Civilisation, Sophia H. Chen Zen (ed.), *Symposium on Chinese Culture*, Shanghai: China Institute of Pacific Relations, 1931. 转引自欧阳哲生主编：《丁文江文集》第一卷，湖南教育出版社2008年版，第407—408页。

② 王汎森：《傅斯年：中国近代历史与政治中的个体生命》，生活·读书·新知三联书店2012年版，第170页。

③ 牟润孙：《学兼汉宋的余季豫（余嘉锡）先生》，载《海遗杂著》（香港中文大学出版社，1990年），第133页。转引自王汎森：《傅斯年：中国近代历史与政治中的个体生命》，生活·读书·新知三联书店2012年版，第170页。

④ 王新命等：《中国本位的文化建设宣言》，《文化建设》1935年第1卷第4期。

之起源》一文中,致力论证"中华民族和其文化是在中国这块广大的土地繁荣滋长起来的,并不是由他处移植过来的东西",同时他还在文中特别强调这一问题是"当务之急",因为"欧美以及日本的学者在过去和现在都竭力搜集证据,去证明中华民族和其文化不出于中国广大的领土之内……国内一部分醉心欧化的学者也曾盲目地附和了这种论调。在抗战的过程里,部分的准备投降妥协的顽固分子,很可能利用这样的论调一笔抹杀那悠久的中华民族的史迹"。因此,"为了增强民族自信心,为了使中华民族的子孙了解过去这光辉灿烂的史迹,为了反对'认贼作父'的民族败类之无耻行动,重新提出这样的问题加以说明,我以为是必要的工作"。① 作为新史学之代表的顾颉刚,亦表现出明显的转向。顾颉刚早年曾提出著名的"层累地造成的中国古史"说,对中国古史传说大加质疑。九一八事变后,他则主要致力于边疆史和民族史研究,并于1939年发表题为《中华民族是一个》一文,他在文中如是写道:"'中华民族是一个',这是信念,也是事实。"② 源于紧迫之民族危机,增进民族认同和文化认同成为时代的呼唤与现实之需要,中国文化本土说遂成为不容置喙之说。

众所周知,民国时期正是中国处于饱受欺凌和战乱的时代。在这样的时代,学术已不仅是一种知识的技艺,还寄托着民族精神。孟宪承即这样说道:"一个民族的精神寄托在什么上面?一个民族的生存又是靠什么?当然,一个民族的精神寄托在它的文化上,一个民族的生存要靠它的学术来孕育,就是说,一个民族的生存是要建筑在它的学术上面。"③ 郑师许亦曾这样感慨道:"政治不及别人家,军事不及别人家,经济不如别人家,固然可耻到万分,然而一切的学术都比不上人家,都在水平线以下,连自己的先民所创造或记述下来的学术遗产,都研究得不及人

---

① 尹达:《中华民族及其文化之起源》,《中国文化》1940年第1卷第5期,第16页。
② 顾颉刚:《中华民族是一个》,《益世报·边疆周刊》1939年第9期。
③ 孟宪承讲,虞斌麟记:《欧洲之汉学》,《国学界》1937年5月15日,创刊号。

家，这真是顾亭林所谓'亡天下'之痛了。"①在一个因民族危机而将民族精神寄寓于学术，并希望借此捍卫民族自尊的时代环境里，中华文明与域外文明之关系相较于其他学术问题有着更为浓厚的民族主义情绪，因为其直接关乎民族精神与文化认同之涵育。正因为如此，对于民国知识界在回应域外之中国文明外源说时所呈现出的浓烈之文化民族主义倾向，今天的我们深可理解，这可谓是特殊时代环境使然。正如顾颉刚所言："学术的方面，也因时势的需求而促成思想的转变，于时代的背景关系最切。"②

时下，出于增进国人文化自信之旨趣，力证中华文化之于域外文明尤其是西方文明的影响正成为潮流，甚至有人倡言西方文化之源头在东方和中国。对此，我们则不能不加以必要的警惕与警醒。劳费曾言："地球上没有任何一种文化是被排斥或被孤立的，也没有一种完全由自身内部因素推动的纯粹内部发展。文化的成长和传播是历史因素造成的，必须结合人类的普遍历史来理解。任何历史问题都不可能仅通过将关注点限定于一个特定的文化领域而排除所有其他文化领域以获得理解和解决。"③劳费一百多年前的所言，对于今天的我们仍不乏启迪意义。以今日之考古证据，当然有理由坚信中华文明之主体源出于本土，但认为中国文化完全系"自本自根"，由中国人自己所独创，则如说中国文化完全来自西方一样，都是"毫无根据的话"。事实上，言中华文明受其他文明之影响，并不有损于文化自信，相反更有利于强化和增进我们对自身文化的认同与自信。诚如李济所言，我们既应竭力揭破西来说中所包含的无根据臆测，亦应反对"本土论"者当中的某些狭隘地域观念，认识

---

① 郑师许：《郑师许先生的意见》，《教育杂志》1935年第25卷第5期，第36页，转引自龚鹏程主编：《读经有什么用？——现代七十二位名家论学生读经之是与非》，上海人民出版社2008年版，第99—102页。

② 顾颉刚、王钟麒编辑，胡适校订：《现代初中教科书·本国史》，商务印书馆1923年版，第6页。

③ Berthold Laufer, Some Fundamental Ideas of Chinese Culture, *The Journal of Race Development*, Vol. 5, No. 2 (Oct., 1914), p.161.

到中国文化能吸收外来文化的优点并加以消化融合乃是中国文化的一大长处。①

陈寅恪曾就外来所输入思想与中国本土思想之关系这样言道:"其真能于思想上自成系统,有所创获者,必须一方面吸收输入外来之学说,一方面不忘本来民族之地位",并强调此乃"二千年吾民族与他民族思想接触史之所昭示者也"。②今天的中国正在向世界舞台中心迈进,在对待中华文明与域外文明之关系上,笔者以为实应采陈寅恪所言,在固守中华文明之本体的同时,以科学的、开放的、包容的态度对待域外之文明。如此,方能真正有益于中华文明自身之发展,并推动人类文明间的互动与互鉴。反之,如果抱持狭隘的地域论,单向度地强调中华文化之于世界的影响与贡献,则将强化国人狭隘的文化自信,所唤起的是极端的文化民族主义,由此将阻碍文明之间应有的取鉴。

---

① 李光谟:《从清华园到史语所:李济治学生涯琐记》,商务印书馆2016年版,第410页。
② 陈寅恪:《冯友兰著中国哲学史下卷审查报告书》,《大公报(天津)》1933年2月20日,第12版。

第八章

美国兴起中国共产党研究的发生学及其启示

美国的中国共产党研究,发端于中华人民共和国成立之后。[①]1949年7月,《远东观察》(Far Eastern Survey)在编者按语中指出:"中国共产主义运动是世界革命运动的一部分,也是中国人所独有的一种现象……(它)是一个很少有美国人进行过严谨研究的问题。"[②]在此之后,美国的中国共产党研究开始兴起。继史华慈(Benjamin I. Schwartz,1916—1999)的《中国的共产主义运动与毛泽东的崛起》(Chinese Communism and the Rise of Mao Chinese,1952)这部具有里程碑意义的著作出版后,弗朗兹·舒尔曼(Franz Schurmann,1926—2010)的《共产主义中国的

[①] 1921年中国共产党成立后,以其日愈加重的神秘感而成为美国民间的热门话题;中日战争的爆发,尤其是太平洋战争的爆发,更是使得中国共产党成为美国社会关注的对象,柯乐博(Oliver Edmund Clubb,1901—1989)、斯诺(Edgar Snow,1905—1972)、白修德(Theodore Harold White,1915—1986)、伊斯雷尔·爱泼斯坦(Israel Epstein,1915—2005)等一批美国外交官和新闻记者相继来华,对中国共产党展开观察与探访,出版了《共产主义在中国——1932年来自汉口的报告》(1932)、《红星照耀中国》(1937)、《中国的惊雷》(1946)、《中国未完成的革命》(1947)等著述。然而,这些出自新闻记者和外交官之手的著作,多系对中国共产党及其革命的观察与新闻报道,并非严格意义的学术研究。

[②] Robert C. North, John H. Paasche, China in the World Revolution, Far Eastern Survey, Vol. 18, No. 15 (July 27, 1949), p. 169.

意识形态与组织机构》(*Ideology and Organization in Communist China*, 1966)、鲍大可(Arthur Doak Barnett, 1921—1999)的《共产主义中国的干部、官僚机构和政治权力》(*Cadres, Bureaucracy and Political Power in Communist China*, 1967)等一批优秀之作相继涌现。国内学界对于美国的中国共产党研究已有不少论著,但主要聚焦于概况的梳理与评述[①]。美国中国共产党研究之发端,1949年后中美冷战可谓是最为直接的诱因;然而,它的兴起又不完全是现实需要所致,美国学人的来华经历及其对中国历史的认识和学术思潮等都与其有着不可忽视的内在联系。

一、来华经历:开启中共研究的策动源

20世纪30年代后,中美学人往来渐趋活跃,一批年轻的学人、外交人员等在太平洋学会、哈佛燕京学社、洛克菲勒基金会等相关组织机构的资助下相继来华进修学习或访学。曾于1932年至1934年来华留学的韦慕庭,在忆及这段留华岁月时即言:"在那里,我们和许多未来的中国问题学者变得熟悉起来——宾板桥、顾立雅、拉铁摩尔、卜德、西克曼、嘉德纳、戴德华、毕格和柯乐博、戴维斯和谢伟思等年轻的外交文职官员。"[②] 太平洋战争爆发后,"几乎在一夜之间,那些一直在美国学术生活边缘顽强挣扎的为数不多的远东专家成了国家的财富"[③],他们中许多人响

[①] 有关此方面的研究可见:梁怡与李向前主编的《国外中共党史研究述评》,中共党史出版社2005年版;路克利的《哈佛大学的中国共产党研究》,山东大学出版社2012年版;马金祥的《美国中共党史研究的历史进程与基本经验》,《沈阳大学学报(哲学社会科学)》2015年第3期;赵纪萍的《美国中共党史研究的历史考察》,《理论学刊》2021年第5期。

[②] 〔美〕保罗·柯文、默尔·戈德曼主编,朱政惠、陈雁、张晓阳译:《费正清的中国世界:同时代人的回忆》,东方出版中心2000年版,第12页。

[③] Meribeth E. Cameron, Far Eastern Studies in the United States, *The Far Eastern Quarterly*, Vol. 7, No. 2 (Feb., 1948), p.121.

应美国政府的号召，加入美国政府的情报部门，有的还被派驻中国。比如，费正清即于1941年被征召至美国情报协调局，后被派往中国，担任美国战略情报局官员并兼美国驻华大使特别助理；1945年10月至1946年7月再度来华，任美国新闻署驻华分署主任。韦慕庭于1943年响应政府征召，与卜德、柯睿格同在战略情报署，从事远东情报分析；1945年至1946年，受美国国务院情报分析署委派，重返中国。① 毕乃德于1944年受华盛顿的征召，就职于国务院国土研究部，1945年至1946年担任美国驻重庆使馆的中文秘书，参与重庆谈判。②

在华经历，给美国学人留下了深刻印象。在中国留学长达6年的卜德即因这段生活将中国称之为"曾经是现在也是我们许多人的初恋"③。不仅如此，在华经历形塑了美国学人对于国共两党的认知与理解。例如，毕乃德曾实地踏访长江沿岸城市，在《扬子江流域行纪》的旅行观察报告中，他对地处长江中上游的芜湖、九江、汉口、重庆等城市的印象是肮脏、恶臭、满是乞丐、糟糕的贸易、军阀的混战、抢劫、走私鸦片、征收厘金等，认为这一切皆是因为国民政府的无能与腐败；与之相反，他对中国共产党人有着非常高的评价，称他们是"中国最有希望的迹象之一，这些年轻人有着为了理想而放弃自己生命的勇气"④。基于在华观察，费正清对国民党政府深感失望，"在战时的重庆又待了一年后，我最终确信我们的盟友国民政府正在腐化堕落并逐渐失去权势"⑤；对于共产

---

① C. Martin Wilbur, *China in My Life: A Historian's Own History, Armonk*, New York: M. E. Sharpe, 1996, p.64.

② 朱月琴：《毕乃德与中国历史研究》，南京大学博士学位论文，2021年，第58—61页。

③ 〔美〕保罗·柯文、默尔·戈德曼主编，朱政惠、陈雁、张晓阳译：《费正清的中国世界：同时代人的回忆》，东方出版中心2000年版，第10页。

④ Knight Biggerstaff, *Yangtse Valley Trip*, April-May, 1931, Knight Biggerstaff Papers, Box 4, Folder 3, pp.11-12, 转引自朱月琴：《毕乃德与中国历史研究》，南京大学博士学位论文，2021年，第42页。

⑤ 〔美〕费正清著，闫亚婷、熊文霞译：《费正清中国回忆录》，中信出版社2013年版，第240页。

党人，费正清留有深刻印象，"初次见面，周恩来非凡的领导能力就使我深深叹服"，坦承"随着离开中国返美的时间不断迫近，发现在日常工作中自己越来越偏向于反对派"。①

尤为值得注意的是，部分美国学人还曾亲赴中国共产党的控制区进行过实地探访。例如，富有传奇色彩的拉铁摩尔，1937年6月即以"美亚小组"之名到抗战时期的延安探访四天；②费正清则借赴华北联合大学挑选四名学者前往美国进行为期一年的交流考察之机，于1946年6月随同其妻到中共控制的张家口进行了为期一周的实地考察。③还有部分美国学人则因来华访学之故得以亲身经历并见证中国共产党新政权之建立。比如，鲍大可即在国共内战之际，以《芝加哥日报》特派记者的身份于1947年来到中国，就中国内战形势及中国未来走向进行实地采访。④受富布赖特计划资助，卜德于1948年8月到达北京，在此后一年时间里，经历了北京从围城到解放的全过程，他在致力冯友兰《中国哲学史》翻译的同时，目睹国民党政权垮台前的种种腐败以及共产党重建新秩序的努力和措施。⑤毕乃德则在富布赖特奖学金和洛克菲勒基金会的资助下，于1949年3月19日到达南京，他在此后的6个月期间亲历了南京解放的全过程以及中国共产党对南京的接管。⑥

正是这样难得的机缘，使得他们对中国革命有着同情与深刻地认识

---

① 〔美〕费正清著，闫亚婷、熊文霞译：《费正清中国回忆录》，中信出版社2013年版，第267、275、282页。

② 〔日〕矶野富士子整理，吴心伯译：《蒋介石的美国顾问——欧文·拉铁摩尔回忆录》，复旦大学出版社1996年版，第51页。

③ 〔美〕费正清著，闫亚婷、熊文霞译：《费正清中国回忆录》，中信出版社2013年版，第307页。

④ A. Doak Barnett, *China on the Eve of Communist Takeover*, New York: Frederick A. Praeger Publisher, 1963.

⑤ 参见〔美〕德克·博迪著，洪菁耘、陆天华译：《北京日记：革命的一年》，东方出版中心2001年版。

⑥ Knight Biggerstaff, *Nanking Letter*, Ithaca, N.Y.: China-Japan Program, Cornell University, 1979.

和理解。拉铁摩尔曾如是回忆访问延安之印象:"当我经过介于西安和延安之间的共产党控制区时,我的印象是,这些共产党人知道自己在干什么。他们成功地赢得了农民的信任。"① 为期一个星期的张家口之行,让费正清亲身感受到"中共的干部永远是真挚地努力于他们同胞的福利与复兴的",并认识到:"中国的共产主义运动绝不是像主流论调所想象的那样是完全受苏联操纵,这种论调忽略了中国特殊的历史环境和现实国情。事实上,中国共产主义运动是土生土长的,由中国人自己根据历史环境和现实情势为解决其自身问题而发起的一场运动,并不是莫斯科预先计划好的。"② 目睹国民政府垮台及随之而发生的整个旧生活方式解体的卜德,在日记中这样写道:"中国共产党人是真正的共产党","共产党显然是想树立这样一个信念,即共产党是为中国大众谋福利的"。③ 在他看来,"国民党时代已经过去了。由于它的贪婪、腐败、玩世不恭、冷漠、愚蠢及脱离老百姓,国民党已最终失去了曾经拥有过的老百姓的支持。而共产党在这些方面正好恰恰相反,所以他们就赢得了老百姓的支持"。基于自身的观察,他认为:"中国的革命是莫斯科一手制造的,是外国控制的一个明证,这种说法是很危险的。"④ 基于对中共接管南京的观察,卜德认为共产党人除了提供新的领导之外,"还提供了一种新的文化模式,这种模式激发了人们对他们的广泛信任。更重要的是,他们的意识形态和纲领充满活力,鼓励人们为这项事业献身。中国共产主义运动最具革命性的方面是表达了对普通民众的信任,将参与政府的人群扩大到普通民众"⑤。在他

---

① 〔美〕拉铁摩尔著,〔日〕矶野富士子整理,吴心伯译:《蒋介石的美国顾问——欧文·拉铁摩尔回忆录》,复旦大学出版社1996年版,第56—57页。

② 〔美〕费正清著,李嘉译:《美人所见:中国时局真相》,现实出版社编印1946年版,第21、17—18页。

③ 〔美〕德克·博迪著,洪菁耘、陆天华译:《北京日记:革命的一年》,东方出版中心2001年版,第101页。

④ 同上书,第235—236页。

⑤ Knight Biggerstaff, *Nanking Letter*, Ithaca, N.Y.: China-Japan Program, Cornell University, 1979, pp. 80-81.

看来,"从国民党政权向共产主义政权的过渡正在快速而顺利地进行着","他们的事业很可能会成功"。①

然而,彼时美国国内对于中国共产党领导的共产主义革命及其新政权之认识,如卜德所说:"最广泛流传的看法就要算莫斯科应该对在中国最近发生的事情负有直接的责任;另一个更奥妙的看法是认为中国共产党将不惜一切代价搞好与莫斯科的关系,因此东欧发生的一切也必然要在中国重演。"②这些流行观点忽视了中国革命的内在因素,即中国自身的历史、地理、经济、文化,拒绝承认中国革命是近代中国社会、政治和经济革命所不可分割的部分,错误地将中共革命与整个历史背景割裂开来,认为中国共产党的崛起并非靠其本身创造性的品质,而纯粹靠的是对手的错误和缺点或是外来的帮助与指导。在那些有着来华经历并曾目睹了中国共产党领导的革命及政权重建的美国学人看来,美国社会所流行的这些观点不仅是错误的,而且还是有害的。卜德即如是提醒道:"虽然我们美国人有充分的理由反对共产主义","应该意识到为什么共产主义(更确切地说,是中国式的共产主义)能够在中国受到欢迎,也是有一定的原因的。这些原因主要来自内部,而不是外部。我们还应该意识到,无视这些原因,并试图用武力来反对中国的共产主义,只会是徒劳"。③费正清亦认为:"如果以纯粹教条主义的反共主义来支配我们的对华政策,我们将不可避免招致灾难,我们必须充分考虑到中国自身的社会变革进程。"④

正是基于这样的认识,这些具有在华经历的学者积极介入美国的对华政策,关注并围绕中国共产党展开探讨。例如,富路德在给当时的助

---

① Knight Biggerstaff, *Nanking Letter*, Ithaca, N.Y.: China-Japan Program, Cornell University, 1979, pp. 55, 46, 57.
② 〔美〕德克·博迪:《北京日记:革命的一年》,东方出版中心 2001 年版,第 238 页。
③ 同上书,第 241 页。
④ John King Fairbank, *The United States and China*, Cambridge, Mass: Harvard University Press, 1948, p. 310.

理国务卿的信中写道:"美国应该承认中国共产党人,并利用美国外交官、工商业者和传教士向中国人民宣传我们的大相径庭的生活方式。"① 时任远东协会主席的嘉德纳也于1950年1月7日给参议院外交关系委员会的代表写信,表明对共产主义中国的看法。② 费正清则同其3个研究生在1948年至1952年期间发起翻译中国共产主义运动文献资料的课题,旨在通过翔实的原始历史文献以回应"新成立的中华人民共和国是否是莫斯科的傀儡? 毛泽东主席是否是潜在的中国铁托? 近代中国真正的民族主义抱负能否与苏联轨道相吻合? 莫斯科对于中国新统治者的影响力如何?"等当时所关注的问题。③ 拉铁摩尔于1949年出版了《亚洲的形势》一书,试图基于中国的民族主义传统和国际政治的普遍原则就共产主义中国发展趋向进行预测。在他看来,"中国在今后几十年内既不会是苏联的傀儡,也不会是苏联的弱敌"④。

二、文化心理:历史中国想象的破与惑

卫三畏曾就中国人的特点这样言道,中国人有着无视法律、生活充满不道德、虚伪及无视事实等坏品质,然而"中国人的性格中有些较好的品质有了令人惊奇的发展。他们遵行和平与良好秩序,使生命财产得到高度的安全;社会各阶级以显然和谐的方式联系在一起;对官职的平等竞争消除了以暴力夺取有权有势的职位的主要诱因,辛勤能得到衣食

---

① 〔美〕唐耐心著,朱立人、刘永涛译:《艰难的抉择:美国在承认新中国问题上的争论(1949—1950)》,复旦大学出版社2000年版,第187页。

② Charles O. Huker, *The Association for Asian Studies: An Interpretative History*, Seattle: University of Washington Press, 1973, p.67.

③ Conrad Brandt, Benjamin Schwartz and John K. Fairbank (eds), *A Documentary History of Chinese Communist*, Cambridge: Harvard University Press, 1952, pp.11-13.

④ 〔日〕毛里和子著,张静译,樊守志校:《论拉铁摩尔》,《国外近代史研究》(第五辑),中国社会科学出版社1983年版,第58页。

住的合理回报,以均等鼓励坚持不懈的努力"①。在卜德看来,人性本善是多数中国思想家所共有的信念,与印度人信奉"生命都是痛苦的"不同,乐观、幽默和求生的信念是众多中国人的显著特点;中国人的世界观之统一与和谐,无论怎样强调都不为过,在中国人的思想中自然和人的世界之间没有真正的区别,正所谓天地万物与我同在,中国哲人对克制、宽容、平静和中庸之道的强调即是体现。②事实上,大多数美国人都持有相类似的看法,认为将中庸之道视为思想准则的中国人,崇尚天人合一、主张安分守己、推崇明哲保身,并以乐达、知足常乐的心态积极入世。费正清曾如是概述美国人对于中国文化及中国人的认知:

> 作为一种更广泛的人生哲学,我们通常将林语堂《吾国与吾民》(*My Country and My People*, 1934)中巧妙描述的那些恬静美德与儒家联系在一起——忍耐、平和、包容、中庸之道、保守与知足、崇敬祖先、老人与博学之人,而最重要的是主张一种温和的人本主义——将人而不是神视为宇宙的中心。这一切都无须否认。如果我们将这种儒家的人生观置于其社会和政治背景下,就会发现它尊老抑幼、崇古贬今、重视现有权威而轻视革新,它事实上就已对中国社会稳定不变的问题提供了一种伟大的历史答案。③

在彼时美国人的视域中,中国社会似乎一直处于静止状态。顾立雅即言:"就美国人而言,无论是对中国知之甚少还是对中国颇有了解,都有一种普遍的印象,即自汉代以来,中国几乎保持不变,没有取得任何

---

① 〔美〕卫三畏著,陈俱译,陈绛校:《中国总论》,上海古籍出版社2005年版,第580—581页。

② Derk Bodde, *Dominant Ideas*, Harley Farnsworth MacNair, ed., *China*, Berkeley and Los Angeles: University of California Press, 1946, pp. 25-28.

③ John King Fairbank, *The United States and China*, Cambridge, Mass: Harvard University Press, 1948, pp. 59-60.

进展。"①之所以如此，其原因在于儒家思想在中国人头脑中根深蒂固的惰性。芮沃寿即曾这样指出，"两千多年来，儒家传统一直存在并具有普遍深入的影响。那些创造中华文明并使其永存的人，他们的生活和思想无疑都受到儒家传统的深刻影响"②。费正清亦曾就儒家思想对中国的深远影响这样写道："谁要是不懂得一些儒家思想的传统，他就不能理解毛泽东思想。儒家思想在今天的中国政治家头脑中仍然存在，这不应该让我们感到惊讶。"③在芮玛丽看来，"历史的水流是在两岸之间流动的，它可能会改变河道，但它不能任意泛滥"，强调应重视规定着中国历史近期水流方向的河岸的构造，重视政治行为的既定模式。她以同治中兴的失败为例，认为儒家社会追求稳定的要求与现代化的要求可谓是水火不容，因为在中国人尤其是保守派看来，"儒家的社会秩序、儒家的政治体制和儒家的伦理道德具有永恒的价值，放之四海而皆准。它们是基本原则，稍加调整便能应付新环境，但从来不会被削弱或改变"④。正因为如此，这种视孔孟之道为放之四海皆准的思想，在美国人看来意味着中国的文化（生活方式）是比民族主义更为基本的东西。⑤

饶有意味的是，20世纪三四十年代有不少美国学人还认为中美文化颇具相似性。富路德曾就撰著《中华民族简史》一书之缘起这样写道："中国人不同于我们，他们又比印度人、越南人或日本人更像我们。上次大战（指第一次世界大战）结束时，我同一批隶属于美国军队的中国劳工共处了一段时间。尽管存在着语言和习俗的障碍，然而困惑中的美国

---

① Herrlee G. Creel, *The Birth of China: A Study of the Formative Period of Chinese Civilization*, New York: Frederick Ungar Publishing Co., 1937, p.377.

② Arthur F. Wright, Values, Roles, and Personalities, In Arthur F. Wright and Denis Twitchett, eds., *Confucian Personalities*, Stanford& California: Stanford University Press, 1962, p.3.

③ John King Fairbank, *The United States and China*, Cambridge, Mass: Harvard University Press, 1948, p.59.

④ 〔美〕芮玛丽著，房德邻等译，刘北成校：《同治中兴：中国保守主义的最后抵抗》，中国社会科学出版社2002年版，第2页。

⑤ 〔美〕费正清著，张理京译：《美国与中国》（第四版），世界知识出版社1999年版，第93页。

士兵却一次又一次帮助引导中国劳工，不由得使我注意到他们与中国人之间存在着与生俱来的相似性。"① 劳费则明确认为，民主精神、宗教宽容、自由竞争意识、正义平等的信仰以及对教育和知识力量几近宗教狂热的信念是中美两国人民所共同具有的优秀品质；除此之外，在诸如家居环境的布置、围桌吃饭、家庭生活，甚至祖先崇拜等方面，中美两国文化亦存在令人惊叹的相似性。正是因为"有了这个具有共同历史传统和思想的资本——民主、宽容、平等、正义和教育——我们做好了经受时代考验和风暴的充分准备"，而文化上的相似性则"为两国代表之间和谐的社会生活和富有同情心的友谊奠定了共同基础"。②

从文化心理角度言之，孔孟之道是中国人的文化和生活方式，是中国社会最为本质的东西所在，这已成为美国人对于中国的共同文化认知。在他们看来，中国人奉行中庸之道，以隐忍、平和、包容、乐达为生活与处世原则，并不主张激进的社会革命。因此，多数美国人认为中国人不可能会选择激进的革命之路，更不相信中国会选择拥抱"以阶级斗争和暴力革命"为显著特征的共产主义。例如，在赛珍珠（Pearl S. Buck, 1892—1973）看来，大多数中国人过去是将来也依然是如其小说《大地》中的主人公王龙那样按照祖先的方式生活下去，接受共产主义革命几乎是不可想象的，她如是写道："布尔什维克主义？我不这样认为。中国的年轻人呼喊很少却思考很多，他们心中都有遗自祖先的非感性、牢固的常识。这会使他们停下来观察布尔什维克的所作所为，并发现它毫无建树。他们会坚持明智的、步伐稍慢一些的进步程序。"③ 1947 年 4 月 17 日的《纽约时报》社论，则可以说在相当程度上代表了当时美国主流社会

---

① L. Carrington Goodrich, *A Short History of the Chinese People*, New York: Harper & Row, Publishers, Inc., 1943, Preface, p.vii.

② Berthold Laufer, Sino-American Points of Contact, *The Scientific Monthly*, Vol. 34, No. 3 (Mar., 1932), pp. 243-246.

③ 〔美〕查尔斯·海弗德（Charles Hayford）著，孟庆波译：《书写中国：中国通和中国故事，1848—1949》，《汉学研究》第 17 集，学苑出版社 2014 年版，第 487 页。

的舆论取向:"共产主义在中国不会成功。中华民族多少个世纪以来一直对任何激进的社会和经济理论都有一种本能的反感。两千多年来,中国所有儿童被教导应行中庸之道。这种观点在今天中国人的生活中仍然很有影响力。不要指望4亿中国人会在几年内就转向共产主义这一奇迹会发生。"①

然而,1949年中国共产党建立以马克思主义为指导的新政权,天安门前那一声"中国人民从此站起来了"的高呼,更是在大洋彼岸的美国引发轩然大波。彼时,美国国内就"谁丢失了中国"展开了激辩。在关于中国问题的大争论中,令许多美国人感到困惑不解的是深受儒家文化影响的中国人何以拥抱马克思主义。旅美华人学者许烺光即曾指出:"二战之后,最令美国人困惑不解的现象是:中国这样一个崇尚礼教、爱家守业、尊重传统的国家为什么会突然转向共产主义?"②当时正在华盛顿大学读研究生的美籍华人学者黄宗智则以其亲身经历言道:"中国研究的大问题是怎样理解'共产主义中国'。许多汉学家进入中国研究领域是因为他们对中国文化的爱好和认同,尤其是其(精英阶层的)'大传统',但中华人民共和国则明显拒绝了那个传统而拥抱了马列(共产)主义,并且是在'冷战'的大环境中做出了那样的选择。"③

正是为了寻找儒教中国何以及如何转变为共产主义中国之答案,不少美国学人开始转向关注近代中国,尤其是共产主义和中国共产党的兴起。例如,费正清即试图通过对中国的传统制度、文化与思想模式之理解来解释中国革命与中国共产党,"我们需要知道他们的思想行动的主要方式和政治经济的主要形式,这些都是中国的悠久历史所深深渗透到中国社会里的。我们还需看到它们与当前中国局势的关系。没有对于这些传统的了解,没有懂得究竟是什么造成了和维系着它们,我看美国人没有办法了

---

① *The New York Times*, April 17, 1947.
② 许烺光著,沈彩艺译:《美国人与中国人》,浙江人民出版社2017年版,第31页。
③ 黄宗智:《我们的问题意识:对美国的中国研究的反思》,《开放时代》2016年第1期,第157页。

解现代中国"①。作为费正清的学生,史华慈所感兴趣的本是思想史和佛教史,但在哈佛大学攻读博士时却转向中国的共产主义运动及其马克思主义学说,这当然与其导师费正清有关,但更重要的还是缘于"理解中国的马克思列宁主义特点以及产生这些特点的原因",是"我们了解现代中国所不可忽视的一个关键问题",因为"马克思列宁主义已是中国知识分子生活中占优势的精神力量"。②列文森(Joseph R. Levenson, 1920—1969)的《儒教中国及其现代命运》,核心论题就是共产主义中国与儒教中国之间的关系问题,力图解释马克思主义何以能在中国取得胜利,何以能对现代中国知识分子产生如此大的吸引力?他从历史与价值这一角度切入,认为其答案在于马克思主义在思想上解决了困扰现代中国人的历史与价值之间的紧张与冲突,"马克思主义提供了一个新的不同于西方主流价值的普遍性框架,这一框架所提供的社会历史分期图式,又帮助现代中国人重新建立了历史的连续性,同时将这个'过去'安然送入博物馆,化解了情感上的依恋所造成的痛苦"③。

三、学术潮流:治中国学为用渐成主潮

实用主义可谓是美国民族精神和生活方式的理论象征,深深扎根于美国文化价值观之中。受此影响,肇始于19世纪初来华传教士的美国中国研究从一开始就具有强烈的功利主义色彩。传教士裨治文(Elijah C. Bridgman, 1801—1861)一到中国,即收到美国公理会的指示信,要求其收集有关中国各方面的情况,并向美国国内汇报:

---

① 〔美〕费正清著,孙瑞芹、陈泽宪译:《美国与中国》,商务印书馆1973年版,第5页。
② 朱政惠编著:《史华慈学谱》,上海辞书出版社2006年版,第4—6页。
③ 季剑青:《超越汉学:列文森为何关注中国》,《读书》2019年第12期,第15—16页。

由于你要去的地方范围大、利益广,将比几乎所有的兄弟们有更多的便利,为此,在你工作和环境允许的情况下,我们要求你把有关中国人民的特征、状况、风俗、习惯等等,特别要对这些情况受人们宗教的影响,向公理会差会部作出完整的报告。①

基于此,裨治文主办的《中国丛报》主要关注:一、有关中国自然经济、地理位置;二、中国的商业发展情况,特别是中外通商贸易情况;三、研究中国社会发展情况,内容包括中国的政治、经济、军事、文化、历史、法律等;四、研究中国的宗教事业发展状况。② 美国公使列卫廉(William B. Reed, 1833—1909)给国务卿的致函则从侧面道出了传教士的中国研究实际上源于实用主义的目的,"传教士和那些与传教事业有关人们的学识,对于我国的利益是非常重要的,没有他们充作翻译人员,公事就无法办理,我在这里尽责办事,若不是他们从旁协助,就一步都迈不开,对于往来文件或条约规定,一个字也不能读、写或了解,有了他们一切困难或障碍都没有了"③。有学者曾就美国早期的中国研究如是总结道:

> 美国对中国的研究始于19世纪30年代之后新教传教士来华,这些传教士尽管也十分重视语言文化的研究,但其视野已超出人文学科的知识领域,而对中国现实政治也十分关注,涉猎甚多。他们不但从事与中国有关的学术研究,甚至还积极参与了中国当时的内政外交政策与实践,成为各方利益的代言者。④

---

① 〔美〕雷孜智著,尹文涓译:《千禧年的感召——美国第一位来华新教传教士裨治文传》,广西师范大学出版社2008年版,第52页。
② Elijah C. Bridgman, Introduction, *Chinese Repository*, Vol. 1, No. 1, 1832, pp. 1-5.
③ 〔美〕泰勒·丹涅特著,姚曾廙译:《美国人在东亚》,商务印书馆1959年版,第472页。
④ 崔玉军:《略论美国中国研究的两条路向——兼论汉学与中国学之间的勾连》,《汉学研究》(第十二辑),学苑出版社2010年版,第243—244页。

确如其所言，美国早期的中国研究不同于欧洲的汉学传统，从一开始即特别强调对现实的关照，呈现的是一种反汉学模式或者说趋向。然而，随着20世纪初欧洲汉学家的相继到来，"欧洲关于远东研究的伟大学术传统"被带到美国①，注重应用语言学、考据学等方法对传统中国展开研究渐成潮流。1928年，哈佛大学联合燕京大学成立哈佛燕京学社。首任社长叶理绥明确提出，中国研究应像法国汉学那样主要致力于用严密科学的考证方法研究传统文化。他公开宣称"研究1796年以后的事件是单纯的新闻工作"，并强调"首先需要精通至少两种欧洲语言，然后学习难对付的古汉语，最后才能进行课题研究"。②1929年，美国学术团体理事会主持召开"关于促进中国研究"的会议，劳费在会上特别提出："我们应倡导并鼓励研究中国的语言和文学，它是理解一个还未被发现的新世界的一把钥匙、是获得新思想的媒介，同时也是将新人文主义向前推进所必需的重要一步。"③1936年，齐思和在介绍《哈佛亚洲学报》时亦如是指出："哈佛则以伊里英夫为柱石，以魏鲁男、加丁诺为后劲。诸氏皆旅法有年，为学笃法国汉学家言，思将法国汉学大师之学说方法，移植于美土。"④

对于"欧洲汉学派"的研究模式，以费正清为代表的"美国本土汉学派"颇有微词。他曾对占据主潮的"欧洲汉学派"这样批评道："汉学家们如果不是语言的奴隶，也已成了语言的仆人"，"历史学家要利用语言而不要被语言所左右"。⑤1937年，美国学术团体理事会执行干事格雷夫斯（Mortimer Graves）在给费正清的信中表示："我们必须阻止的正是

---

① Kenneth Scott Latourette, Far Eastern Studies in the United States: Retrospect and Prospect, *The Far Eastern Quarterly*, Vol. 15, No. 1 (Nov., 1955), p.8.
② 〔加〕保罗·埃文斯著，陈同等译：《费正清看中国》，上海人民出版社1995年版，第63页。
③ Edward C. Carter (ed.), *China and Japan in Our University Curricula*, New York: 1929, p.4.
④ 齐思和：《哈佛亚洲学报》，《大公报》1936年8月14日，第11版。
⑤ 〔加〕保罗·埃文斯著，陈同等译：《费正清看中国》，上海人民出版社1995年版，第67页。

那种你称之为令人窒息的英国式研究的学院风气在美国得到更大的立足之地","我们要在研究中国、日本、印度、苏联以及阿拉伯世界的过程中创造一种新的观念,或是一种新方法"。① 然而,"美国本土汉学派"倡导的新研究模式,如费正清所说"分散在各地",并"大部分由有教会背景的人领导",② 并未占据主导之地位。

太平洋战争的爆发,为美国中国研究模式的转向提供了助推剂。当美国的中国学家们走出学术象牙塔,借由对中国现实社会的深入接触与观察,深切感受到开展现当代中国研究的必要性与紧迫性。费正清的学生史华慈回忆道:"作为第一批研究生之一,是在约翰从战乱中的中国回来后,在哈佛遇见他,我们马上被他的不可阻遏的紧迫感所感动";这种紧迫感就是"尽可能多地增加我们对现当代中国的理解"。③ 太平洋战争前主要致力于中国古史研究的韦慕庭,战争期间受美国国务院的征召,担任战略情报中心的情报分析员,并于 1943 年被派往中国工作。正是这段经历,促使他将研究兴趣转向近现代中国,诚如他的学生张朋园所说:"这三年的经验,引导其兴趣渐渐转变,成为日后倾力研究国共两党历史的伏线。"④ 韦慕庭自己亦曾这样言道:"从事战时工作之后,博物馆的工作已不再有吸引力,我对当代的事情越来越感兴趣。"⑤

美苏冷战的加剧以及美国全球称霸战略的推行,中国的战略地位日益重要,由此中国研究在美国越发受欢迎,"像任何一个美国妇女俱乐部

---

① 〔加〕保罗·埃文斯著,陈同等译:《费正清看中国》,上海人民出版社 1995 年版,第 63—64 页。

② 〔美〕费正清著,闫亚婷、熊文霞译:《费正清中国回忆录》,中信出版社 2013 年版,第 98—99 页。

③ 朱政惠:《他乡有夫子——史华慈生平和学术谱略》,朱政惠:《美国中国学史研究——海外中国学探索的理论与实践》,上海古籍出版社 2004 年版,第 269 页。

④ 张朋园:《韦慕庭的中国史研究》,傅伟勋主编:《西方汉学家论中国》,台湾正中书局 1993 年版,第 48 页。

⑤ C. Martin Wilbur, *China in My Life: A Historian's Own History*, Armonk, New York: M.E. Sharpe, 1996, p. 78.

里的项目所显现的那样,有关中国和日本的研究开始走俏"①。为适应美国"建立世界战略"以及"目前及未来这个国家在中国及其周围地区将要面临的问题",以关注现实为特征的区域研究在美国高校蓬勃发展。对于这一趋向,经费正清和金岳霖介绍于1944年赴芝加哥大学教授中国古文字学,并于1947年回国的陈梦家如是指出:"近来在美国似乎有一种趋势,将Sinology一词限制于中国语文的研究,而改用他们所称的Chinese Studies来包括'国学'一门,其实可翻回来叫'中国学'",这"正代表近代美国人对治理中国学问的一种态度,即是不再追步欧洲学者迂阔而不切实际的读中国古书的办法,而变为美国人实利主义的以治中国学为用的目标。此点由美国注重中国近代史的研究,可以表达其意趣"。②

1949年,奉马克思主义为指导思想的中华人民共和国诞生。这对美国社会来说犹如一道冲击波,美国不得不予以前所未有的关注,当代中国研究由此成为美国中国研究的绝对主潮。费正清不无自豪地对哈佛东亚研究中心第一个十年(1956—1965年)总结道:"在第一个十年,我们总共花费了100万美元,出版了75部著作,为日益增长的当代中国研究奠定了基础";在所出版的75部中国研究著作中,43部为现当代中国研究③。戴德华亦曾就美国的中国研究言道:"1960至1970年这段时间,可以称之为现当代中国研究发展的十年。"④不仅如此,实用主义的研究旨趣更是占据主导,杜维明称其为"反汉学的中国研究"⑤。在彼时的美国学界看来,传统的汉学分析方法无法有效地使历史变成观照现实的工具。

① Meribeth E. Cameron, Far Eastern Studies in the United States, *The Far Eastern Quarterly*, Vol. 7, No. 2, Feb., 1948, pp. 126-130.

② 陈梦家:《美国的汉学研究》,《周论》1948年第1卷第10期。

③ John K. Fairbank, *Harvard University East Asian Research Center: Ten-Year Report of the Director*, Harvard, December, 1965, p. 15.

④ George E. Taylor, Special Report: The Joint Committee on Contemporary China, 1959-1969, *Asian Studies Professional Review*, Vol. 1, No. 1 (Fall, 1971), pp. 74, 83.

⑤ 周勤:《本土经验的全球意义——为〈世界汉学〉创刊访杜维明教授》,《世界汉学》1998年第1期,第10页。

因此，基于服务冷战的现实需要，美国学人呼吁在开展共产党中国研究时应引入各种社会科学，因为社会科学"具备对共产主义中国的社会和政治性质进行系统性思考的能力"，"如果不系统性的运用社会科学理论去分析中国数据，那么这种知识对于理解中国或是论证西方的东亚外交政策将只能提供最肤浅的帮助"。① 林德贝克（John M. H. Lindbeck）就曾直率地指出："现在，当前的趋向占据了中心舞台。中国的经济能力、政治体制、社会结构成为国内外关注的中心。来自非学术世界的迫切要求，使得社会科学家显得尤为突出。"② 赖德烈亦曾如是总结道："无法满足的好奇心、知识的渴望以及未知的吸引力曾是许多人从事远东研究的动机"；然而，"当我们与远东之间的关系变得越来越密切之时，源自于现实社会的迫切需要，实用主义成为远东研究的主要目的所在，"我们对远东研究的这种目的性有着深刻的感受"。③ 正是受社会科学方法为主导的反汉学研究模式渐成潮流的学术环境之影响，美国的中国共产党研究开始兴起。

四、冷战需要：评估中国之发展与趋向

自1946年全面内战爆发，尤其是进入被金冲及先生称之为"转折年代"的1947年之后④，随着中共在军事上取得日渐明显的优势，美国开始对中国共产党及其在全国范围内建立新政权的可能性和统治方式展开了密集的分析评估。在彼时的美国情报机构看来，中国共产党有可能建立全国范

---

① Johnson Chalmers, Research Notes: The Role of Social Science in China Scholarship, *World Politics*, Vol.17, No.2 (Jan., 1965), pp.256-257.

② John M. H. Lindbeck, *Understanding China: An Assessment of American Scholarly Resources*, New York: Praeger, 1971, pp.30-31.

③ Kenneth Scott Latourette, Far Eastern Studies in the United States: Retrospect and Prospect, *The Far Eastern Quarterly*, Vol.15, No.1 (Nov.,1955), p.9.

④ 金冲及：《转折年代——1947年的中国》，生活·读书·新知三联书店2009年版。

围内的政权，但对其稳固性持消极与怀疑的看法。1948年11月，美国中情局在关于中国可能发展趋势的报告中如是描述中国共产党统治的前景：

> 他们能否巩固对全中国的政治统治根本不能确定。迄今共产党已经开始应对他们领导下的全国政府将要面对的问题，维持全国范围的政治秩序以及管理国民经济。他们的成功局限于政治组织和自给自足的、原始状态的乡村经济管理，并且获益于战争必须所造成的破坏。反过来他们处理蒋介石没能解决的较大问题的能力有待证明。他们将难以避免地不得不寻求中国社会本质上反对共产党的势力的协助。至少会有这种可能性，即中国共产党会重复以前曾经革命的国民党的历史经历。①

进入1949年，美国国务院情报机构虽直截了当地认为共产党中国的出现不可避免，但对于"一个合理而持久的共产党政权在中国的前景"同样持消极之观点：从短期看，该政权"可能最终遇到的是农民的反对而危及其权力"；长期来看，"其主要威胁是该政权无法缔造出国家的可能性"，并认为"其将面临的主要困境是遵守传统中国社会规则还是冒修正共产党学说之险，或者是奉行共产党的学说还是冒国内政治对手攫取权力之险"。② 即便中华人民共和国中央政府已宣告成立，美国依然抱有狐疑之态度。时任美国国务卿的杜勒斯（John Foster Dulles，1888—1959）认为："孤立它，减少它对外部的影响，防备它，遏制它，威胁它，向它的邻国提供援助，并不停地向它施加外部压力，中国共产党在中国成为瞬息即逝的现象。"美国国务院情报司于1949年对新中国进行

---

① 《中情局关于中国可能发展趋势的报告》（1948年11月3日），载沈志华、杨奎松主编：《美国对华情报解密档案（1948—1976）》（第1册），东方出版中心2009年版，第427页。

② 《国务院情报研究所关于中国在远东的潜力的报告》（1949年8月1日），沈志华、杨奎松主编：《美国对华情报解密档案（1948—1976）》（第1册），东方出版中心2009年版，第498、501页。

评估,其结论是:在未来五年之内中国新政权没有被推翻的希望。但是,内部困难和外部压力将使中共政权大大削弱,从而为其在将来的某个时候垮台准备条件。①对中国共产党有深刻了解的鲍大可也对新中国政权的前途满腹狐疑,"共产党只是赢得权力斗争的胜利,这一事实并不意味着共产主义在中国已经取得成功,真正的难题仍然横亘在共产党面前,而且他们面临的困难可能还在继续增加"②。

新中国成立之后,无论是政权的巩固还是经济的恢复与发展,都取得了令美国不得不正视的瞩目成就。美国中情局在评估报告中这样写道:"自从1949年在北平正式建立以来,共产党政权已经显示了灵活性、技巧性和冷酷决心,并朝着目标的实现取得了重大进展。在整个大陆地区,其权威已牢固地树立起来,其控制是卓有成效的。"③美国所关注的,还有新中国在亚洲的声望和影响的急剧上升。美国中情局在1954年的报告中这样评估道:"中共政权将继续巩固其政治地位,增强经济和军事实力,待到1957年将成为国际事务中比现在更强大的力量。……中国增长的实力和威望将对西方国家在亚洲的势力以及印度、日本争取亚洲领导地位的抱负提出挑战。"④1956年,美国中情局更是直言:"由于其成就和蒸蒸日上的国力,共产党中国在亚洲的威望和影响已经大大地增加了",并"在自由世界里面已出现强大压力"。⑤对于未来的发展趋势,美国中情局在1958年的评估报告中则不无忧虑地写道:"如果共产党中国保持

---

① 资中筠:《追根溯源——战后美国对华政策的缘起与发展(1945—1950)》,上海人民出版社2000年版,第223页。

② A. Doak Barnett, *Communist China: The Early Years, 1949-1955*, New York: Pall Mall Press, 1964, p.25.

③ 《中情局关于至1960年前中国能力及行动方针的预测》(1956年1月5日),沈志华、杨奎松主编:《美国对华情报解密档案(1948—1976)》(第1册),东方出版中心2009年版,第49页。

④ 同上书,东方出版中心2009年版,第34页。

⑤ 同上书,东方出版中心2009年版,第47—49页。

其现行国际政策,我们认为它在亚洲的威望在下个五年将继续提高。"①令美国感到忧虑的,不仅是中国的迅速发展及其在亚洲影响力的显著提升,更为棘手的是,中国共产党执政模式所取得的成就对非共产主义世界的巨大吸引力。1957年,美国中情局在对中国现状及至1961年前发展的情报评估中即这样写道:"中共对中国大陆如此巨大的面积和人口的有效控制、大规模的全国社会主义转型建设、军事力量和工业产量稳定且具有实质性的增长以及中国不断增强的与其他国家进行贸易和提供经济援助的能力,都给许多亚洲人留下深刻印象",中共所取得的这些成就"对许多亚洲国家人民和领导人来说具有十分重要的意义,因为他们也在尝试进行意义深远的社会、经济以及政治变革,而中国共产主义模式看来在某些方面提供了解决他们问题的办法,他们很倾向于采纳这些方法"。②

正因为如此,为使"我们的行动更为理智",透彻地了解共产党中国成为美国的迫切需要。受这种使命的驱使,美国学人积极倡导对中国共产党及其领导的政权展开研究。戴德华以"共产党中国是我们迫切的问题"为题这样呼吁道:"由于共产主义的威胁,学者们有责任和义务为理解那些不发达国家的社会发挥其应有的作用。……其中,应重视对共产主义在中国发展过程的研究",并认为"共产主义社会是非常难以理解的。摆在我们面前的问题,是对我们整个社会知识的挑战,它需要应用我们各种学科知识"。③费正清警示道:"我们在中国的灾难不是行动上而

---

① 《中情局关于中国状况及此后五年发展趋势的评估》(1958年5月13日),沈志华、杨奎松主编:《美国对华情报解密档案(1948—1976)》(第1册),东方出版中心2009年版,第102页。

② 《中情局对中国现状及至1961年前发展的情报评估》(1957年3月19日),沈志华、杨奎松主编:《美国对华情报解密档案(1948—1976)》(第1册),东方出版中心2009年版,第73、81—82页。

③ George E. Taylor, Communist China: The Problem Before Us, *Asian Survey*, Vol.1, No.2 (Apr., 1961), pp.32, 34.

是理解上的失败。……研究中国是关系美国的生死存亡的头等大事";[①]同时,他认为,"要吃透中国人的意图","真正懂得中国事务","必须要通过历史、人文科学的门径和各种社会科学准则的门径,从各方面来衡量中国的社会和文化"。[②] 在毕乃德看来,"中国成为共产党国家这一事实使研究和理解这个国家变得更重要"[③]。包华德则认为:"过去10年,中国成长为亚洲政治军事实力最为强大的国家,共产主义对中国及国际影响的研究,应该是美国社会科学研究的主方向。"[④] 白鲁恂(Lucian W. Pye, 1921—2008)、哈珀恩(A. M. Halpern,1914—1985)等亦倡议,"当代共产主义中国是政治学所应关注的一个重大问题"[⑤]。

颇为值得注意的是,面对共产主义中国已趋稳固,且在亚洲的影响力日益上升,美国的目标是"尽最大可能削弱亚洲共产主义政权,特别是中共政权的力量;削弱共产党政权,特别是中共政权的影响力"[⑥]。从美国决策者的角度而言,他们需要借助中国学家,以对共产主义中国有全面了解。美国国务院下属的国外区域研究协调委员会(Foreign Area Research Coordination Group),专门成立中国小组委员会,在其报告中称:"非官方的中国研究能够对相关区域的问题提供独立的评估,并能

[①] Letter to C. Easton Rothwell from John Fairbank, March 1953, *Ford Foundation Archives*, pp. 53-81, 转引自韩铁:《福特基金会与美国的中国学》,中国社会科学出版社2004年版,第122页。

[②] 〔美〕费正清著,孙瑞芹、陈泽宪译:《美国与中国》,商务印书馆1973年版,第11页。

[③] Letter to C. Easton Rothwell from John Biggerstaff, April 4, 1953, Ford Foundation Archives, pp. 53-81, 转引自韩铁:《福特基金会与美国的中国学》,中国社会科学出版社2004年版,第122页。

[④] Howard L. Boorman, The Study of Contemporary Chinese Politics, *World Politics*, Vol. 12, No. 4 (July, 1960), p. 585.

[⑤] A. M. Halpern, Contemporary China as a Problem for Political Science, *World Politics*, Vol. 15, No., 3 (Apr., 1963), p. 361.

[⑥] Draft and final version of a Report Entitled: The President's Committee on Information Activities Abroad: Asia, July 11, 1960, DDRS, CK 3100159285, pp. 4-5, 转引自张扬:《冷战与学术:美国的中国学(1949—1972)》,中国社会科学出版社2019年版,第49—50页。

填补有关共产主义中国研究方面的信息空缺。……因此我们应鼓励、资助非官方学者或与他们合作从事共产主义中国研究，这将为直接完成政府内部的研究项目提供稳固保障。"① 在"认识美国的敌人"的召呼与驱使下，为数不少的美国中国学家积极参与由美国政府资助的中国研究项目，转向中国共产党研究。例如，耶鲁大学政治系教授饶大卫即受美国国防部邀请，主持"中国研究计划"，撰写供美军参阅的涵盖中国社会政治生活所有领域的《中国：地区导览》；林德贝克、艾克斯坦（Alexander Eckstein，1915—1976）参与了国务院情报与研究局组织的"精英项目"，以预测中国的"继承危机"及其对中国内外政策可能产生的变动；鲍大可则参与了由国防部军控与裁军署资助的"共产党中国的领导层"项目，就中国共产党的领导机制展开研究等。②

由上可知，美国之所以兴起中国共产党研究，可谓是多重因素作用下的结果。事实上，美国中国共产党研究之兴起，宣告美国汉学研究的黄金时代之结束。自此以后，汉学研究在美国，虽不能说"销声匿迹"，但日趋边缘化则是不争的事实。当我们纵览美国的中国研究时，所见皆是对明清以来中国之研究。伴随着中美关系由合作走向对抗及研究中国之旨趣的嬗变，中美之间的汉学交流已完全隐匿于历史舞台，取而代之的是两种不同价值取向下的中国研究之竞争与对抗！

---

① Documents Relating to Government—Academic Liaison, *Bulletin of Concerned Asian Scholars*, Vol.29, No.1 (Mar., 1997), pp.57-60.

② 张扬：《冷战与学术：美国的中国学（1949—1972）》，中国社会科学出版社 2019 年版，第 77、107—108 页。

结　语

民国时期中美汉学交流之特点与历史启示

　　1879年，曾任英国驻宁波领事馆中文秘书的戈鲲化应邀赴美，出任哈佛大学中文教席，成为中国赴美教学第一人。在美期间，他不仅教授中文，自译诗词教材《华质英文》，还与执掌耶鲁大学中文教席的卫三畏书信往还，并写有《赠耶而书院华文掌教前驻中国使臣卫廉士（三畏）》："皇都春日丽，偏爱水云乡。锋帐遥相设，叨分凿壁光。"① 戈鲲化的赴美任教，实际上拉开了中美汉学交流的帷幕。自此始，中美汉学交流已走过150年的历史。在这150年里，中美之间的中国研究交流大致可分为清末民国、隔绝对峙、改革开放三个不同的历史时期。受中美关系、学术潮流及中美两国国内思潮等诸多因素的影响，每个历史时期的中国研究交流都各有其独特的旨趣、特点和意涵。例如，1949年新中国成立后，中美关系因冷战而处于隔绝对峙状态，此时中美之间的中国研究交流主要是基于服务现实之需要而以隔岸交锋对抗为主导；进入改革开放新时期之后，基于融入世界和多元文化之思潮，学习取鉴成为中国研究交流之主潮。与之相比，清末民国时期的中美之间的中国研究交流则有

---

① 有关戈鲲化其人及在美事迹考，具体可参见张宏生：《中美文化交流的先驱：戈鲲化的时代、生活与创作》，江苏凤凰出版社2016年版；徐国琦著，尤卫群译：《中国人与美国人：一部共有的历史》，四川人民出版社2019年版。

着更为丰富和独特的旨趣、特点和意涵。

众所周知，自 1784 年美国商船"中国皇后"号开进广州后，中美之间即因"美国对华政策所追求的目标始终是：商品与资本的自由流动；信息与价值观的自由流动"而呈现出一种奇特的互动关系①，其间既有中国首任全权使节（办理中外交涉事务大臣）由美国人蒲安臣出任，用庚子赔款的退还款设立旨在鼓励和资助中国学生赴美留学的清华留美预备学校，亦出现美国历史上第一部限制特定种族移民的法案《排华法案》和中国历史上的第一次抵制外货运动"1905 年抵制美货运动"。② 尤为值得注意的是，第二次世界大战前后美国的外交政策所发生的根本性的变化——从战前的孤立主义转向了国际主义，甚至可以说转向了"全球干涉主义"。由此，美国对海外知识和语言能力产生了巨大需求。③ 与此同时，为实现美国在安全、经济、意识形态等方面的目标，美国在世界范围采取了包括以国家政策为中心而开展的文化外交在内的各种方式进行干预。凭借自身优势实力以及各基金会的经验和资金，当时的美国通过书籍出版、刊物印刷乃至邀请访问、组织讲座等活动以影响有关中国的知识生产和传播，借此筛选出符合政策需求的知识，并使与之竞争的知识和学术思想日渐边缘化。④ 这种旨在输出思想、传播和沟通信仰、交换文化价值观的文化外交⑤，实际暗寓葛兰西所言的"文化霸权"（Cultural

---

① 王缉思：《我们坚信，中美关系终归要好起来才行》，载何迪、徐家宁主编：《中美关系 200 年》序一，中华书局（香港）有限公司 2016 年版。

② 参见徐国琦著，尤卫群译：《中国人与美国人：一部共有的历史》，四川人民出版社 2019 年版；王冠华著，刘甜甜译：《寻求正义：1905—1906 年的抵制美货运动》，江苏人民出版社 2008 年版。

③ 知识领域和国家权力的这种交叠汇合，是美国区域研究创生的最为重要的动因所在，具体参见牛可：《地区研究创生史十年：知识构建、学术规划和政治—学术关系》，《北京大学教育评论》2016 年第 1 期。

④ Robert F. Arnove (ed.), *Philanthropy and Cultural Imperialism: The Foundations at Home and Abroad*, Bloomington, IN: Indiana University Press, 1982, p.15.

⑤ Frank. A. Ninkovich, *The Diplomacy of Ideas U.S. Foreign Policy and Cultural Relations, 1938-1950*, Cambridge: Cambridge University Press, 1981, pp.3-7.

Hegemony），它在把美国的思想价值观念灌输给全世界的同时，力图借其意识形态阐释或改造世界其他区域的知识文化。

要实现这一"文化霸权"，当然需要对美国之外世界其他区域的知识和文化有相当之了解与研究。然而，就清末民初以来美国的汉学知识而言，其处于毋庸置疑的"荒村"阶段。作为"促进中国研究委员会"委员的哈佛燕京学社第一任社长叶理绥，发现"大部分成员都是业余汉学家，没有接受过真正的语文学素养训练"①。同时代的德国汉学家佛尔克（Alfred Forke，1867—1944）在给劳费的信中写道："这里其实没什么人对汉学感兴趣。学生们只想学一些口语方面的东西，听一些泛泛而谈的讲座课，课上要尽量少出现中文表达方式。"②拉铁摩尔到满蒙考察及其名著《中国的亚洲内陆边疆》都依赖于中国学人为其提供翻译、查找资料；费正清虽于20世纪30年代到北平游学，但其中文水平还非常有限，其后来所著的《中国对西方的回应》以及关于清代文书及行政运转的研究都在相当程度上依靠邓嗣禹的合作；韦慕庭在撰著《前汉奴隶制度》一书时，其有关西汉奴隶制度史料的翻译，则主要是依靠来自金陵大学的虎矫如的帮助。当时的美国在汉学知识方面远逊于法德，正如1920年代李思纯所言："西人之治中国学者，英美不如德，德不如法"③，更不用说与中国学人相比较。正因为如此，周一良获哈佛燕京学社奖学金负笈美国之际，临出发前写信希望傅斯年开列书单，以免他到了美国后学问荒废阻塞，无可增进。④

---

① 阎国栋:《俄国流亡学者与哈佛燕京学社——读叶理绥日记与书信》，朱政惠、崔丕编:《北美中国学的历史与现状》，上海辞书出版社2013年版，第525—526页。

② 〔德〕艾默力（Reinhard Emmerich）:《我总觉得自己一再被那些独特而自由的思想所吸引——佛尔克评传》，〔德〕马汉茂、汉雅娜、〔中〕张西平、李雪涛主编:《德国汉学：历史、发展、人物与视角》，大象出版社2005年版，第407—408页。

③ 李思纯:《与友论新诗书》，《学衡》1923年第19期，第5页。

④ 《周一良函傅斯年》，台北"中央研究院"历史语言研究所藏，《史语所档案》，李：15-3-2，15-3-4，转引自陈建守:《燕京大学与现代中国史学发展》，台湾师范大学历史学系2009年，第148—149页。

与之相对的是，清末民初以来的中国处于社会大动荡之中，一方面承受着来自西方列强和日本的侵略与蚕食；另一方面国内危机四起，战火不止。对于身处其中的知识人来说，学术成为一种精神的寄托，希冀从学术中找寻到慰藉、自信与希望。在视学术为希望与慰藉的时代里，较之其他学术领域，国人对汉学寄寓了更多的精神意涵。1929年，何炳松在《论所谓"国学"》一文中即发出这样的质问：

> 我们既自命为国学专家，为什么要让瑞典的安特生（Anderson）来代我们研究中国古代的石器？为什么要让美国的卡德（Carter）来代我们研究中国印刷术的西传？为什么要让法国的伯希和（Pelliot）来考订敦煌石室的古籍？为什么要让法国的考狄厄（Cordier）来代我们编《中国通史》？为什么要让日本的桑原骘藏来代我们研究蒲寿庚，来替秦始皇申冤？我们研究国学的人为什么要等到西洋人赏识《大唐西域记》，才去研究慈恩法师？为什么要等到西洋人赏识《诸蕃志》，才去研究赵汝适？我们既然自己有国学，为什么要从荷兰出版的《通报》（T'oung Pao）这类出版物中去翻译中国的史料？①

在何炳松看来，"中国还没有灭亡，中国民族还没有灭种，但是中国学术界的天才要让西洋人来代我们发见！中国学术界中千古的沉冤要让西洋人来代我们平反！这真是中国学术的不幸，亦是中国民族的耻辱"②。民族危机与屈辱的冲刷下，文化民族主义成为民国知识人的一种情结。从何炳松的拷问与鞭挞中，我们能感受到强烈的文化民族主义情绪。汉学研究之正统理当在中国，被民国学人视为一种应然性追求。无论是傅斯年还是陈垣，对于汉学正统在法国巴黎或日本东京之势，都将其称之为

---

① 何炳松：《论所谓"国学"》，《小说月报》1929年第20卷第1号，载何炳松：《何炳松史学论文集》，上海古籍出版社2012年版，第177—178页。

② 同上书，第180页。

"是若可忍，孰不可忍？"①，高呼"我们应当把汉学中心夺到中国，夺回北京"②。

同样不容忽视的是，清末民初之际也是中国传统学术向现代学术转型的时代，向西方取法、接续西潮成为学界之时尚与潮流。陈一戎曾就中国史学走上科学研究之路认为，"有三种主要的因素以导成此方向之转变"，西方文化输入的影响是其中之一；③1945年，顾颉刚在对此前一百多年中国史学潮流及史学研究成绩进行梳理与分析后认为，中国史学所以发生变化并取得如此成就的原因有三："第一是西洋的科学的治史方法的输入"，"第二是西洋的新史观的输入"，"第三是新史料的发现"。④力图通过与西方接轨，以重新激活中国学术文化传统之活力，已成彼时中国学界的主流取向，亦是其取得成就的原因所在。基于此，清末民国时期的中国学人实际上处于一种紧张或矛盾的状态，一方面需要捍卫"先民所创造或记述下来的学术遗产"，不允许丢失对其阐释的正统之地位；另一方面，面对西潮的冲击，又不得不将目光投向西方，引入和取鉴西法及接续西史之潮流，与其展开国际竞争，借此在新的文化世界地图中找寻到自己的定位。正如葛兆光所指出的那样，1929年的中国历史学界处在"现代性与民族性紧张之中"，因为此时的中国历史学界在试图通过历史学的科学化以融入世界学术之林的同时，又对"现代性"的引入可能导致民族历史与传统的认同基础被瓦解而忧心忡忡，试图通过民族主义的诠释策略和研究方法取得在中国历史研究方面的解释主动权，确立民族史学的"主体性"。⑤

---

① 陈智超：《陈垣先生与中研院史语所》，台北"中央研究院"历史语言研究所：《新学术之路》1998年版，第236—237页。

② 冯尔康、郑克晟编：《郑天挺学记》，生活·读书·新知三联书店1991年版，第378页。

③ 陈一戎：《五四以后的中国史学界潮》，《生活思潮》1941年第5期，李孝迁编校：《中国现代史学评论》，上海古籍出版社2018年版，第83页。

④ 顾颉刚：《当代中国史学》，上海世纪出版社2006年版，第2—3页。

⑤ 葛兆光：《新史学之后：1929年的中国历史学界》，《历史研究》2003年第1期，第97页。

正是缘于此，民国学人对美国汉学多抱轻视之态度，由其对美国汉学著述之阅读即可知。洪煨莲、王伊同、朱士嘉、邓嗣禹、齐思和等一批来自燕京大学的年轻中国学人虽然曾就美国汉学家之著述撰著书评，但在书评中多持颇为严厉的指摘与批评；不仅如此，由民国学人的日记可知，美国汉学家的著述甚少进入民国学人的阅读视域。当然，在轻视与批评的同时，民国学人对于美国汉学家著述之科学方法则持有赞誉。《正风》杂志在推介顾立雅的《中国之诞生》时直言："吾人对彼以科学新法之著作，深感钦佩。"[①] 就美国汉学家言之，他们不远万里来中国访学请益，其主要目的乃在于提升其汉语之能力、搜寻文献资料、体验中国社会生活。至于延请中国学人担任其助手，亦不过是助其理解和翻译汉籍文献。在民国学人与美国汉学家的学术合作中，无论是问题意识、学术观点还是框架结构之构思设计，皆出自美国汉学家之手，民国学人所负责的多是史料之搜寻、翻译与解读；美国汉学家在其撰著的汉学著述中，虽对民国学人之著述有所引述，但亦多有商榷或微词，甚或相当严厉之批评。拉铁摩尔更是直言说，西方学者所应关注的是"中国文献研究学者，而不是中国的理论家"[②]。在学术交流最为重要的学术思想及理论方面，民国学人对美国汉学的影响甚微。

无论是汉语言能力、史籍文献的熟稔还是对中国传统社会的洞察，民国学人都有着美国学人所无可比拟的优势，其在交往之心态和汉学知识的解释上有着强烈的自信，由此中美汉学交流的主动权与话语权似乎理应由中国学人所掌控。然而，基于美国日益上升的国力，尤其是相对安定的学术环境以及引领世界潮流的现代学术体系与学术方法，美国学人在汉学研究方面同样拥有自信，尤其是在现代学术方法和阐释汉学知识的学术价值理念方面更是当仁不让。毕格曾这样言道："与西方的接触不仅给了中国学者新的研究方法，也为他们提供了新的视角，从而得以

---

① 《新书介绍：中国之诞生》，《正风杂志》（北平）1937年第4卷第11期，第1009—1010页。

② Owen Lattimore, *Inner Asian Frontiers of China*, Oxford University Press, 1940, p. 280.

从更广泛的角度研究自己的过去。"① 正是基于这种自信，美国学人在与民国学人合作中占据着主导，并依据其学术理念对民国学人之著述展开批评；更值得关注的是，他们在撰著时所倚重的主要是欧洲汉学家之著述，甚至是美国本土汉学家之著述。在中美汉学交流中，民国学人虽在资料的搜寻及汉学知识的考辨方面有着无可置疑的话语权，但在汉学研究的话语权与学术思想的影响力方面并未占据主导。换而言之，民国学人通过交流所输出的更多只是碎片化的汉学知识，而非更具穿透力和影响力的学术思想、思维方法和价值理念，其对美国汉学研究的影响仅限于汉学知识的考古。

当然，民国时期的中美汉学交流之面相，远非如此单一。如果借用时下流行的"纠缠史"（Histoire Crisee）以考察这一时期的中美汉学交流，可能会发现更多有趣的问题。"纠缠史"反对按照"引入—转移—接受"这种线性逻辑对跨文化交流展开考察，注重的是研究对象、研究观点之间、观察者和对象之间以及研究尺度等四个维度所蕴含的多重纠缠性，以呈现跨文化交流中所存在的复杂互动之关系。② 借由纠缠史的研究视角，我们当可发现中美汉学交流还有多重面相有待进一步的深入考察。比如，得益于中美汉学之间频密的交流，中美学人之交往留有不少佳话，如房兆楹与恒慕义、杨联陞与贾德纳、邓嗣禹与费正清等。对中美学人的交往及交互之影响的考察，不仅有助于丰富和深化中美人文交流之内涵，亦同样是完整构建现代中国学术图谱所不可缺少之内容。又如，中美汉学交流中有一些群体似乎已被学术界所遗忘，如虎矫如、任泰、潘硌基等担任美国汉学家助手的中国学人以及宓亨利（Harley Fransworth MacNair, 1891—1947）、贝德士（M. S. Bates, 1897—1978）、博晨光、卜凯（John Lossing Buck, 1890—1975）等在中国教会大学从

---

① Cyrus H. Peake, Some Aspects of the Introduction of Modern Science into China, *Isis*, Vol. 22, No. 1 (Dec., 1934), p. 178.

② 有关纠缠史概念的梳理，具体可参见罗炜、王晨：《纠缠中发现历史——教育史中的文化转移与跨国互动》，《清华大学教育研究》2021 年第 2 期。

事汉学教学与研究的美国学人①。他们在现代学术图谱中虽已成为"消逝者",但却是名副其实的中美汉学交流之主体。他们之于美国汉学和中国学术发展的影响,即是颇为值得考察的学术课题。同样值得关注的还有,第二次世界大战爆发前不少欧洲学者尤其是德国学者留居于中国,其后又多离开中国,奔赴美国高校执教。这些学人不仅在留居中国期间与中国学人有所交流,赴美后亦与中国学人存有交流与合作。例如,德裔犹太人梅谷,因受德国纳粹的迫害,于1933年获得弗莱堡大学法学博士后,远赴中国,被国立浙江大学聘为德语教授,1937年抗日战争全面爆发后曾跟随浙大西迁,后于1939年赴美任霍普金斯大学副研究员,并于1942年转任华盛顿大学。在中国的近五年期间,他应该与中国学人有所交往;②到美后,他不仅与同在华盛顿大学任教的施友忠、萧公权交往密切,还曾与赴华盛顿大学求学的张仲礼合作编纂《太平天国史料》。出

---

① 宓亨利于1912年来华布道,并任教于上海圣约翰大学,担任历史政治教授,其在华的15年期间,除教授多门课程外,还曾一度兼任上海《密勒氏评论报》特约编辑,《教务杂志》编辑部执行委员,并出版了《远东国际关系史》等一系列有影响的学术论著;贝德士自1920年始在南京金陵大学教授历史,长达30年,出版《西文东方学报论文举要》(金陵大学中国文化研究所印行,1934年)等著述;博晨光曾受燕京大学校长司徒雷登之邀,创建燕京大学哲学系等,担任首任系主任(1921—1926),1928年哈佛燕京学社正式成立后,博任社北平办事处首任总干事,著有《中国哲学研究辅助》等著述(具体可参见王启龙、贾诚:《汉学家博晨光生平学术札记》,《西藏民族大学学报(哲学社会科学版)》2019年第6期);卜凯于1915年来到中国的安徽宿州,以传教士的身份从事农村改良和推广工作,1920年受邀到南京金陵大学任教,1924年返美,1940年重回金陵大学任教,于1944年回美国,在华期间,开展中国农村调查,著有《中国农家经济》等被西方学术界誉为了解近代中国农村的经典著述(具体可参见杨学新、任会来:《卜凯问题研究述评》,《中国农史》2009年第2期)。

② 他在刊于《大陆报》(*The China Press*)的《行进中的大学》这篇文章中将国立浙江大学迫于日本侵略而西迁称之为"象征着一场始于战前、现在找到了新的动力的运动——回到中国文化的过去,尝试从中国历史和文化中找到重建的力量",并认为"这种转变,一定程度上已经成为一场最重要的社会变革。无论如何,中国从其过去找到了新的信念的基础,并且在这一新信念的支撑下,将会建立起一个新的中华民族"。其结论之依据,即是源于对浙江大学有关汉语、历史和地理课程的观察以及他称之为儒家哲学教授的马一浮之讲座。由此文,可推断其与中国学人有所交流。具体参见 Franz Michael, A University On the March, *The China Press*, Monday, Jan. 23, 1939, 第8版。

生于青岛的德裔汉学家卫德明，曾于1933—1937年在北京大学教德语，1948年后赴美定居，任华盛顿大学东方学院教授。在中国期间，他与中国学人有着颇为活跃的交往，杨丙辰曾将其1941年至1942年在北京为其同胞所作中国历史十次讲演之第一次讲演译为中文，以《中国之史前史与原始史》为题刊于1943年《国民杂志》六月号上[①]；到华盛顿大学任教后，与留居在美国的杨联陞、萧公权、洪业等中国学人同样有着颇多交流。类似这样的汉学交流，事实上有着极为丰富的内涵，凸显出汉学交流与迁移的全球性意涵。

时代之于学术，有着密不可分的关系，没有一个学者可以完全脱离其时代。中美汉学交流，更是与时代大潮同频共振。清末民初时期的交错纠缠、隔绝对峙时期的交锋对抗、改革开放时期的学习取鉴，无不印证了这一点。今天，伴随着中国崛起为世界所无法忽视的巨大存在，无论是中美关系还是时代思潮都正在发生剧变。借由中国式现代化道路所取得的举世瞩目之成就，中国开始进入新"中体西用"时代。[②]基于这种新的时代召唤，致力于中国传统文化的挖掘利用和中国实践的理论诠释与升华以建构中国自主的知识体系，成为新时代中国学术界的主潮。与此同时，基于新世纪以来中美国家实力的变化，当下的美国社会不再将中国视为其有益的合作伙伴，越来越倾向于将中国视之为"最严峻的竞争对手"，甚至是美国的"最大挑战或威胁"。[③]在这样的政治生态和社会思潮之下，中美两国间的人文学术交流已然深受影响。

[①] 卫德明著，杨丙辰译：《中国之史前史与原始史》，《国民杂志》1943年第3卷第6期。有关其与中国学人交往之线索，还可参见德国学者傅吾康的《为中国着迷：一位汉学家的自传》（社会科学文献出版社2013年版）。

[②] 新"中体西用"指坚定不移地走以中国共产党领导为本质核心的中国式现代化道路，致力于继承弘扬中国传统文化以及坚持"把马克思主义基本原理同中国具体实际相结合、同中华优秀传统文化相结合"；在强调国内大循环为主体和自主创新的基础上，有条件、有选择地引进学习世界先进科学技术和文化。

[③] Marc Santora, Pompeo Calls China's Ruling Party "Central Threat of Our Times", *The New York Times*, Jan. 30, 2020.

在中美进入激烈竞争的新时代，可以想见中美之间的中国研究交流亦将呈现新的面相与特点。然而，无论未来是为文化民族主义所主导还是去民族主义主导，抑或其他思潮主导，我们必须清醒地意识到开放与交流乃是增进彼此了解以至理解包容的唯一纽带，封闭与对抗所带来的只有无休止的敌意和曲解。无论是顾立雅还是富路德，正是通过汉学研究及与中国学人的互动交流，才催生出对中国文化的深刻理解与深厚情感。顾立雅曾就中国文化的特点这样言道，"中国文化的独特之处在于它的连续性，其最显著的特点就是能够在不中断的情况下进行变革"，它"和所有伟大的文化一样，是兼收并蓄的，孕育于来自各个方面的影响；但当这些影响和技术被接受时，它们遭遇了同样的命运，即根据中国国情而被加以吸收和发展，并转化为中国文化的有机组成部分"。① 富路德亦曾就中西文明之关系如是言道，"中国人按照自己的时间和方式艰苦筛选来自新世界的思想和技术，努力使其适应自己的需要。这个过程是昂贵的，即便如此，但这远比直接采用不适宜中国人思想文化的制度要好得多"②。基于此，我们在构建中国自主的知识体系时，一定不要忘了还需要倾听来自域外的声音，需要同域外学人保有密切的交流与合作，尤其是与那些同样以中国为研究对象的汉学家们的交流。因为交流与合作所带来的影响不仅在于增进彼此间对异质文化的理解与同情，更拉近了彼此间的文化心理距离。早在近一百年前，美国汉学家恒慕义发出这样的呼吁，"这（汉学研究）新大陆的发现似乎不必看作只是中国学者的唯一遗产和领土。这块不知名的地方正亦不妨公开，使各国学者带着他的文化背景所供给的特有知识来到此地通力合作"③。今天，当我们重温这段话时，其仍不失为一有益的清醒剂，颇值得深思！

---

① Herrlee G. Greel, *Studies in Early Chinese Culture*, New York: The American Council of Learned Societies, 1938, pp.253-254.

② 〔美〕富路德著，吴原元译:《中华民族简史》，西北大学出版社2018年版，第272页。

③ Arthur W. Hummel, What Chinese Historians Are Doing in Their Own History, *The American Historical Review*, Vol.34, No.4 (July, 1929), p.724.

附录一　美国汉学著述在中国之目录

（一）美国汉学家在中国刊行的著述目录

1. A. W. Hummel, The Case against Force in Chinese Philosophy, *The Chinese Social and Political Science Review*, Vol.IX, No.2 (Apr., 1925).

2. Arthur W. Hummel, The Place of Acquiescence in Conflict Cheng Lun, *T'ien Hsia Monthly*, Vol.XI, No.1 (Aug.-Sep., 1940).

3. Berthold Laufer, Mission of Chinese Students, *The Chinese Social and Political Science Review*, Vol.XIII, No.3 (July, 1929).

4. C. W. Bishop, The Bronzes of Hsin-cheng Hsien, *The Chinese Social and Political Science Review*, Vol.VIII, No.2 (Apr., 1924).

5. Derk Bodde, Some Fundamental Differences between China and Japan, *T'ien Hsia Monthly*, Vol.IX, No.2 (Sep., 1939).

6. Derk Bodde, The Attitude toward Science and Scientific Method in Ancient China, *T'ien Hsia Monthly*, Vol.II, No.2 (Feb., 1936).

7. G. E. Taylor, The Taiping Rebellion: Its Economic Background and Social Theory, *The Chinese Social and Political Science Review*, Vol.XVI, No.4 (Jan., 1933).

8. H. G. Creel, On the Origins of the Manufacture and Decoration of Bronze in the Shang Period, *Monvmenta Serica*, Vol.I (1935).

9. H. F. MacNair, *China's New Nationalism and other Essays*, Shanghai: The Commercial Press, 1925.

10. H. F. MacNair, Some Aspects of China's Foreign Relations in Long

Retrospect, *The Chinese Social and Political Science Review*, Vol.XXII, No.4 (Jan.-Mar., 1939).

11. H. H. Dubs, A Comparison of Greek and Chinese Philosophy, *The Chinese Social and Political Science Review*, Vol.XVII, No.2 (July, 1933).

12. John C. Ferguson, Early Porcelain in China, *T'ien Hsia Monthly*, Vol. III, No.5 (Dec., 1936).

13. John C. Ferguson, Religious Art in China, *T'ien Hsia Monthly*, Vol.I, No.3 (Oct., 1935).

14. John C. Ferguson, The Imperial Academy of Painting, *T'ien Hsia Monthly*, Vol.XI, No.2 (Oct.-Nov., 1940).

15. John King Fairbank, The Creation of the Foreign Inspectorate of Customs at Shanghai, *The Chinese Social and Political Science Review*, Vol. XIX, No.4 (Jan., 1936).

16. John King Fairbank, The Creation of the Foreign Inspectorate of Customs at Shanghai, *The Chinese Social and Political Science Review*, Vol. XX, No.1 (Apr., 1936).

17. John King Fairbank, The Legalization of the Opium Trade before the Treaties of 1858, *The Chinese Social and Political Science Review*, Vol.XVII, No.2 (July, 1933).

18. John King Fairbank, The Provisional System at Shanghai in 1853-1854, *The Chinese Social and Political Science Review*, Vol.XIX, No.1 (Apr., 1935).

19. John King Fairbank, The Provisional System at Shanghai in 1853-1854, *The Chinese Social and Political Science Review*, Vol.XVIII, No.4 (Jan., 1935).

20. John L. Buck, *Land Utilization in China*, Shanghai: The Commercial Press, 1937.

21. K. S. Latourette, Interpreting China to the West, *The Chinese Social and Political Science Review*, Vol.XI, No.3 (Oct., 1927).

22. Knight Biggerstaff, The Establishment of Permanent Chinese Diplomatic Missions Abroad, *The Chinese Social and Political Science*

Review, Vol.XX, No.1 (Apr., 1936).

23. Knight Biggerstaff, *The T'ung Wen Kuan, The Chinese Social and Political Science Review*, Vol.XVIII, No.3 (Oct., 1934).

24. L. Carrington Goodrich, American Catholic Missions in China, *The Chinese Social and Political Science Review*, Vol.XI, No.3 (July, 1927).

25. L. Carrington Goodrich, Early Notices of the Peanut in China, *Monvmenta Serica*, Vol.II, No.2 (1937).

26. L. Carrington Goodrich, The Ninety-nine Ways of Destroying the Manchus, *T'ien Hsia Monthly*, Vol.VI, No.5 (May, 1938).

27. L. C. Goodrich, Chinese Studies in the United States, *The Chinese Social and Political Science Review*, Vol.XV, No.1 (Apr.,1931)

28. Owen Lattimore, On the Wickedness of being Nomads, *T'ien Hsia Monthly*, Vol.I, No.1 (Aug., 1935).

29. Ssu-yu Teng and Knight Biggerstaff, *An Annotated Bibliography of Selected Chinese Reference Works*, Peiping: The Harvard-Yenching Institute,Yenching University, 1936.

30.〔美〕卜德：《左传与国语》,《燕京学报》1934 年第 16 期。

31.〔美〕顾立雅：《释天》,《燕京学报》1935 年第 18 期。

32.〔美〕顾立雅：《原道字与彝字之哲学意义》,《学衡》1933 年第 79 期。

（二）民国学人译介美国汉学著述之目录

A. 著作

1.〔美〕卡特著, 刘麟生译：《中国印刷术源流史》, 商务印书馆 1931 年版。

2.〔美〕赖德懋著, 赵敏求译：《中国的边疆》, 正中书局 1942 年版。

B. 论文

1.《美国驻京柔公使华文略说》,《广益丛报》1905 年第 82 号。

2.《美人安狄生中国论》,《国会丛报》1913 年第 1 期。

3.〔德〕夏德、〔美〕罗志意著,安文倬译:《十三世纪前中国海上阿拉伯商人之活动》,《禹贡》1936 年第 5 卷第 11 期。

4.〔德〕夏德、〔美〕罗志意著,牟沅译:《赵汝适大食诸国志考证》,《禹贡》1937 年第 7 卷第 4 期。

5.〔美〕A. N. Young 著,俞康益译:《论中国的财政复员》,《银行通讯》1947 年新 21 期。

6.〔美〕A. N. Young 著,史汀译:《论中国战时财政问题》,《力行》1940 年第 1 卷第 4 期。

7.〔美〕A. N. Young 著,张名湘译:《近十年来中国财政之动态》,《商学研究》1941 年第 1 期。

8.〔美〕A. N. Young 著,张明南译:《最近十年中国财政之进步》,《东方杂志》1938 年第 35 卷第 14 期。

9.〔美〕A. N. Young:《中国战时之财政金融阵线》,《财政评论》1940 年第 3 卷第 3 期。

10.〔美〕B. Laufer 著,吴祥麒译:《胡桃考》,《科学时报》1946 年第 11 卷第 5、6 期。

11.〔美〕B. Laufer 著,吴祥麒译:《苜蓿考》,《文艺与生活》1946 年第 3 卷第 1 期。

12.〔美〕B. Laufer 著,向达译:《苜蓿考》,《自然界》1929 年第 4 卷第 4 号。

13.〔美〕B. Laufer 著,向达译:《葡萄考》,《自然界》1929 年第 4 卷第 6、7 号。

14.〔美〕B. Laufer 著,白寿彝译:《波斯锦》,《禹贡》1936 年第 4 卷第 12 期。

15.〔美〕B. Laufer 著,诘由摘译:《新旧两大陆间的植物迁移:关于马铃薯、甘薯、凤梨的考据》,《自然界》1931 年第 6 卷第 4 期。

16.〔美〕B. Laufer 著,刘朝阳译:《蔗糖考》,《国立中山大学语言历史学研究所周刊》1928 年第 3 卷第 33 期。

17.〔美〕Carter 著,戴裔煊译:《纸币印刷考》,《现代史学》1933 年第 1 卷第 3、4 期。

18.〔美〕Derke Bodde 著,陈澄之译:《中国之传统思想》,《新中华》

1948 年第 6 卷第 6 期。

19.〔美〕F. Hirth 著，蒋荫楼译：《中国的罗盘针考》，《国立中山大学语言历史学研究所周刊》1928 年第 3 卷第 29 期。

20.〔美〕F. Hirth 著，毓瑞译：《罗盘针起源考》，《中原文化》1935 年第 21 期。

21.〔美〕George B. Cressey 著，薛贻源译：《中国之气候》，《文化先锋》1944 年第 3 卷第 8 期。

22.〔美〕George B. Cressey 著，鲍觉民译：《中国的地理基础》，《政治经济学报》1934 年第 3 卷第 1 期。

23.〔美〕George B. Cressey 著，楼桐茂译：《中国农业区域之研究》，《中国经济》1935 年第 3 卷第 4、5 期。

24.〔美〕H. B. Morse, H. F. McNair 著，周国钧译：《太平天国革命的国际关系》，《社会科学》1945 年（福建永安第 1 卷第 2、3 期）。

25.〔美〕J. L. Buck 著，方续佩译：《中国之农业》，《农学月刊》1939 年第 1 卷第 4 期。

26.〔美〕J. L. Buck 著，储瑞棠译：《中国之佃制与田产权》，《新苏农》1929 年第 3 期。

27.〔美〕John C. Ferguson 著，汤瑞琳译：《俄国汉学家雅撒特之生平及著作概略》，《史学消息》1937 年第 1 卷第 5 期。

28.〔美〕John De Francis，海观译：《论中国的文字改革》，《中原月刊》1945 年第 2 卷第 1 号。

29.〔美〕L. Carrington Goodrich 著，蒋彦士译：《中国几种农作物之来历》，《农报》1937 年第 4 卷第 12 期。

30.〔美〕L. Carrington Goodrich 著，金云铭译：《中国对于美洲的最初知识考》，《东方杂志》1939 年第 36 卷第 13 号。

31.〔美〕Nntt, L. S. G. 著，定一译：《美国人之广州观》，《中国青年》1926 年第 6 卷第 2 期。

32.〔美〕O. Lattimore 著，丹忱译：《僵持中的中日战争》，《时代批评》1941 年第 3 卷第 72 期。

33.〔美〕O. Lattimore 著，钟华译：《关于库伦活佛》，《中央周刊》1941 年第 3 卷第 52 期。

34.〔美〕Paul Cressey 著,雷震译:《科举制度在中国文化发展上之影响》,《师大史学丛刊》1931 年第 1 卷第 1 号。

35.〔美〕R. F. Foster 著,亚珞译:《麻将推源考》,《风土杂志》1944 年第 1 卷第 2、3 期。

36.〔美〕R. W. Barnett 著,徐钟佩译:《太平洋战事爆发前之上海工商业》,《经济汇报》1942 年第 5 卷第 9 期。

37.〔美〕W. H. Mallory 著,洪涛译:《中国东北移民概况》,《交通经济汇刊》1929 年第 2 卷第 3 期。

38.〔美〕W. H. Mallory 著,俞佑世译:《中国灾荒原因》,《东方杂志》1929 年第 26 卷第 5 期。

39.〔美〕白璧德著,胡先骕译:《白璧德中西人文教育谈》,《学衡》1922 年第 3 期。

40.〔美〕毕格(Cyrus H. Peake)著,作民译:《中国近代史研究的资料》,《清华周刊》1933 年第 39 卷第 11、12 期。

41.〔美〕毕士博(Carl Whiting Bishop)著,黄泽浦译:《中国南北文化的起源》,《集美周刊》1935 年第 18 卷第 2 期。

42.〔美〕毕士博著,杨筠如译:《由历史上观察中国南北文化》,《文哲季刊》1920 年第 1 卷第 2 期。

43.〔美〕弼萧普著,朱炳海译:《中国文化之起源及其地理背景》,《方志月刊》1933 年第 6 卷第 2 期。

44.〔美〕卜德著,李毓麟节译:《中国古钱与埃及蜣螂符》,《山东图书馆季刊》1931 年第 1 卷第 1 期。

45.〔美〕德效骞(Homer H. Dubs)著,张荫麟译:《德效骞论中国语言之足用及中国无系统哲学之故》,《学衡》1929 年第 69 期。

46.〔美〕德效骞著,梁敬钊译:《论古代中国伦理学上权力与自由之冲突》,《学衡》1929 年第 69 期。

47.〔美〕德效骞著,植亭译:《中国不能产生哲学系统之原因》,《语言历史研究所周刊》1929 年第 7 卷第 82 期。

48.〔美〕费慰梅著,王世襄译:《汉武梁祠建筑原形考》,《中国营造学社汇刊》1945 年第 7 卷第 2 期。

49.〔美〕费正清著,李嘉译:《费正清论中国时局真相》,《文萃》

1946年第50期。

50.〔美〕福开森著,陈霆锐译:《美人之远东新局势论》,《大中华》1915年第1卷第2号。

51.〔美〕福开森著,陈幼璞译:《中国铜器研究》,《学术》1940年第4辑。

52.〔美〕葛立芬著,张其昀译:《美国人之东方史观》,《史地学报》1921年第1卷第1期。

53.〔美〕恒慕义著,王师韫译:《中国史学家研究中国古史的成绩》,《语言历史研究所周刊》1929年第9卷第101期。

54.〔美〕恒慕义著,郑德坤译:《近百年来中国史学与古史辨》,《史学年报》1933年第1卷第5期。

55.〔美〕恒慕义撰,刘修业译:《中国活字印刷术之检讨》,《图书季刊》1948年新第9卷第1、2期合刊。

56.〔美〕吉包尔奈著,潘树声等译:《美人吉包尔奈之中国观》,《东方杂志》1915年第8卷第3号。

57.〔美〕卡德著,刘麟生译:《中国印刷术源流史》,《出版周刊》1936年新181号。

58.〔美〕卡特著,张德昌译:《中国造纸术的发明》,《清华周刊》1933年第39卷第9期。

59.〔美〕卡特著,张荫麟译:《中国印刷术发明述略》,《学衡》1926年第58期。

60.〔美〕卡脱著,向达译:《中国雕版印版术之全盛时期》,《国学季刊》1935年第5卷第3期。

61.〔美〕卡脱著,向达译:《中国印刷术之发明及其传入欧洲考》,《北平图书馆月刊》1929年第2卷第2期。

62.〔美〕拉丁摩著,侯仁之译:《蒙古的盟部与旗》,《禹贡半月刊》1935年第3卷第6期。

63.〔美〕拉丁摩著,侯仁之译:《蒙古的王公、僧侣与平民阶级》,《禹贡半月刊》1935年第3卷第10期。

64.〔美〕拉多黎著,陈训慈译:《美人研究中国史之倡导》,《史地学报》1922年第1卷第3期。

65.〔美〕拉铁摩尔著,林超译:《蒙古史之地理因素》,《边政公报》1947年第6卷第4期。

66.〔美〕拉铁摩尔著,王孝风译:《对于中国抗战的观察》,《解放日报》1941年9月27日。

67.〔美〕赖德烈著,王庸译:《大战开始后七年间西洋之中国史研究》,《史地学报》1925年第3卷第8期。

68.〔美〕兰特模著,任美锷译:《汉人移殖东北之研究》,《新亚细亚》1932年第4卷第5期。

69.〔美〕劳费尔著,吴祥麒译:《葡萄》,《中国学报》1944年第1卷第6期。

70.〔美〕赛珍珠著,飞白译:《中国的小说》,《朔风》1939年第12、13期。

71.〔美〕赛珍珠著,赵景深译:《中国小说论》,《宇宙风(乙刊)》1940年第22、23期。

72.〔美〕维特福格尔著,吴藻溪译:《古代中国的政府和天文学》,《群众》1942年第7卷第10期。

73.〔美〕维特福格尔著,译者不详:《中国阶级之史的考察》,《新生命》1929年第2卷第8期。

74.〔美〕卫德明著,杨丙辰译:《中国之史前史与原始史》,《国民杂志》1943年第3卷第6、7卷。

75.〔美〕魏特夫格著,陈家芷译:《商代卜辞中之气象纪录》,《大学》1942年第1卷第1、2期。

76.〔美〕魏特夫著,冀筱泉译:《中国经济史的基础和阶段》,《食货》1937年第5卷第3期。

77.〔美〕夏德著,汪馥泉译:《中国罗盘针的故实》,《青年界》1934年第5卷第1期。

78.〔美〕宣达尔斯著,李亦超译:《美国佛学界之中国佛教史观》,《海潮音》1927年第8卷第4、5、8、10、11、12期。

（三）民国学人评介美国汉学著述之目录

1.《史记吕不韦列传荆柯列传蒙恬列传之研究》（Derk Bodde 撰），《图书季刊》1941 年新第 3 卷第 1、2 期合刊。

2.《新书介绍：中国之诞生》，《正风杂志》（北平）1937 年第 4 卷第 11 期。

3. Shih Ying Chu, The Book of Lord Shang: Translated from the Chinese with Introduction and Notes,《燕京学报》1930 年第 8 期。

4. 常风：《书评：〈活的中国〉》（Edgar Snow），《文学杂志》1937 年第 1 卷第 1 期。

5. 陈恭禄：《评莱道内德（K. S. Latourette）著〈中国史与文化〉》，《国立武汉大学文哲季刊》1934 年第 3 卷第 2 期。

6. 陈恭禄：《评迈尔士·马克莱尔（Mope MacNair）著〈远东国际关系史〉》，《国立武汉大学文哲季刊》1934 年第 3 卷第 2 期。

7. 陈恭禄：《评宓亨利的远东国际关系史》，《国立武汉大学文哲季刊》1934 年第 3 卷第 2 号。

8. 陈恭禄：《新刊介绍与批评：Foreign Investments in China》，《国立武汉大学社会科学季刊》1933 年第 4 卷第 1 期。

9. 陈恭禄：《中国史与文化》，《国立武汉大学文哲季刊》1934 年第 3 卷第 2 号。

10. 陈梦家：《商代至唐代之中国铜器》（纽约美术博物馆编），《图书季刊》1940 年新 2 卷第 2 期。

11. 陈受颐：《费次者洛德的〈中国文化小史〉》，《独立评论》1936 年第 189 号。

12. 陈宗祥：《评〈中国的边疆〉》，《边政公报》1944 年第 3 卷第 1 期。

13. 程伯群：《中国印刷术之发明及其西传》，《工读半月刊》1936 年第 1 期。

14. 程绥楚：《中国与美国书评》，《世纪评论》1947 年第 6 期。

15. 埋：《书报批评：中国印刷术之发明及其西传》，《史学消息》1936 年第 1 卷第 3 期。

16. 储霞士：《书评：中国内外（Collis（高丽士）著）》，《图书季刊》

1943年新4卷第1—2期。

17. 邓嗣禹：《中国印刷术之发明及其西传》，《图书评论》1934年第2卷第11期。

18. 鼎：《支那佛教史讲话》，《国立北平图书馆馆刊》1931年第5卷第5期。

19. 董作宾：《方法敛博士对于甲骨文字之贡献》，《图书季刊》1940年新第2卷第3期。

20. 董作宾：《评魏特夫商代卜词中的气象记录》，《（华西大学）中国文化研究所集刊》1942年第3卷第1至4期合刊。

21. 郭斌佳：《诺斯女士英文中国历史》，《国立武汉大学文哲季刊》1936年第5卷第2期。

22. 郭斌佳：《评Goodrich 乾隆之禁书运动》，《国立武汉大学文哲季刊》1936年第5卷第3期。

23. 郭斌佳：《乾隆之禁书运动》，《国立武汉大学文哲季刊》1936年第5卷第3期。

24. 郭斌佳：《书评：China's Foreign Relations, 1917-1931》，《国立武汉大学社会科学季刊》1933年第4卷第2期。

25. 郭斌佳：《书评：远东问题》，《国立武汉大学文哲季刊》1935年第5卷第1期。

26. 郭斌佳：《书评：中国天主教传教史》（赖德烈著），《国立武汉大学文哲季刊》1935年第4卷第3期。

27. 郭斌佳：《新刊介绍与批评：British Opium Policy in China and India》，《国立武汉大学文哲季刊》1935年第5卷第4期。

28. 郭斌佳：《新刊介绍与批评：The Diplomatic Relations Between China and Germany Since 1898》，《国立武汉大学文哲季刊》1936年第7卷第1期。

29. 郭斌佳：《新刊介绍与批评：The Four Hundred Million》，《国立武汉大学文哲季刊》1936年第5卷第2期。

30. 郭预衡：《评顾德利著〈中国民族小史〉》，《益世报》1948年新第48期。

31. 洪思齐：《评美国George B. Cressey教授著〈中国的地理基础〉》，《独立评论》1934年第130期。

32. 洪思齐:《介绍一本中国地理新著》,《地理学报》1936 年第 3 卷第 1 期。

33. 洪思齐:《书评: China's Geographic Foundations: A Survey of the Land and Its People》,《清华学报》1935 年第 10 卷第 3 期。

34. 洪思齐:《书评: Historical and Commercial Atlas of China》,《清华学报》1937 年第 12 卷第 1 期。

35. 洪煨莲:《评古得林著乾隆书考》,《史学消息》1937 年第 1 卷第 6 期。

36. 黄朝中:《评拉铁摩尔著中国的边疆》,《文化先锋》1943 年第 1 卷第 25 期。

37. 黄维廉:《评〈清代名人传略〉》,《申报》1947 年 5 月 8 日,第 9 版。

38. 晦明:《中国之边疆》,《新经济》1940 年第 4 卷第 12 期。

39. 雷:《英译前汉书》第一册,《图书季刊》1940 年新第 2 卷第 2 期。

40. 雷海宗:《评 Goodrich, the Literary Inquisition of Chien-Lung》,《清华学报》1935 年第 10 卷第 4 期。

41. 雷海宗:《评 K. S. Latourette, The Chinese, Their History and Culture》,《清华学报》1935 年第 10 卷第 2 期。

42. 雷海宗:《评富路德的乾隆禁书考》,《清华学报》1935 年第 10 卷第 4 期。

43. 雷海宗:《书评: China: A Short Cultural History》,《清华学报》1936 年第 11 卷第 4 期。

44. 雷海宗:《评西文中国古代史著作》,《社会学刊》1931 年第 2 卷第 4 期。

45. 雷海宗:《书评: The Chinese, Their History and Culture》,《清华学报》1935 年第 10 卷第 2 期。

46. 雷海宗:《夏德——中国上古史》,《社会学刊》1931 年第 2 卷第 4 期。

47. 李方桂:《书评: 沙佛,藏汉语系的元音》,《华西协合大学中国文化研究所集刊》1943 年第 3 卷第 1—4 期。

48. 林超:《新书介绍: 中国的边疆》,《图书月刊》1943 年第 3 卷第 1 期。

49. 刘及辰:《威特佛格尔著〈中国经济与社会〉》,《国闻周报》1936年第13卷第15期。

50. 刘修业:《清代名人传记样本》,《图书季刊》1941年新第3卷第1、2期合刊。

51. 刘亚生:《略评几本外国人著的中国历史》,《解放日报》1942年1月17日,第3版。

52. 刘子健:《介绍费正清教授的新著:美国与中国》,《观察》1948年第4卷第17期。

53. 聂崇岐:《〈前汉之奴隶制度〉第二编译文指误》,《益世报·读书周刊》1936年第20期。

54. 聂崇岐:Slavery in China during the Former Han Dynasty,《燕京学报》1946年第31期。

55. 浦江清:《书评:评中国墨竹书画册(怀履光著)》,《图书季刊》1940年新2卷第3期。

56. 齐思和:《班昭传》,《燕京学报》1937年第22期。

57. 齐思和:《评马斯波罗中国上古史》,《史学年报》1935年第2卷第2期。

58. 求思:《美国人眼中的延安:评 The Challenge Red China》,《民主》1945年第12期。

59. 时昭瀛:《书评:China's Foreign Policy 1839-1860》,《国立武汉大学社会科学季刊》1932年第3卷第1期。

60. 时昭瀛:《书评:Europe and China: A Survey of Their Relations from the Earliest Times to 1800》,《清华学报》1932年第1期。

61. 时昭瀛:《书籍评论:Europe and China》,《清华学报》1940年第8卷第1期。

62. 时昭瀛:《书评:Tibet in Modern World Politics》,《国立武汉大学社会科学季刊》1932年第3卷第1期。

63. 时昭瀛:《新刊介绍与批评:Japan's Special Position in Manchuria》,《国立武汉大学社会科学季刊》1932年第2卷第4期。

64. 时昭瀛:《新刊介绍与批评:The Development of Extraterritoriality in China》,《国立武汉大学社会科学季刊》1930年第1卷第3期。

65. 时昭瀛：《新刊介绍与批评：The International Relations of Manchuria》，《国立武汉大学社会科学季刊》1930 年第 1 卷第 3 期。

66. 松：《新书介绍：周铜鼓考（美国福开森著）》，《国立北平图书馆馆刊》1932 年第 6 卷第 4 期。

67. 唐兰：《书评：The Chinese Exhibition, A Commemorative Catalogue of the International Exhibition of Chinese Art》，《清华学报》1937 年第 12 卷第 2 期。

68. 汪太玄：《中国印刷术的发明及其西传》，《中国学生》1943 年第 2 卷第 3 期。

69. 王逊：《评中国艺术综览（福开森著）》，《图书季刊》1940 年新 2 卷第 1 期。

70. 王伊同：《德氏前汉书译注订正》，《史学年报》1938 年第 2 卷第 5 期。

71. 王伊同：《李斯传（Derk Bodde 著）》，《史学年报》1939 年第 3 卷第 1 号。

72. 王毓铨：《中国经济与社会》，《益世报·读书周刊》1935 年第 4、5 期。

73. 王重民：《〈清代名人〉A. W. Hummel（恒慕义）编》，《图书季刊》1944 年第 5 卷第 1 期。

74. 王重民：《书评：清代名人》，《图书季刊》1944 年新第 5 卷第 1 期。

75. 慰生：《评〈中国农村经济研究〉》，《对抗》1932 年第 4 期。

76. 萧公权：《书评：Confucianism and Modern China》（庄士敦著），《清华学报》1935 年第 10 卷第 4 期。

77. 萧公权：《书评：Micius: A Brief Outline of His Life and Ideas》，《清华学报》1936 年第 11 卷第 3 期。

78. 萧公权：《书评：Wang An Shih, A Chinese Statesman and Educationalist of the Sung Dynasty》，《社会科学》1936 年第 2 卷第 1 期。

79. 徐近之：《评葛德石〈亚洲之土地与人民〉》，《地理学报》1944 年第 11 卷第 1 期。

80. 杨联陞：《评韦尔柏（Martin Wilbur）著〈前汉奴隶制度〉》，《思想和时代》（遵义）1943 年第 28 卷。

81. 杨联陞：《评中华民族小史》，《思想与时代》1944 年第 36 期。

82. 毓：《中华民族小史》，《图书季刊》1944 年新第 5 卷第 2、3 期合刊。

83. 毓：China's First Unifier（卜德著），《图书季刊》1939 年第 1 卷第 4 期。

84. 张德昌：《评"中国印刷术之发明及其西传"》，《新月》1933 年第 4 卷第 6 期。

85. 张其昀：《新书介绍："中国与伊兰文化"》，《史地学报》1923 年第 2 卷第 3 期。

86. 张申府：《书评：亚洲的国与民》（George B. Cressey 葛礼石著），《图书季刊》1944 年新 5 卷第 2、3 期。

87. 张印堂：《书评：China's Geographic Foundations: A Survey of the Land and Its People》，《清华学报》1935 年第 10 卷第 2 期。

88. 赵敏求：《中国的边疆》，《中央周刊》1941 年第 3 卷第 42 期。

89. 赵师传：《评〈中国与美国〉》，《申报》1947 年 5 月 22 日，第 9 版。

90. 芷荪：《评〈中国文化之发达〉》，《清华周刊》1933 年第 39 卷第 4 期。

91. 周一良：《评魏楷英译魏书释老志》，《史学年报》1937 年第 2 卷第 4 期。

92. 朱进：《〈中国社会之研究〉美国洛史著》，《东方杂志》1913 年第 10 卷第 2 期。

93. 朱潜：《中国之地理底基础》，《图书季刊》1934 年第 1 卷第 3 期。

94. 朱士嘉：《中国旧史学》，《史学年报》1938 年第 2 卷第 5 期。

95. Ch'en Hsiang-ch'un, Book Review: An Annotated Bibliography of Selected Chinese reference works, *Monvmenta Serica*, Vol.III (1938).

96. Ch'i Ssu-ho, Book Review: The Study of Human Abilities, The Jen Wu Chih of Liu Shao, *The Yenching Journal of Social Studies*, Vol.II, No.1 (July, 1939).

97. H. C. Lei, Book Review: Makers of Cathay, *The Chinese Social and Political Science Review*, Vol.XXI, No.1 (Apr., 1937).

98. H. T. Lei, Book Review: The Birth of China, *The Chinese Social and Political Science Review*, Vol.XXI, No.2 (July, 1937).

99. H. T. Lei, Book Review: The Chinese, Their History and Culture; Civilizations of the East: China; The Basis of the Chinese Civilization, The Chinese Social and Political Science Review, Vol.XVIII, No.4 (Jan., 1935).

100. H. T. Lei, Book Review: Ku Chieh-Kang: The Autobiography of A Chinese Historian, *The Chinese Social and Political Science Review*, Vol.XV, No.4 (Jan., 1932).

101. K. C. Hsiao, Book Review: Discourses on Salt and Iron, *The Chinese Social and Political Science Review*, Vol.XV, No.4 (Jan., 1932).

102. K. C. Hsiao, Book Review: Micius: A Brief outline of His Life and Ideas, *The Chinese Social and Political Science Review*, Vol.XX, No.1(Jan., 1927).

103. K. C. Hsiao, Book Review: Wang An Shih: A Chinese Statesman and Educationalist of the Sung Dynasty, *The Chinese Social and Political Science Review*, Vol.XX, No.3 (Oct., 1936).

104. Lin-chuang Cheng, Book Review: Land Utilization in China, *The Yenching Journal of Social Studies*, Vol.1, No. 2 (Jan., 1939).

105. Ling Tai, Book Review: Inner Asian Frontiers of China By Owen Lattimore, *T'ien Hsia Monthly*, Vol.XI, No. 4 (Feb.-Mar., 1941).

106. P. C. Kuo (郭斌佳), Book Review: The Literary Inquisition of Ch'ien-lung, *T'ien Hsia Monthly*, Vol.II, No. 2 (Feb., 1936).

107. P. L. Yuan, Book Review: China's Geographical Foundations, *The Chinese Social and Political Science Review*, Vol.XVIII, No.3 (Oct., 1934).

108. S. H. Chi, Book Review: Pan Chao: Foremost Woman Scholar of China, The Chinese Social and Political Science Review, Vol.XXII, No.2(July-Sep.,1938).

109. Sophia H. Chen Zen (陈衡哲), Book Review:China: *The Collapse of A Civilisation, The Chinese Social and Political Science Review*, Vol.XVI, No.3 (Oct., 1932).

110. Sophia H. Chen Zen, Book Review: Nationalism and Education in Modern China, *The Chinese Social and Political Science Review*, Vol.XVI, No.4 (Jan.,1933).

111. T. F. Tsiang, Book Review: Far Eastern Front, *The Chinese Social*

and Political Science Review, Vol.XVII, No.4 (Jan., 1934).

112. T. K. Chuan(全增嘏), Book Review: Survey of Chinese Art, *T'ien Hsia Monthly*, Vol.X, No. 1 (Jan., 1940).

113. T. K. Chuan, Book Review: The Real Conflict Between China and Japan, *T'ien Hsia Monthly*, Vol.VIII, No. 3 (Mar., 1939).

114. Wen Yuan-ning, Book Reviews: China's New Nationalism and other Essays, *The Chinese Social and Political Science Review*, Vol.XI, No.1(Jan., 1927).

115. William Hung, Book Review: History of the Peking Summer Palaces under the Ch'ing Dynasty, *The Chinese Social and Political Science Review*, Vol.XVIII, No.4(Jan., 1935).

116. William Hung, Book Review: The Literary Inquisition of Ch'ien-Lung, *The Chinese Social and Political Science Review*, Vol.XIX, No.2(July, 1935).

117. Y. C. Chang, Book Review: China's First Unifier: A Study of the Ch'in Dynasty as Seen in the Life of Li Ssu, *The Chinese Social and Political Science Review*, Vol.XXII, No.1 (Apr.-June, 1938).

118. Y. C. Chang, Book Review: Chinese Political Thought, *The Chinese Social and Political Science Review*, Vol.Xii. No.1 (Jan., 1928).

119. Y. C. Chang, Book Review: Inner Asian Frontiers of China, *The Chinese Social and Political Science Review*, Vol.XXIV, No.3 (Oct.-Dec., 1940).

120. Yeh Ch'iu-Yuan (叶秋原), Book Review: Studies in Early Chinese Culture, *T'ien Hsia Monthly*, Vol.IX, No. 1(Aug., 1939).

附录二　民国学人著述在美国之目录

（一）民国学人在美国刊行的著述目录

A. 著作

1. Chu Shih-chia, *A Catalog of Local Histories in the Library of Congress*, U.S. Government Printing Office, 1942.

2. Wang Chung-min, *A Descriptive Catalog of Rare Chinese Books in the Library of Congress*, U.S. Government Printing Office, 1957.

B. 论文

1. Chang Chi-Yun, The Centenary Celebration of Sino-American Intellectual Friendship, *The Far Eastern Quarterly*, Vol.3, No. 3 (May, 1944).

2. Chang Hsing-lang, The Cause Which Induced the Monk I-szu, the Nestorian Archbishop of Ch'ang An to Come to China and the Exact Date of his Arrival, *Journal of the North-China Branch of the Royal Asiatic Society*, Vol.LXXIII (1948).

3. Chang Hsin-hai, Some Types of Chinese Historical Thought, *Journal of the North-China Branch of the Royal Asiatic Society*, Vol.LX (1929).

4. Cheng Te-k'un, The Excavation of T'ang Dynasty Tombs at Ch'uanchou, Southern Fukien, *Harvard Journal of Asiatic Studies*, Vol.4, No. 1 (May, 1939).

5. Cheng Te-k'un, The Royal Tomb of Wang Chien, *Harvard Journal of Asiatic Studies*, Vol.8, No. 3/4(Mar., 1945).

6. Cheng Te-k'un, The Slate Tomb Culture of Li-fan, *Harvard Journal of*

Asiatic Studies, Vol.9, No. 2(June, 1946).

7. Cheng Te-k'un, The Travels of Emperor Mu, *Journal of the North-China Branch of the Royal Asiatic Society*, Vol.LXIV (1933).

8. Chia Ssu-hsieh, Huang Tzu-ch'ing, Chao Yun-ts'ung, Tenney L.Davis, The Preparation of Ferments and Wines, *Harvard Journal of Asiatic Studies*, Vol.9, No. 1(Sep., 1945).

9. Chou Yi-liang, Notes on Marvazi's Account on China, *Harvard Journal of Asiatic Studies*, Vol.9, No. 1(Sep., 1945).

10. Chu Co ching, Climatic Changes During Historic Time in China, *Journal of the North-China Branch of the Royal Asiatic Society*, Vol.LXII (1931).

11. Chu Shih-chia, Chinese Local Histories at Columbia University, *Harvard Journal of Asiatic Studies*, Vol.8, No. 1(Mar., 1944).

12. Chu Shih-chia, Tao-Kuang to President Tyler, *Harvard Journal of Asiatic Studies*, Vol.7, No. 3(Feb., 1943).

13. Chu Yu-fen,The Chinese Peasant: A Survey of Methods and Limitations in Soil Productivity, *Pacific Affairs*, Vol.2, No. 9 (Sep., 1929).

14. Chen Han-sheng,The Burdens of the Chinese Peasantry, *Pacific Affairs*, Vol.2, No. 10 (Oct., 1929).

15. Chung-han Wang, The Authorship of the Yu-Hsien-K'u, *Harvard Journal of Asiatic Studies*, Vol.11, No. 1/2 (June, 1948).

16. Feng Chia-sheng, The Ch'i-Tan Script, *Journal of the American Oriental Society*, Vol.68, No. 1 (Jan. - Mar., 1948).

17. Feng Han Yi & J.K. Shryock, Chinese mythology and Dr. Ferguson, *Journal of the American Oriental Society*, Vol.53, No.1 (1933).

18. Francis L. K. Hsu, A Closer View of China's Problems, *The Far Eastern Quarterly*, Vol.6, No. 1(Nov., 1946).

19. Francis L. K. Hsu, Some Problems of Chinese Law in Operation Today, *The Far Eastern Quarterly*, Vol.3, No. 3 (May, 1944).

20. H. Y. Feng, The Origin of Yu Huang, *Harvard Journal of Asiatic Studies*, Vol.1, No. 2(July, 1936).

21. Hu Heng Sin, Foreign Economic Domination in China, *Pacific*

Affairs, Vol.2, No. 11 (Nov., 1929).

22. Hu Shih, A Criticism of Some Recent Methods Used in Dating Lao Tzu, *Harvard Journal of Asiatic Studies*, Vol.2, No. 3/4 (Dec., 1937).

23. Hu Shih, The Establishment of Confucianism as a State Religion During the Han Dynasty, *Journal of the North-China Branch of the Royal Asiatic Society*, Vol.LX (1929).

24. Hu Shih, Two Wings of One Bird: A Chinese Attitude Toward Eastern and Western Civilizations, *Pacific Affairs*, Vol.1, No. 1 (May, 1928).

25. Hu Shih, Wang Mang, The Socialist Emperor of Nineteen Centuries Ago, 267 *Journal of the North-China Branch of the Royal Asiatic Society*, Vol. LIX (1928).

26. Huang Yen-yu, Viceroy Yeh Ming-ch'en and The Canton Episode (1856-1861): 1. Hsieh Fu-ch'eng (1838-1894), *Harvard Journal of Asiatic Studies*, Vol.6, No.1(Mar., 1941).

27. J. K. Fairbank & S. Y. Teng, On The Ch'ing Tributary System, *Harvard Journal of Asiatic Studies*, Vol.6, No. 2(June, 1941).

28. J. K. Fairbank, S. Y. Teng, On The Transmission of Ch'ing Documents, *Harvard Journal of Asiatic Studies*, Vol.4, No. 1(May, 1939).

29. J. K. Fairbank, S. Y. Teng, On The Types and Uses of Ch'ing Documents, *Harvard Journal of Asiatic Studies*, Vol.5, No. 1(Jan., 1940).

30. James T. C. Liu, German Mediation in the Sino-Japanese War, 1937-38, *The Far Eastern Quarterly*, Vol.8, No. 2 (Feb., 1949).

31. Kai-ming Chiu, The Introduction of Spectacles Into China, *Harvard Journal of Asiatic Studies*, Vol.1, No. 2 (July, 1936).

32. Kenneth K. S. Ch'en, Buddhist-Taoist Mixtures in The Pa-shih-i-hua T'u, *Harvard Journal of Asiatic Studies*, Vol.9, No. 1(Sep., 1945).

33. L. Carrington Goodrich & Shou- Hsuan Han, The Ming Shih-Lu, *The Far Eastern Quarterly*, Vol.3, No. 1 (Nov., 1943).

34. L. Carrington Goodrich and Ch'u T'ung-tsu, Foreign Music at the Court of Sui Wen-ti, *Journal of the American Oriental Society*, Vol.69(1949).

35. L. Carrington Goodrich and Feng Chia-Sheng, The Early Development

of Firearms in China, *Isis*, Vol.36, No.2 (Jan., 1946).

36. L. Carrington Goodrich and Shou- Husan Han, The Ming Shih-Lu, *The Far Eastern Quarterly*, Vol.3, No.1 (Nov., 1943).

37. Lien-Sheng Yang, A "Posthumous Letter" From The Chin Emperor to The Khitan Emperor in 942, *Harvard Journal of Asiatic Studies*, Vol.10, No.3/4(Dec., 1947).

38. Lien-Sheng Yang, A Note on The So-called TLV Mirrors and The Game Liu-po, *Harvard Journal of Asiatic Studies*, Vol.9, No. 3/4 (Feb., 1947).

39. Lien-Sheng Yang, A Theory About The Titles of The Twenty-Four Dynastic Histories, *Harvard Journal of Asiatic Studies*, Vol.10, No.1 (June, 1947).

40. Lien-Sheng Yang, Notes on The Economic History of The Chin Dynasty, *Harvard Journal of Asiatic Studies*, Vol.9, No. 2(June, 1946).

41. Lin Tung-chi, The Word "one" in Chinese Poetry, *Journal of the North-China Branch of the Royal Asiatic Society*, Vol.LXVI (1935).

42. Lin Yu-tang, The Technique and Spirit of Chinese Poetry, *Journal of the North-China Branch of the Royal Asiatic Society*, Vol.LXVI (1935).

43. S. Y. Teng, Chinese Historiography in the Last Fifty Years, *The Far Eastern Quarterly*, Vol.8, No. 2 (Feb., 1949).

44. Sophia Chen Zen, The Chinese Woman in a Modern World, *Pacific Affairs*, Vol.2, No. 1 (Jan.,1929).

45. Ssu-yu Teng, Chinese Influence on The Western Examination System:I. Introduction, *Harvard Journal of Asiatic Studies*, Vol.7, No. 4(Sep., 1943).

46. T. K. Koo, Some Economic Documents Relating to the Genesis of the Japanese-Sponsored Regime in North China, *The Far Eastern Quarterly*, Vol.6, No. 1(Nov., 1946).

47. T'ang Yung-t'ung, Walter Liebenthal, Wang Pi's New Interpretation of The I Ching and Lun-yu, *Harvard Journal of Asiatic Studies*, Vol.10, No.2(Sep., 1947).

48. Tsai Yuen-pei, The Chinese Nation and the Doctrine of the Golden Mean, *Journal of the North-China Branch of the Royal Asiatic Society*, Vol.

LXII (1931).

49. Tung Tso-pin, Lien-sheng Yang, Ten Examples of Early Tortoise-Shell Inscriptions, *Harvard Journal of Asiatic Studies*, Vol.11, No. 1/2 (June, 1948).

50. Wang Yu-ch'uan, An Outline of The Central Government of The Former Han Dynasty, *Harvard Journal of Asiatic Studies*, Vol.12, No. 1/2 (June, 1949).

51. William Hung, Preface to an Index to Ssu-k'u ch'uan-shu tsung-mu and Wei-shou Shu-mu, *Harvard Journal of Asiatic Studies*, Vol.4, No. 1(May, 1939).

52. Y. Z. Chang, China and English Civil Service Reform, *The American Historical Review*, Vol.47, No. 3 (Apr., 1942).

53. Yao Shan Yu, The Cosmolohical and Anthropological Philosophy of Tung Chung-shu, *Journal of the North-China Branch of the Royal Asiatic Society*, Vol.LXXIII (1948).

54. Yao Shan-Yu, Flood and Drought Data in The T'u-shu chi-ch'eng and the Ch'ing shih kao, *Harvard Journal of Asiatic Studies*, Vol.8, No. 1(Mar., 1944).

55. Yao Shan-Yu, The Chronological and Seasonal Distribution of Floods and Droughts in Chinese History, 206 B. C.-A. D. 1911, *Harvard Journal of Asiatic Studies*, Vol.6, No. 3/4(Feb., 1942).

56. Yao Shan-Yu, The Geographical Distribution of Floods and Droughts in Chinese History, 206 B.C.-A.D. 1911, *The Far Eastern Quarterly*, Vol.2, No. 4 (Aug., 1943).

57. Yuen Ren Chao, A Note on an Early Logographic Theory of Chinese Writing, *Harvard Journal of Asiatic Studies*, Vol.5, No. 2(June, 1940).

（二）美国学人译介民国学人著述之目录

A. 著作

1. Arthur W. Hummel, trans., The Autobiography of a Chinese Historian:Being the Preface to a Symposium on Ancient Chinese History, Leiden: E. J. Brill, 1931.

2. Fung Yu-lan, Derk, Bodde, trans., A History of Chinese Philosophy,

Peiping: Henri Vetch, 1937.

B. 论文

1. Fung Yu-lan, Derk Bodde, A General Discussion of The Period of Classical Learning, *Harvard Journal of Asiatic Studies*, Vol.9, No. 3/4 (Feb., 1947).

2. Fung Yu-Lan, Derk Bodde, The Philosophy of Chu Hsi, *Harvard Journal of Asiatic Studies*, Vol.7, No. 1 (Apr., 1942).

3. Fung Yu-Lan, Derk Bodde, The Rise of Neo-Confucianism and Its Borrowings From Buddhism and Taoism, *Harvard Journal of Asiatic Studies*, Vol.7, No. 1 (Apr., 1942).

4. Ku Chieh-Kang, L. Carrington Goodrich, A Study of Literary Persecution During The Ming, *Harvard Journal of Asiatic Studies*, Vol.3, No.3/4(Dec., 1938).

5. Tschen Yinkoh, James R. Ware, Han Yü and The T'ang Novel, *Harvard Journal of Asiatic Studies*, Vol.1, No.1 (Apr.,1936).

6. Tschen Yinkoh, The Shun-Tsung Shih-Lu and The Hsu Hsuan-Kuai Lu, *Harvard Journal of Asiatic Studies*, Vol.3, No. 1 (Apr., 1938).

7. Wang Kuo-wei, Chinese Foot-Measures of the Past Nineteen Centuries, *Journal of the North China Branch of the Royal Asiatic Society*, Vol.59 (1928).

（三）美国学人评介民国学人著述之目录

1. Arthur W. Hummel, What Chinese Historians Are Doing in Their Own History, *The American Historical Review*, Vol.34, No. 4(July, 1929).

2. Arthur W. Hummel, Book Review: Ku,Chieh-kang: Ku-shih-pien, *The China Journal*, Vol.5, No.5 (Nov.,1926).

3. Bayard Lyon, Reviewed Work(s): The Study of Chinese History Today, *The Far Eastern Quarterly*, Vol.10, No. 1 (Nov., 1950).

4. C. W. Bishop, Review: The Formation of the Chinese People: An Anthropological Inquiry, Geographical Review, Vol.20, No. 4(Oct., 1930).

5. Charles S. Gardner, Reviewed Work(s): The Autobiography of a Chinese

Historian, Being the Preface to a Symposium on Ancient Chinese History (Ku Shih Pien), *The American Historical Review*, Vol.37, No. 3 (Apr., 1932).

6. David S. Nivison, Reviewed work(s): Intellectual Trends in the Ch'ing Period, *The Journal of Asian Studies*, Vol.20, No. 1 (Nov., 1960).

7. Derk Bodde, Reviewed Work(s): Men and Ideas, an Informal History of Chinese Political Thought, *The Far Eastern Quarterly*, Vol.2, No. 3 (May, 1943).

8. Frederick W. Mote, Book Review: Western and Central Asians in China Under the Mongols, Their Transformation into Chinese, *The Journal of Asian Studies*, Vol.26, No. 4 (Aug., 1967).

9. George B. Barbour, Reviewed Work(s): Key Economic Areas in Chinese History, As Revealed in the Development of Public Works for Water-Control, *International Affairs*, Vol.15, No. 6 (Nov.- Dec., 1936).

10. H. Bernard, Book Review: The Chinese Renaissance, *Monvmenta Serica*, Vol.I (1935).

11. Hellmut Wilhelm, Book Review: A History of Chinese Philosophy, *Monvmenta Serica*, Vol.IV (1939-1940).

12. J. B. Condliffe, Reviewed Work(s): Key Economic Areas in Chinese History, as Revealed in the Development of Public Works for Water-Control; China Under Depreciated Silver,1926-1931; The System of Chinese Public Finance, *The Economic Journal*, Vol.47, No. 185 (Mar., 1937).

13. J. J. L. Duyvendak, Reviewed Work(s): Key Economic Areas in Chinese History as Revealed in the Development of Public Works for Water-Control, *The American Historical Review*, Vol.42, No. 4 (July, 1937).

14. John C. Ferguson, Book Review: Chinese Civilization, *The China Journal*, Vol.V, No.5 (1926).

15. John C. Ferguson, Recent Books by a Chinese Scholar, *Journal of the North-China Branch of the Royal Asiatic Society*, Vol.L (1919).

16. K. A. Wittfogel, Reviewed Work(s): Key Economic Areas in Chinese History As Revealed in the Development of Public Works for Water-Control, *Pacific Affairs*, Vol.9, No. 3 (Sep., 1936).

17. Owen Lattimore, Book Review: Western and Central Asians in China

Under the Mongols, Their Transformation into Chinese, *The Journal of the Royal Asiatic Society of Great Britain and Ireland*, No. 3/4 (Oct., 1967).

18. V. C. C. Collum, Book Review: The Formation of the Chinese People: An Anthropological Inquiry, *Man*, Vol.29(May, 1929).

19. W. L. H., Review: The Formation of the Chinese People: An Anthropological Inquiry, *Pacific Affairs*, Vol.2, No. 11(Nov., 1929).

后 记

新书即将付梓，按照惯例，似乎应该为此写点什么。当我坐在丽娃河畔的办公桌前思索时，彼时妻子所言，至今仍萦绕在耳："真不知道你脑子里想的是什么，整天说没时间，好像有忙不完的事，写不完的东西。有这时间和精力，你还不如多陪陪家人和孩子！"当时的我，对其所言抱以"嗤之以鼻"的态度："读书人所追求的精神境界，你焉能懂，正所谓'燕雀安知鸿鹄之志'"。然而，今日得闲，静坐下来细细回味，顿感其语不无值得思索处。

以出版论之，今日的学术著作出版可谓异常之发达与繁荣，每年都有海量的厚重"砖头"涌向读者市场。然而，绝大多数的学术著作难逃"出版即死亡"的命运。自言此书虽既不是出于课题结项之要求，亦非申报职称之所需；然而，纵然其非"以所学为谋生之技艺也"，然其终将进入废品收购站，消逝于历史长河之中，化为虚无，所能冀望的不过是不要太过于迅速的"死亡"。如果"死亡"终究是此书难以逃脱的命运归宿，那么"出版此书，所为何来"？

推及每一生命个体，又何尝不是如此！电影《隐入尘烟》说，"尘归于尘，土归于土，一切也将隐入尘烟"。Past is a foreign country！时间不仅改变一切，亦犹如一具过滤器，将几乎一切消之于虚空。无论是鲁西奇对秦吏喜的书写（《喜：一个秦吏和他的世界》，北京日报出版社，2022）还是罗新对北魏宫女王钟儿生活世界的探寻（《漫长的余生：一个北魏宫女和她的时代》，北京日报出版社，2022），无不印证了这一点。两位历史学家虽不遗余力地搜寻史料，并从中打捞与其书中主人公相关的信息，但对其依然所知有限。对于身份地位远不如秦吏喜或人生经历亦不如北魏宫女王钟儿那样充满传奇的众多平凡普通之人，我们更是"一无所知"。今日的我们，绝大多数人都终将和他们一样。当生命宣告死亡后，虽仍将停留于同时代人和亲友的记忆之中；然而，随着亲友及同时代人的相继远去，我们即都如他们一样归入历史的尘烟。虽然我们确曾真实地生活在自己所处的时代，但证明自我人生价值的生命历程，都将被漫长的历史长河压缩成一瞬间，甚至这一瞬间亦无法逃脱如尘烟般消逝于虚无的历史宿命。正如王安石在《题山寺扉》这首诗中所云："回首三千大千界，此身犹是一微尘。"

如果归于虚无是绝大多数生命个体的宿命，那么生命的意义是什么？有人说生命其实没有意义，在于你赋予他意义，正所谓"每个人都是生活在自己编织的意义之网上的动物"；也有人说生命的意义在于找到你自己，成为你自己，然后全力以赴地超越自己；还有人引用泰戈尔的话，称生命存在的唯一意义在于存在本身，"人不该去追寻存在，你原本就存在；也不该去追寻或证明存在的意义，存在的本身就是意义。"其之所言，似确乎如此，正如李白在《将进酒》中所言："君不见高堂明镜悲白发，朝如青丝暮成雪。人生得意须尽欢，莫使金樽空对月。"试想一下，在浩渺的宇宙星空中，我们每一个生命个体无不经过层层筛选，克服众多艰难险阻，方能苟存于这个世界，这本身就是一种幸运与奇迹！缘于此，我们每一个生命个体没有理由不好好地存在于这个世界，并以各种方式尽可能向这个世界展现自己，证明自己在这个世界的存在，正所谓"天生我材必有用"，纵使这种存在终究归于尘烟，消逝于这浩渺的宇宙！

如果存在不是为了超越存在而存在，那么存在又有何意义和价值呢？大卫·伊格曼在《生命的清单》中认为人的一生有三次死亡：第一次是医学上所认证的死亡，宣告的是身体生命的终结；第二次是葬礼上的死亡，意味着社会身份和社会关系的彻底抹除；第三次是后人记忆中的死亡，代表着与这个世界的彻底告别。正因为如此，我们中有的人通过生儿育女，借家族的记忆延伸自己的存在；有的通过活跃的社会活动参与，以在所生活的时代留下社会痕迹；有的通过著书立说，以为后人留下书写的记忆；有的通过权力的构建与塑造，试图进入那个时代的公众记忆……。"活着就是胜利，记忆是抵抗时间的唯一方式。"所有这些碌碌于尘世之所为，既是彰显于自身在这个世界的存在，亦是尽其所能地冀望在"历史的记忆"中能存在得更为长久。一切的存在，都是为了超越存在的本身而存在。尽管我们绝大多数人所追求的这种超越性，不可避免地具有"有限性"，但或许这就是生命本身存在的终极意义所在。

"出版此书，所为何来"，也即在于此。自2013年在《江苏师范大学学报》刊发《民国时期中国留学生对美国汉学的贡献述论》一文后的十年来，笔者一直围绕民国时期的中美汉学交流展开探寻，是书可谓是这一思考的总结。笔者当然深知，此书终将走进历史的故纸堆，甚至在并不久远的将来一定会消逝于时空。然而，此书之于我的意义在于：一方面，它寄托着对先师朱政惠先生的缅怀。今年是先生逝世十周年，此书之出版既是表达对先生的哀思，亦希望在赓续先生之学的同时，使其在学人的记忆中留存更长时间；另一方面，读书人昭示自身曾存在于这个世界的方式，除了文字书写以外别无他法。此书作为这十年来对中美汉学交流之思考的总结，它在见证笔者这一路的心路历程之同时，亦为自己提供了一份存在于这个世界的书证。如果说有什么奢望的话，当然是冀望通过这份书写能进入他人的思考与记忆之中，从而使自身的存在获得有限的"超越性"。

为了这份证明与奢望，有太多的人需要感谢。正是他们的无私帮助，方使本书能够有机会呈现于读者面前：遥想2004年至2007年，追随先师求学读博，先生引领我踏入美国中国学研究领域的身影仍历历在目；家人虽偶有不解之时，但我能畅意地投入于研究之中，实赖于内子与岳母的无私付出和无限包容，犹记得2018年二宝出生时，是她们包揽了家中一切事务，这才使得我在如此忙乱之时还能有时间沉浸在自己的书斋，正如她们调侃时所说"你还不幸福啊，生二宝坐月子时，晚上没让你起来过一次"；每每向北京外国语大学的张西平先生、北京语言大学的阎纯德先生、复旦大学的张广智先生、北京师范大学的特聘教授侯且岸先生、北京联合大学的梁怡教授、中国社会科学院的于沛先生和何培忠先生请益时，都有如沐春风之感，亲如家中长辈，如果说我在海外中国学研究之路上有所成长的话，与他们无私提携、悉心指教和温暖鼓励是分不开的；北京师范大学的张越教授、南开大学的孙卫国教授、北京大学的欧阳哲生教授、江苏师范大学的周棉教授、南京师范大学郑忠教授、复旦大学的何爱国副教授、中国矿业大学孟庆波副教授、中央党史和文献研究院郑颖副编审、中国国家图书馆尹汉超副研究员以及同事宋宏副教授等众师友都为本书提供了受益匪浅的帮助，或提供指导，或查找资料，或审读论文初稿；本书的相关章节内容曾先后刊于《江苏师范大学学报》、《华南农业大学学报》（社会科学版）、《史学理论研究》、《天津社会科学》、《国际汉学》、《汉学研究》、《国外理论动态》、《国外社会科学》、《南京理工大学学报》（社会科学版）等，这些刊物不仅提供了宝贵刊出机会，更促使我对所刊内容的进一步思考，故在收入本书时得以进行不同程度的修改、调整，乃至重新书写；从严格意义上说，本书不属于马克思主义理论学科，但供职的华东师大马院仍慷慨地给予资助；最后，还要感谢本书责任编辑贺茹女士，其异常具有耐心且谨严细致的专业审校令本书增色良多。

《左传·襄公二十四年》曰："太上有立德，其次有立功，其次有立言，虽久不废，此之谓不朽。"《左传》之所言，意在警醒我们，并非所有的存在都具有我们所追求的"超越性"。要知道，时代一定会有真诚的挽留和无情的淘汰：其所挽留的，是那些为生民请命，为天地立心，执着于真善美之追求的人；所淘汰的，则是那些贪恋权势、利禄与虚名之人，纵使其蝇营狗苟，仍终将被抛弃和遗忘。司马迁的《史记》、杜甫的三吏三别、范仲淹的忧天下之忧，历千载仍为世人传诵，即印证了这一亘古不变的真理。古希腊哲学家亚里士多德曾言："人生最终的价值在于觉醒和思考的能力，而不只是生存。"殷海光在《人生的意义》中亦言，人生之意义在于，"由单纯的物理层，进为生物逻辑层，再由此发展到生物文化层，继续发展。然后人类有真善美的意识，有理想、有道德，这就是价值层，这层就是人之所以为人的层级"。如其所言，芸芸众生之存在，要具有"超越性"，唯有尽其所能，超越生物逻辑层，以"价值层"为目标，追求"精神的创造"。

"历史是一堆灰烬，但灰烬深处有余温"。如黑格尔所说，世间所有的一切似乎都将随着时间的流逝而化为微尘，湮灭于历史的长河里；然而，在历史的深处多少仍有值得珍视的"余温"。在我看来，这"余温"即是叔本华所说的"灵魂的觉醒、思想的升华、人格的独立"，抑或如康德所言的"能永恒震撼人类心灵的，是我们头上灿烂的星空和我们内心崇高的道德"。作为大千世界一微尘的读书人，应如清代大儒戴震所言："治学不为媚时语，独寻真知启后人"，或钱穆先生所说"不能太急于自售，致为时代风气卷去，变成吸尘器中的灰尘"，或如复旦大学中文系教授王安忆2012年在该校研究生毕业典礼上所言："我希望你们有足够的自信，与主流体系保持理性的距离，在相对孤立当中来完善自己。""光耀人间、温暖人性、启迪人智"，是读书人书写的追求所在，亦唯有如此读书人方能在历史的灰烬中找寻到属于自己的"余温"，而这即要求以"虚"、"静"之心治学，书写中饱含"真知"与"道义"。此吾虽不能至，然心乡往之！

一稿 2022 年 10 月 22 日写于中北校区丽娃河畔
二稿 2022 年 11 月 17 日改于闵行校区樱桃河畔
三稿 2022 年 12 月 9 日改于上海安曼纳卓越酒店
四稿 2023 年 6 月 6 日改于中北校区丽娃河畔
五稿 2023 年 8 月 15 日改于中北校区丽娃河畔